ACHIM NÖLLENHEIDT / PETRA KÖSTER
ANNA KIRBERICH / TOBIAS APPELT / HOLGER KRÜSSMANN
SABINE MOSELER-WORM / SUSANNE SCHNABEL

Natur erleben

Der Erlebnisführer zu den Nationalen Naturlandschaften in Sachsen + Sachsen-Anhalt

Naturparke Deutschland

Nationale Naturlandschaften

KLARTEXT

Impressum

Natur erleben

Der Erlebnisführer zu den Nationalen Naturlandschaften in Sachsen + Sachsen-Anhalt

HERAUSGEBER
Verband Deutscher Naturparke e. V.
Platz der Vereinten Nationen 9
53113 Bonn
Tel. 0228 / 9212860
Fax 0228 / 9212869
info@naturparke.de
www.naturparke.de

KOOPERATIONSPARTNER
EUROPARC Deutschland e. V.
Friedrichstraße 60
10117 Berlin
Tel. 030 / 28878820
Fax 030 / 288788216
info@europarc-deutschland.de
www.europarc-deutschland.de

GESAMTAUSSTATTUNG
Klartext Verlag, Essen

IDEE
Bernd Schock, Berlin / Volker Pecher, Essen

REDAKTIONSLEITUNG
Achim Nöllenheidt, Juliane Jung

REDAKTION
Martina Porzelt, Jörg Liesen und Ulrich Köster
Natur- und Nationalparks
sowie Biosphärenreservate in Sachsen und Sachsen-Anhalt

GESTALTUNG
Volker Pecher, Essen

KARTEN
Rene Fikenscher, Bochum

SATZ
Cristian Poccia, Matthias Schröter

Alle Angaben: Stand März 2011.
Alle Angaben in diesem Buch sind gewissenhaft geprüft. Preise, Öffnungszeiten usw. können sich aber schnell ändern.
Für eventuelle Fehler übernehmen der Herausgeber, die Autoren und der Verlag keine Haftung.

1. Auflage, Juni 2011

www.klartext-verlag.de

Inhalt

Vorwort

Dr. Michael Arndt

Guido Puhlmann

Nationale Naturlandschaften in Sachsen und Sachsen-Anhalt

Mit diesem Buch laden wir Sie dazu ein, die drei Naturparke, zwei Biosphärenreservate und einen Nationalpark in Sachsen sowie sechs Naturparke, ein Biosphärenreservat und einen Nationalpark in Sachsen-Anhalt zu entdecken. Diese herausragenden Naturlandschaften in Sachsen und Sachsen-Anhalt zählen zu den bundesweit 14 Nationalparks, 103 Naturparken und 16 Biosphärenreservaten in Deutschland.

Sie schützen die in Jahrhunderten durch Menschen gestalteten Landschaften in Deutschland genauso wie wieder gewonnene Wildnis für heutige und kommende Generationen. Sie informieren über Natur und Kultur und bieten attraktive Angebote für Naturerleben, Erholung und Bildung. Gemeinsam mit den dort lebenden Menschen arbeiten sie für die Weiterentwicklung der Regionen.

Mit der Buchreihe „Natur erleben“ stellen wir Ihnen erstmals alle Nationalen Naturlandschaften in einer Buchreihe vor, gegliedert nach einzelnen Bundesländern. Wir führen sie zu den schönsten Orten und Ausflugszielen und informieren Sie über Tiere und Pflanzen sowie über Geschichte und Kultur. Routenvorschläge für Wanderungen, Fahrrad-, Kanu- und Inlinetouren weisen Ihnen den Weg und ermöglichen ein aktives Naturerleben sowie die Regeneration von Körper und Geist. Zu den Besonderheiten der Regionen, die es zu entdecken gilt, zählen auch regionaltypische Produkte und gastronomische Angebote. Zudem finden Sie Informationen zu unterschiedlichen Übernachtungsmöglichkeiten, die von unseren Partnern Deutscher Wanderverband, Deutsches Jugendherbergswerk, Naturfreunde, Ecocamping, Viabono und Deutscher Landschriftenverlag zur Verfügung gestellt wurden.

Wir wünschen Ihnen viele erlebnisreiche und erholsame Tage in den Nationalen Naturlandschaften in Sachsen und Sachsen-Anhalt.

Dr. Michael Arndt
Präsident
Verband Deutscher Naturparke

Guido Puhlmann
Vorsitzender
EUROPARC Deutschland

Grußwort

Hubert Weinzierl und Dr.-Ing. E. h. Fritz Brickwedde (v. l. n. r.)

Deutsche Bundesstiftung Umwelt (DBU)

Nationalparke, Biosphärenreservate und Naturparke: Unsere Naturlandschaften gehören zur Identität der Deutschen. Eifel und Sächsische Schweiz, Siebengebirge und Harz stellen ebenso wichtige Zeichen unseres nationalen Gedächtnisses dar wie Dresdner Frauenkirche oder das Dessau-Wörlitzer Gartenreich.

Wenn wir wissen wollen, wer wir sind, wo wir herkommen und was unsere Zukunft ist, sollten wir Bach und Beethoven hören, Schiller und Heine lesen, Caspar David Friedrich und Franz Marc betrachten, den Naumburger Dom oder die Thomaskirche in Leipzig besuchen und hinausgehen in unsere Naturlandschaften. Ihre Vielfalt ist großartig und betört unsere Sinne. Die Naturlandschaften bieten uns Erholung von Alltag und Stress, stärken Seele, Geist und Körper, schaffen die Vielfalt des Lebens und sichern damit auch unsere Zukunft.

Wir hoffen, dass es gelingt, auch viele Kinder und Jugendliche aus der Entfremdung eines virtuellen Lebens wieder an das authentische Naturerleben heranzuführen.

Die Deutsche Bundesstiftung Umwelt (DBU) fördert innovative und modellhafte Projekte aus Umweltforschung und -technik, Naturschutz und Umweltbildung. Allein in Sachsen und Sachsen-Anhalt sind es 1150 Projekte, die wir mit rund 205 Mio. € unterstützt haben (www.dbu.de). Dazu gehören auch Umweltbildungseinrichtungen wie das Bildungszentrum „Mensch, Umwelt, Kultur" im Internationalen Begegnungszentrum St. Marienthal in Ostritz oder das Nationalparkhaus Sächsische Schweiz.

Viel Freude in den Naturlandschaften Sachsens und Sachsen-Anhalts!

Dr.-Ing. E. h. Fritz Brickwedde
Generalsekretär der
Deutschen Bundesstiftung Umwelt

Hubert Weinzierl
Vorsitzender des Kuratoriums der
Deutschen Bundesstiftung Umwelt

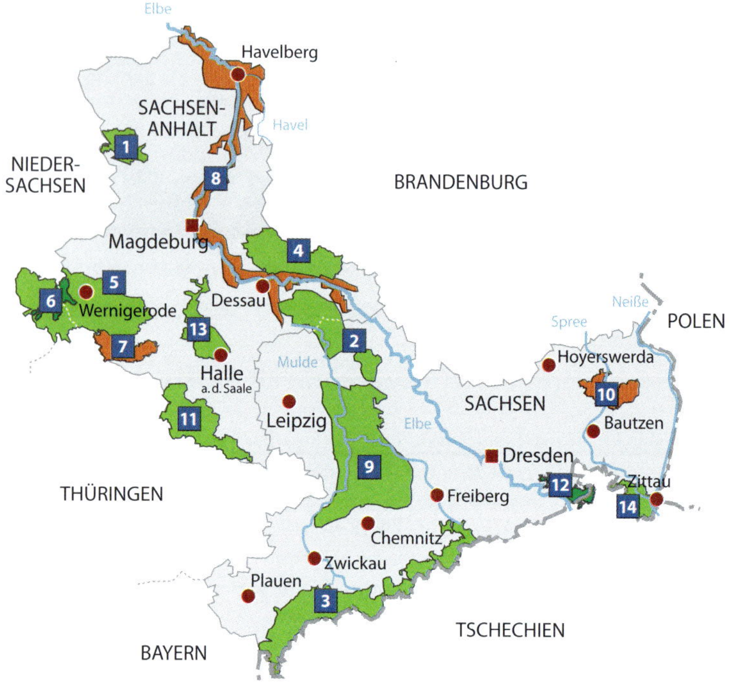

Lage in Deutschland

Die Nationalen Naturlandschaften in Sachsen und Sachsen-Anhalt

1. Naturpark Drömling
2. Naturpark Dübener Heide
3. Naturpark Erzgebirge-Vogtland
4. Naturpark Fläming
5. Naturpark Harz
6. Nationalpark Harz
7. Biosphärenreservat Karstlandschaft Südharz
8. Biosphärenreservat Mittelelbe
9. Naturpark Muldenland i.G.
10. Biosphärenreservat Oberlausitzer Heide- und Teichlandschaft
11. Naturpark Saale-Unstrut-Triasland
12. Nationalpark Sächsische Schweiz
13. Naturpark Unteres Saaletal
14. Naturpark Zittauer Gebirge

Naturlandschaften in Deutschland

Zu den Nationalen Naturlandschaften in Deutschland gehören:

103 Naturparke. Die Naturparke sind landschaftlich reizvolle und naturnahe Kulturlandschaften, die sich besonders für die Erholung und das Naturerleben eignen. Ziele sind darüber hinaus eine dauerhaft umweltgerechte Landnutzung sowie der Schutz von Natur und Landschaft. Naturparke streben eine nachhaltige Entwicklung der Regionen mit den Menschen und für die Menschen an. Umweltbildung ist eine weitere wichtige Aufgabe.

16 Biosphärenreservate. Biosphärenreservate sind großräumige Schutzgebiete, die aus repräsentativen Ausschnitten von Natur- und Kulturlandschaften bestehen. In ihnen werden – gemeinsam mit den hier lebenden und wirtschaftenden Menschen – beispielhafte Konzepte zu Schutz, Pflege und Entwicklung des Gebietes erarbeitet und umgesetzt. Die deutschen Biosphärenreservate sind Teil eines weltweiten Netzes von mehr als 550 Gebieten, für die von der UNESCO internationale Kriterien im Rahmen des Programms „Der Mensch und die Biosphäre" (MAB) erarbeitet wurden.

14 Nationalparks. Die Nationalparks umfassen großflächige ursprüngliche Naturlandschaften, in denen sich die Ökosysteme entsprechend den natürlichen Prozessen entwickeln können, getreu dem Motto „Natur Natur sein lassen".

Naturverträglicher Tourismus und Umweltbildung sind allen Nationalen Naturlandschaften gemeinsame zentrale Aufgaben.

Verband Deutscher Naturparke und EUROPARC Deutschland sind die Dachverbände der Großschutzgebiete in Deutschland, in denen die Fachleute zusammenarbeiten, ihre Positionen abstimmen und gemeinsam Projekte durchführen.

Mehr Informationen erhalten Sie bei:

Verband Deutscher Naturparke e. V.
Platz der Vereinten Nationen 9
53113 Bonn
Tel. 0228 / 9212860
Fax 0228 / 9212869
info@naturparke.de
www.naturparke.de

EUROPARC Deutschland e. V.
Friedrichstr. 60
10117 Berlin
Tel. 030 / 28878820
Fax 030 / 288788216
info@europarc-deutschland.de
www.europarc-deutschland.de
www.nationale-naturlandschaften.de

Die Kooperationspartner der Buchreihe

Übernachtungsangebote von Betrieben der Kooperationspartner finden Sie im Übernachtungsverzeichnis ab Seite 380

DEUTSCHER WANDERVERBAND –
der Dachverband der deutschen Gebirgs- und Wandervereine

Wandern ist gemeinsam am schönsten. In einem Wanderverein können Sie, ob bei einem geselligen Abend, auf einer Tagestour oder in einem Wanderurlaub, Freunde fürs Leben finden. In ganz Deutschland sind 57 Wandervereine mit mehr als 3.000 Ortsvereinen aktiv. Sie haben ein attraktives, vielfältiges Angebot für mehr als 600.000 Mitglieder. Jährlich nehmen mehr als zwei Millionen Wanderfreunde an den geführten Touren unserer Mitgliedsvereine teil.

Die deutschen Gebirgs- und Wandervereine betreuen und pflegen mehr als 200.000 km Wanderwege von der Ostsee bis zum Schwarzwald. Über 20.000 ehrenamtliche Wegewarte sind jährlich unterwegs, um diese Wege zu markieren und auszuschildern.

Der Deutsche Wanderverband sorgt für Qualität beim Wandern. Wir geben unter anderem Richtlinien zur Markierung von Wanderwegen heraus, bieten Fachtagungen an und bilden Wanderführer sowie Gesundheitswanderführer aus. Mit den Prädikaten Qualitätsweg und Qualitätsgastgeber Wanderbares Deutschland fördern wir bundesweit die Qualität im Wandertourismus.

Wir sagen Ihnen, wo Sie den nächsten Wanderverein in Ihrer Nähe finden, bieten einen Karten- und Bücherservice, stellen unter www.wanderbares-deutschland.de die attraktivsten Wanderrouten, -regionen und Gastgeber ins Internet, veröffentlichen das Magazin „Ferienwandern" mit dem deutschlandweit größten Angebot an mehrtägig geführten Wandertouren und helfen Ihnen gerne weiter, wenn es ums Wandern geht!

Informationen
Deutscher Wanderverband
Wilhelmshöher Allee 157–159
34121 Kassel
Tel. 0561 / 938730
Fax 0561 / 9387310
info@wanderverband.de
www.wanderverband.de
www.wanderbares-deutschland.de

Deutscher Wanderverband

Qualitätsgastgeber
Wanderbares Deutschland

VIABONO

VIABONO (zu deutsch: „der Weg zum Guten") ist eine Vermarktungskooperation für umwelt- und qualitätsorientierte Reiseangebote – eine der größten und leistungsstärksten im Deutschlandtourismus. Viabono wurde 2001 auf Initiative des Bundes-umweltministeriums und des Umweltbundesamtes gegründet. Die VIABONO-Philosophie „Reisen natürlich genießen" knüpft an den immer stärker werdenden Trend zum verantwortungsbewussten Tourismus an.

Unter der Dachmarke VIABONO versammeln sich Hotels, Ferienwohnungen, Tagungshäuser, Campingplätze, Jugendunterkünfte, Restaurants, Pauschal- und Kanuanbieter sowie Naturparke und Tourismus-Kommunen, die natürlichen Urlaubsgenuss in geprüfter Qualität garantieren. In den Kreis der VIABONO-Lizenznehmer wird nur aufgenommen, wer nachhaltig wirtschaftet.

Schlafen, Wasser, Essen, Energie, Wellness und Tagung: In all diesen Bereichen sorgen VIABONO-Gastgeber – oftmals unbemerkt – für einen effizienten Ressourceneinsatz. Gleichzeitig bieten sie einen umfassenden Service: Autofrei Reisende können zum Beispiel den Bahnhof-Abhol-Service nutzen und Wanderungen ohne Gepäck unternehmen.

Mehrere Hundert VIABONO-Mitglieder setzen die Idee des nachhaltigen Reisens bereits engagiert in die Tat um – die meisten davon Familienunternehmen.

Die Vermarktung der VIABONO-Partner
erfolgt insbesondere über das Internetportal
www.viabono.de

Viabono®

NATURFREUNDE DEUTSCHLANDS –
Erholung und Bildung in der Natur

Die NaturFreunde sind ein internationaler Verband für Umweltschutz, sanften Tourismus, Sport und Kultur und führen schon seit über hundert Jahren Menschen in die Natur, in der sie sich erholen und weiterbilden, um danach besser an der Gesellschaft teilhaben und diese auch mitgestalten zu können.

Die mehr als 400 Naturfreundehäuser in Deutschland werden oft ehrenamtlich von einer Ortsgruppe betrieben und sind preiswerte Stätten der Begegnung: offen für alle, Mitglieder erhalten Ermäßigungen. Naturfreundehäuser stehen meist mitten in der Natur und es gibt sie in allen Kategorien: von der einfachen Selbstversorgerhütte bis zum hotelähnlichen Komplex, von der Ostsee bis ins Allgäu, vom Bootshaus bis zum Familienferienheim mit Kletterwand. Im Naturfreundehaus werden Sie von NaturFreunden herzlich empfangen und mit guten Tipps zum Entdecken der lokalen Natur versorgt.

Gerne können Sie sich auch an der NaturFreunde-Arbeit beteiligen: etwa in Projekten zum Natur- und Klimaschutz, beim ehrenamtlichen Hütteneinsatz, der Organisation einer Familienfreizeit oder vielleicht der Ausbildung zur Skilehrerin oder zum Bergführer. NaturFreunde bewegen – und freuen sich auf Sie.

Informationen
NaturFreunde Deutschlands e. V.
Warschauer Str. 58a
10243 Berlin
Tel. 030 / 29773260
Fax 030 / 29773280
info@naturfreunde.de
www.naturfreunde.de
www.naturfreundehaus.de

NaturFreunde DEUTSCHLANDS

DEUTSCHES JUGENDHERBERGSWERK – Für die Umwelt aktiv

Wann immer es ging, verlegte der Lehrer Richard Schirrmann seinen Unterricht nach draußen. Zu Beginn des vorigen Jahrhunderts betrat er Neuland, indem er seine „wandernde Schule" in der Natur praktizierte. Um unterwegs mit den Schulklassen zu übernachten, ersann er die Idee der Jugendherberge.

Mehr als 100 Jahre später ist die Erlebnispädagogik längst anerkannt, und die Jugendherbergen sind weltweit erfolgreich als moderne, multifunktionale Begegnungsstätten. In Deutschland stehen an allen touristisch interessanten Orten insgesamt 540 Häuser des Deutschen Jugendherbergswerkes (DJH) zur Auswahl.

Man kann in Jugendherbergen Urlaub machen, sportlich aktiv sein oder sich fortbilden. Zahlreiche Häuser bieten ein ökologisches Lernumfeld. Umweltpädagogen vermitteln erlebnisbetonte Erfahrungen, leiten Naturschutzarbeiten an und stellen umweltverträgliche Freizeitaktivitäten vor. Viele Jugendherbergen erfüllen Qualitätskriterien für ökologische Bewirtschaftung.

Zunehmend schätzen auch Familien die zwanglose und kinderfreundliche Atmosphäre sowie die günstigen Preise. Jährlich bringen es die 2,1 Millionen DJH-Mitglieder auf rund zehn Millionen Übernachtungen.

Informationen
Die Jugendherbergen
DJH Service GmbH
Bismarckstraße 8
32756 Detmold
Tel. 05231 / 74010
Fax 05231 / 740149
service@djh.de
www.jugendherberge.de

ECOCAMPING e.V.

Erholsames Campen und gesunde Natur sind untrennbar miteinander verbunden. Campingplätze sollen sich zu zukunftsorientierten, erfolgreichen, qualitäts- und umweltbewussten Anlagen entwickeln. ECOCAMPING hat dafür ein maßgeschneidertes Konzept für Campingunternehmen entwickelt: individuelle Beratungen und Workshops vermitteln das nötige Know-how für nachhaltige Entwicklung. Die erfolgreichen Teilnehmer erhalten die Auszeichnung ECOCAMPING, die inzwischen bekannteste Umweltauszeichnung für Campingplätze in Europa.

Der Verein ECOCAMPING arbeitet mit über 250 Campingplätzen zusammen – von klein bis groß, von einfach bis luxuriös. Doch es gibt einen gemeinsamen Nenner: Jeder Platz entwickelt ein individuelles Umwelt- und Qualitätsmanagement. Die Campingplätze können dadurch die Umwelt entlasten und gleichzeitig Kosten senken. Das beginnt bei der Abfalltrennung und hört bei der Energieeffizienz noch längst nicht auf. Werden die Ressourcen geschont, ist das auch ein Beitrag zum Klimaschutz. Gut für die Umwelt, aber genauso gut für die Gäste. Denn niedrigere Betriebskosten helfen Übernachtungspreise auf Dauer stabil zu halten. Außerdem ermöglicht das Investitionen in neue Angebote – beispielsweise eine naturnah gestaltete Anlage und Freizeitangebote in und mit der Natur.

Ökologisches Handeln hat hier nichts mit Verzicht auf Lebensqualität zu tun sondern ganz im Gegenteil: mit verbesserter Urlaubsqualität.

Alle Campingplätze mit ECOCAMPING finden Sie unter www.ecocamping.net

Informationen
ECOCAMPING e.V.
Blarerstraße 56
78462 Konstanz
Tel. 07531 / 282570
Fax 07531 / 2825729
info@ecocamping.net
www.ecocamping.net

DER DEUTSCHE LANDSCHRIFTENVERLAG

Der Deutsche Landschriftenverlag mit Sitz in Bonn ist seit mehr als 40 Jahren der führende Fachverlag für die Themen Agrartourismus und Direktvermarktung. Als Herausgeber des Fachblattes „Hof Direkt", der Fachzeitschrift für landwirtschaftliche Direktvermarkter in Deutschland und Österreich, hat sich der Verlag einen festen Platz in diesem Segment gesichert. Daneben erscheinen die Reiseführer: „Raus aufs Land – Urlaub auf dem Bauernhof", „Lust aufs Land – Exklusive Ferienhöfe", „Rauf auf die Berge" und „Landurlaub in Italien". Sporadisch verlegt werden Sonderausgaben wie „Landurlaub in Österreich" oder „Urlaub mit dem Haustier".

Informationen
Die Zentrale für den Landurlaub ist der Ansprechpartner für die Vermarktung von Ferien auf dem Bauernhof und Landurlaub. Von hier aus wird das umfangreichste Online-Angebot unter www.bauernhofurlaub.com sowie www.landurlaub-deutschland.com in Deutsch, Englisch und Niederländisch für Bauernhofurlaub und ländlichen Tourismus betrieben.

Zentrale für den Landurlaub
Deutscher Landschriftenverlag GmbH

Lage in Sachsen-Anhalt

Erlebnistouren

Tour 1: Radwandern – Von Buchhorst über die Schleusen und Kanäle

Tour 2: Radwandern – Durch den nördlichen Drömling

Tour 3: Radwandern – Entlang der alten Grenze

Tour 4: Radwandern – Vorbei an den Kolonien

Sehenswürdigkeiten

1. Fachwerkkirche in Dannefeld
2. Brückengeländer der Ohrebrücke
3. Schloss Kunrau
4. Theodor-Rimpau-Gedenkstein
5. Schöpfwerk Buchhorst
6. Grenzgeschichtslehrpfad Jahrstedt
7. Miesterhorster Kiche

Naturpark Drömling

Eine in Deutschland einzigartige Niedermoorlandschaft ist der Drömling. Der sachsen-anhaltinische Teil wurde 1990 auf 278 Quadratkilometer als Naturpark ausgewiesen. Seit dem Ende des zweiten Weltkrieges war das Niederungsgebiet durch die innerdeutsche Grenze geteilt. Bis zur deutschen Wiedervereinigung unterlag der größere Ostteil des Drömlings in der damaligen DDR einer intensiven Nutzung durch Land- und Wasserwirtschaft. Mit dem Nationalparkprogramm, dem letzten Beschluss der DDR-Regierung, wurde dann dort der Naturpark mit mehreren Naturschutzgebieten und sogar Totalreservaten ausgewiesen. Das heutige Landschaftsbild ist geprägt von ausgedehntem Grünlandflächen und Horstwäldern sowie einem engmaschigen Grabensystem, das teilweise mit Büschen oder Gehölzen bewachsen ist. Auf Grund der 2.000 Kilometer Wasserläufe wird das Gebiet auch Land der tausend Gräben genannt. Typisch sind hier die langen Pappelreihen auf den Dämmen entlang der Entwässerungsgräben. Wanderer und Radler finden in der Drömlingslandschaft eine Vielzahl seltener und vom Aussterben bedrohter Tier- und Pflanzenarten vor. Neben 40 Brutpaaren des Weißstorchs kommen weitere 130 Brutvogelarten im Naturpark Drömling vor. Weiterhin wurden 50 Säugetierarten, darunter auch Biber, Fischotter und 13 Fledermausarten, nachgewiesen.

Land der 1.000 Gräben

Entstanden ist die Niederung in der vorletzten Eiszeit, der Saaleeiszeit, vor rund 140.000 Jahren. Die Schmelzwässer des Urstromtales verfüllten die großflächige Senke des Drömlings zunächst mit Sand. Am Ende der letzten Eiszeit vor etwa 10.000 Jahren setzte die endgültige Bewaldung des Gebietes ein. Da auf Grund der Lage im Urstromtal das Gefälle der Flüsse Aller und Ohre sehr gering ist, kam es zur Vernässung der Böden. Dadurch entstand ein Niedermoor mit ausgedehnten Erlenbruchwäldern. Die Versumpfung schritt weiter fort, weil der Drömling ein natürliches Speicherbecken für die Hochwässer von Aller und Ohre war. Bis zu seiner Entwässerung im 18. Jahrhundert war er ein unzugängliches Sumpfgebiet und daher schon immer eine natürliche Grenze zwischen Ost und West sowie Nord und Süd. Trotz der Frühjahrsüberschwemmungen hatten die etwa 60 umliegenden Dörfer aber auch ihren Nutzen von dem Feuchtwaldgebiet. Es war von einem breiten Wiesengürtel umgeben, der sich als Weide und zur Heugewinnung nutzen ließ. Als der

Friedrichskanal mit Schleuse Krügerhorst

Preußenkönig Friedrich der Große 1770 von der Not der Drömlingsdörfer durch die Überschwemmungen erfuhr, ordnete er an, das Gebiet für Kolonisten urbar zu machen. 1786 begann das ehrgeizige Projekt der Entwässerung mit bis zu 3.000 Arbeitern. Für die den Drömling durchfließende Ohre wurde ein Flussbett ausgehoben. Es entstanden bis 1805 insgesamt 198 Kilometer Gräben und Kanäle sowie 16 Stauanlagen.

Vor allem im nördlichen Drömling wurden ab 1862 schachbrettartig Kanäle und Gräben als Moordammkulturen angelegt sowie Brücken und Dämme errichtet.

Der Bodenaushub kam auf die Flächen zwischen den Gräben, die zu Dämmen erhöht wurden. Außerdem verbesserte der mineralische Bodenaushub die Fruchtbarkeit des Moorbodens. Im Drömling wurden zahlreiche Kolonien eingerichtet, die nach den randlichen Ortschaften, wie Dannefeld, Etingen und Jerchel benannt wurden.

Moordammkulturen

Schutzzonen für den Drömling

Die wertvollsten Teile des Naturparks wurden am 01.07.2005 als Naturschutzgebiet Ohre-Drömling ausgewiesen. Dieses Gebiet mit einer Größe von 10.340 Hektar gliedert sich in vier Schutzzonen: in die Kernzone mit 840 Hektar, die Nässezone mit 2.960 Hektar, die Erhaltungszone mit 4.630 Hektar und in die Verbindungszone mit 1.910 Hektar. Hier sollen die Eigenart, Vielfalt und Schönheit der Ausprägung von Natur und Landschaft erhalten, gepflegt und entwickelt werden. In der Schutzzone I (Kernzone) soll eine großflächige Renaturierung mit wieder einsetzendem Moorwachstum erfolgen, hier wird sich langfristig wieder der natürliche Erlenbruchwald entwickeln.

In den Schutzzonen II bis IV sollen die bestehenden offenen Wiesen- und Weidelebensräume durch eine extensive Landwirtschaft, die den Bedingungen des Standortes angepasst ist, erhalten und entwickelt werden. Schwerpunkt sind hierbei die Feuchtgebietskomplexe, die besonders bedeutsam für den Vogelschutz sind.

Ohre am Krähenfuß

Eldorado für Brut- und Rastvögel

Die kontinuierliche Erhöhung der Brutpaarzahl von Weißstorch und Kranich, die Wieder- und Neubesiedlung des Drömlings durch Fischotter, Biber, Wachtelkönig und Seeadler sind wesentlich auf die Umsetzung von Naturschutzmaßnahmen in den letzten 20 Jahren zurückzuführen. Vor allem durch die winterliche Überflutung der Flächen entwickelte sich europaweit ein wichtiges Durchzugs- und Rastgebiet für Kraniche, Gänse, Schwäne, Enten, Kiebitze und andere Wattvögel. Von besonderem Wert ist der Drömling außerdem als wichtiger Besiedlungsschwerpunkt des nach Osten ziehenden Teiles der Weißstorchpopulation, sowie als Verbindungsgebiet zwischen den großen Flusseinzugsgebieten, der Elbe und der Weser.

Darüber hinaus ist er aber auch Rückzugsgebiet für über 400 Arten der in der Roten Liste enthaltenen bedrohten Tiere und Pflanzen.

Mähweiden am Köckter Dam

Weißstörche

Auf den Drömlingswiesen gibt es Wiesenschaumkraut, Kuckucks-Lichtnelke und Scharfen Hahnenfuß. In den Drömlingsgräben lebt eine stabile Population vom Fischotter und Biber, wobei letzterer mit etwa 50 Revieren im Gebiet vertreten ist.

Vogelkundler finden hier ein Eldorado mit Schwarzstorch, Weißstorch, Wespenbussard, Schwarzmilan, Rotmilan, Seeadler, Sperbergrasmücke und Raubwürger. Als Rastvögel treten Singschwan, Zwergschwan, verschiedene nordische Gänse, Kornweihe, Raufußbussard und eine große Palette der Limikolen auf. Gleich 13 Fledermausarten sind nachgewiesen, unter anderem Abendsegler, Braunes Langohr, Wasserfledermaus und Zwergfledermaus. Auch reich an Amphibien und Reptilien bietet der Drömling beispielsweise Ringelnatter, Waldeidechse, Moorfrosch, Seefrosch und dem Laubfrosch ein Zuhause. Entlang der Gräben sind der Kleine und Große Klappertopf und die Sumpfdotterblume zu finden, entlang der Wege im Norddrömling findet sich der Breitblättrige Sitter. Die Flutende Tauchsimse sowie der Efeublättrige Hahnenfuß haben als eigentlich atlantische Pflanzen im Drömling ihre östliche Verbreitungsgrenze. Als kontinentale Pflanzen haben die Glänzende Wiesenraute und das Sumpf-Greiskraut im Naturpark ihre westliche Verbreitungsgrenze.

Junger Habicht im Nest

Kleinode mittelalterlicher Geschichte

Für Erholungssuchende ist die Gegend um den Drömling ein kleines Paradies. Wenig besiedelt ist er genau das Richtige für Wanderer und Radler, doch lohnt sich ein Abstecher in die kleinen, oft aus dem Mittelalter stammenden Örtchen, in denen so manches Kleinod zu entdecken ist.

Die Sumpfburg bei Oebisfelde ist eine der ältesten, noch erhaltenen Sumpfburgen in Europa. Die ältesten Bauten der heute noch existierenden Anlage wurden zum Ende des 13. Jahrhunderts errichtet. Weithin sichtbar ragt der 27 Meter hohe Bergfried in den Himmel. Mehr als 130 Stufen führen bis zur Aussichtsplattform.

Zum ehemaligen „Amt" Oebisfelde gehörten ursprünglich sechs Wasser- und fünf Windmühlen. Die nun unter dem Namen „Wassermühle Kasube" bekannte Rittermühle ist die einzige erhaltene. Erstmals urkundlich erwähnt wurde sie im Jahre 1333 und tat bis 1968 ihren Dienst. Heute stillgelegt, kann sie aber zum Tag des Offenen Denkmals im September oder nach Voranmeldung besichtigt werden. Der Ort Oebisfelde bietet aber noch viel mehr. Zu den markanten Wahrzeichen gehört die St.-Katharinen-

Die Geschichte des Drömlings ist alt: 938 wird die Gegend vom Corveyer Mönch Widukind erstmals geschichtlich als Thrimining erwähnt. Der christliche Missionar berichtete, dass 933 ein Slawe überlebende Magyaren (Ungarn) der Schlacht bei Riade in den Drömling gelockt habe, die dort dann von Sachsen vernichtet worden seien. Zur Entstehung des Begriffs Thriminig gibt es unterschiedliche Erklärungen. Am Wahrscheinlichsten soll es sich um eine etwa 1.500 Jahre alte Bezeichnung aus der Völkerwanderungszeit handeln, die sich vom altsächsischen Wort thrimmen für springen, wippen, ableitet und auf den moorastigen Untergrund hinweist.

Naturlehrpfad Kunrau

Kirche. Interessant ist, dass der Kirchturm schief ist, da er infolge einer Senkung der Grundmauern einen Überhang von 95 cm hat. An der Südostecke der Sakristei befinden sich zwei eingemauerte Steinplatten, die als Sonnenuhr dienten. Eine von ihnen trägt auf der Rückseite die Jahreszahl 1466. Im Inneren der Kirche befinden sich sehr alte und schöne Grabdenkmale, Epitaphe und wertvolle Altäre. Eines der kostbarsten Stücke der Kirche dürfte die große Figur der Emmeranzia (Mutter der Anna, Urgroßmutter Jesus) mit Anna, Jesus und Maria sein, die um Fünfzehnhundert gefertigt wurde. Von der Art dieser Figurengruppe existieren weltweit nur sieben Exemplare. Der Ort Kunrau hat eine ähnlich lange Tradition vorzuweisen, wurde 1472 erstmals urkundlich erwähnt. Vor allem lohnt sich ein Besuch des dortigen Schlosses. Bereits im 15. Jahrhundert stand dort ein Rittergut. 1857 erwarb es Theodor Hermann Rimpau, der Erfinder der Moordammkultur. Um das Gelände später lukrativ verkaufen zu können, ließ er ein repräsentatives Wohnhaus bauen, das sich am Stil der Berliner Tiergartenvillen orientierte. Da der Ort über keine Kirche verfügte, ließ Rimpau der Gemeinde eine großzügige Spende zukommen, mit der das Gotteshaus gebaut wurde.

Schloss Kunrau >

Einen Abstecher wert ist auch die Fachwerkkirche in Dannefeld. Diese beherbergt einen Flügelaltar aus dem 16. Jahrhundert, die Bauernfahne aus dem dreißigjährigen Krieg und ein Kirchhofportal aus dem Jahr 1735.

Kirche Wenze >

INFORMATIONEN

Informationshaus Drömling
Kämkerhorst
39359 Mannhausen
Tel. 039002 / 85011 und 039059 / 4000
www.naturpark-droemling.de
naturpark@lvwa.sachsen-anhalt.de

INFORMATIONSHAUS DRÖMLING

Das Informationshaus wurde 1791 als Grabenmeisterei erbaut und bis 1950 als solche genutzt. Im Drömling gab es insgesamt vier Grabenmeistereien, von wo aus der Grabenmeister die Unterhaltungsarbeiten an den Gräben anleitete, sowie die Stauanlagen in kurzer Zeit erreichen und bedienen konnte. Nach mehreren anderen Nutzungsformen ist mit der politischen Wende 1990 die Grabenmeisterei zur Naturschutzstation umgebaut worden. Im Gebäude befindet sich jetzt eine Ausstellung mit den Lebensräumen im Drömling. Neben der Pflanzenwelt kann man die Vogelwelt des Drömlings mit einigen Präparaten z. B. Großer Brachvogel, Eisvogel und Kranich, aber auch andere Tierarten, wie Biber und Fischotter kennen lernen. Desweiteren sind Tafeln zur Geschichte des Drömlings, historische und aktuelle Karten ausgestellt. Mehrere Filme zu wechselnden Themen kann von bis zu 15 Personen angesehen werden. Im Außenbereich befindet sich ein interessanter Rundwanderweg mit zehn Stationen.

Öffnungszeiten
15. April bis 14. Oktober Mo–Fr von 8–16 Uhr, Sa/So/Fei 10–18 Uhr;
15. Oktober bis 14. April Mo–Do 8–16 Uhr, Fr 8–14 Uhr sowie nach Vereinbarung

INFOSTELLE BUCHHORST

Die Informationsstelle wurde 1970 als Schöpfwerk in Betrieb genommen. Es diente bis 1990 zur Entwässerung des nördlichen Drömlings, da dieses Gebiet durch Moorschwund und Intensivierung der Landwirtschaft abgesackt war.
Mit der Ausweisung zum Naturpark änderte sich auch die Bewirtschaftung des Norddrömlings. Die Entwässerung durch Abpumpen wurde eingestellt, um das verbliebene Moor mit den Feuchtwiesen zu erhalten. Heute hat das ehemalige Schöpfwerk nur noch eine Staufunktion, dient der Naturparkverwaltung als Informationsstelle und bietet dem Besucher viel Wissenswertes über die einheimische Tier- und Pflanzenwelt sowie die Wasserbewirtschaftung. Ausgehend vom Schöpfwerk kann man entweder zu Fuß oder mit Rädern, die auch vor Ort ausgeliehen werden können, eine Exkursion in die landschaftlich sehr reizvolle Umgebung im nördlichen Teil des Drömlings starten.

Informationen
Röwitzer Str. 9
39646 Oebisfelde
Tel. 039002 / 85011
naturpark@lvwa.sachsen-anhalt.de
www.naturpark-droemling.de

Öffnungszeiten
15.04.–14.10. So/Fei 13–17 Uhr
sowie nach Voranmeldung

INFORMATIONEN ZU UNTERKÜNFTEN UND TOUREN

Naturparkverwaltung Drömling
Bahnhofstr. 32
39646 Oebisfelde
Tel. 039002 / 85011
Fax 039002 / 85024
naturpark-droemling@lvwa.sachsen-anhalt.de
www.naturpark-droemling.de

Tourist-Information Gardelegen
Rathausplatz 1
39638 Gardelegen
Tel. 03907 / 42266
Fax 03907 / 42266
gardelegeninfo@freenet.de
www.gardelegen.info

Stadt Klötze
Information
Schulplatz 1
38486 Klötze
Tel. 03909 / 4030
info@stadt-kloetze.de

Tourist-Information Mieste
Riesebergstr. 2 b
39649 Mieste
Tel. 039082 / 934013
Fax 03931 / 651195
fvv-mieste@online.de
www.altmark4you.de

Fremdenverkehrsverein
Jeetze-Ohre-Drömling
Am Park 2
38486 Kunrau
Tel. 039008 / 87114 oder 206
info@droemlingswelt.de
www.droemlingswelt.de

KARTEN UND LITERATUR

erhältlich in der Naturparkverwaltung Drömling

Topograhische Karte des Naturparks Drömling, Herausgeber: Naturparkverwaltung Drömling 2. Auflage 2008 mit Begleitheft mit Tipps und Informationen zum Naturpark

Die Vögel im Naturpark Drömling. Abh. Ber. Mus. Heineanum 3, Sonderh., SEELIG, K.-J., H.-G. BENECKE, F. BRAUMANN &, B. NICOLAI

Der Drömling – PALIS/PEITSCHNER

Ein Fischotter sucht sein Glück im Drömling, Ein Drömlingsbuch, gestaltet von Kindern für Kinder, Herausgeber Naturparkverwaltung Drömling

Haldensleber Vogelkunde-Information, Ornithologische Arbeitsgemeinschaft Haldensleben e.V., jährlich, enthält u.a. einen ornithologischen Jahresbericht aus dem Ohrekreis und aus dem Naturpark Drömling

Broschüre Veranstaltungsplan der Naturparkverwaltung Drömling, jährlich

ERLEBNISTOUR RADWANDERN

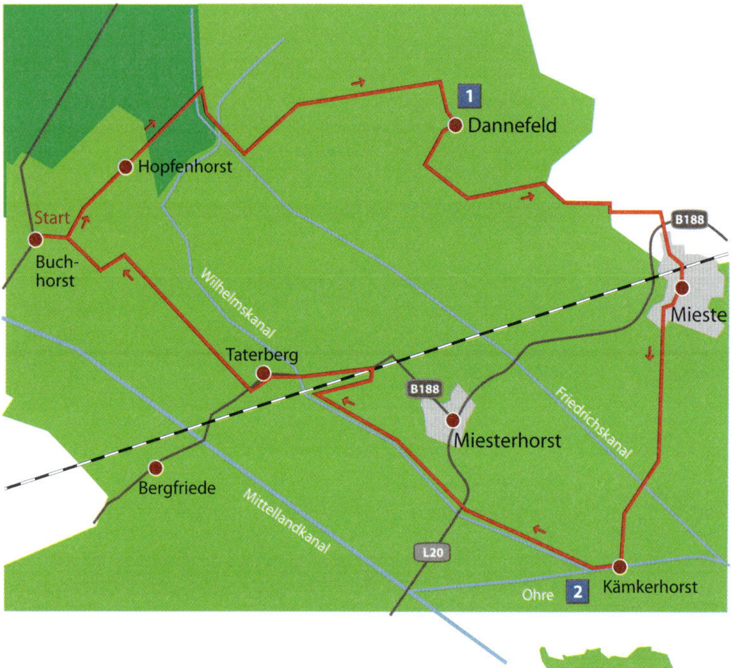

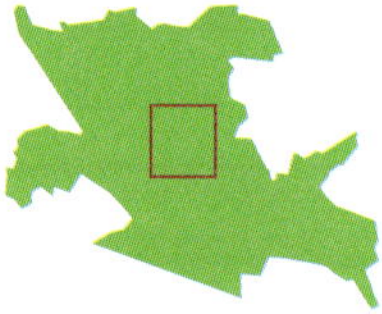

Lage der Tour

1. Von Buchhorst über die Schleusen und Kanäle

Start: Infostand Buchhorst Parkplatz
Länge: 40 Kilometer
Dauer: rund 4 Stunden
Schwierigkeitsgrad: leicht
Wegmarkierung: Tour 4
Tourenbeschreibung:
Vom Parkplatz Buchhorst geht es erst in Richtung Dannefeld und von da aus auf den Köckter Damm. Nach der Überquerung der Ohre passieren Sie Hopfenhorst sowie den Kalten Moorgraben und gelangen zur Friedrichskanalbrücke und am Kanal vorbei zu drei Schleusen. Hinter dem Laubwald führt der Weg in Richtung Miesterhorst-Dannefeld, dann bis zum Abzweig Buchhorst und schließlich ins Peckfitzer Moor. In der Ortsmitte des nun folgenden Ortes Mieste zweigt die Fahrtroute rechts ab. Am Dorfteich vorbei folgen Sie nun der Straße in Rich-

tung Kämkerhorst, bis sie das an der Ohre gelegene Infohaus der Naturparkverwaltung Drömling erreichen. Hinter der Wilhelmskanal-Brücke geht es nach rechts am Kanal vorbei bis nach Taterberg. Diese Straße führt bis zur Ohre-Brücke mit dem reich verzierten Brückengeländer. Vor der Ohre-Brücke rechts abbiegen und flussaufwärts zurück nach Buchhorst fahren.

Sehenswürdigkeiten:

1. Fachwerkkirche in Dannefeld
Die Bauernfahne in der Kirche erinnert an die Vertreibung der Schweden durch Drömlingsbauern im Jahr 1675.

2. Brückengeländer der Ohrebrücke
Im Jahr 1841 besuchte der preußische König Friedrich Wilhelm IV. die Altmark und dabei auch den Drömling. Er war von der Landschaft so beeindruckt, dass er kurze Zeit später das historische Brückengeländer, das seit dieser Zeit die Brücke ziert, aus dem Schloss Sanssouci herbringen ließ.

Brücke Taterberg

ERLEBNISTOUR RADWANDERN

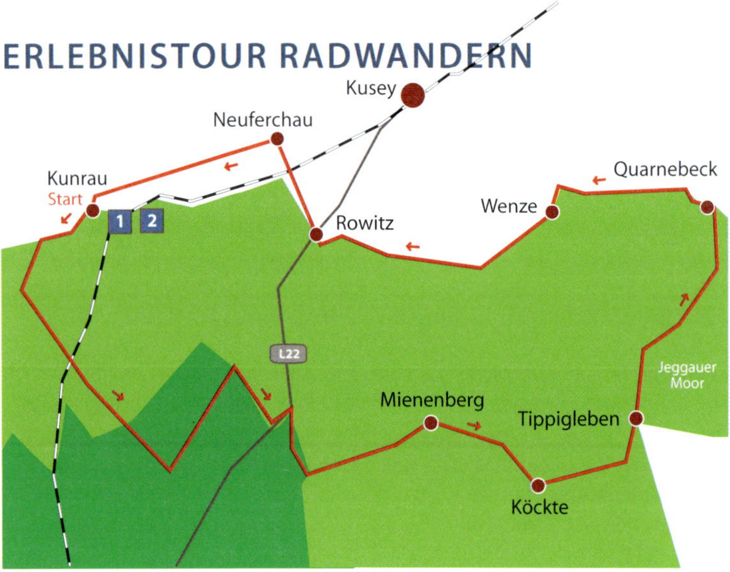

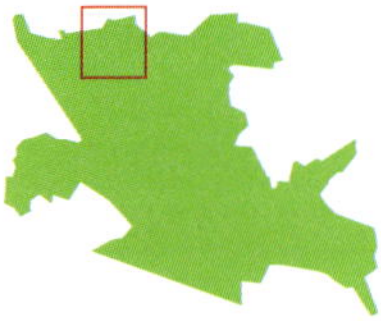

Lage der Tour

2. Durch den nördlichen Drömling

Start: Schloss Kunrau
Länge: 35 Kilometer
Dauer: rund 2,5 Stunden
Schwierigkeitsgrad: leicht
Wegmarkierung: Tour 2
Tourenbeschreibung:

Diese Tour führt Sie durch den nördlichen Drömling. Vom Schloss Kunrau fahren Sie aus dem Ort heraus in Richtung Hahnenberg, dann links über die Kolonie Kunrau am Kunrauer Vorfluter entlang. Unmittelbar vor dem ehemaligen Bahnübergang der stillgelegten Strecke Salzwedel-Oebisfelde steht ein Gedenkstein für den Landwirt Theodor Hermann Rimpau aus Kunrau.

Hier geht es den Lehrpfad entlang zum Vorwerk Belfort, dann rechts ab zum Plattenweg. Am Ende biegen Sie links zum Schöpfwerk Buchhorst, der jetzigen Infostelle, ab und fahren an der Ohre nach links bis zum Köckter Damm und folgen diesem in Richtung Köckte. Über Trippigleben und Quarnebeck verläuft die Route durch den Ort Wenze. Ein Radweg bildet die letzte Etappe der Radwanderroute, der von Neuferchau zurück nach Kunrau führt.

Rimpau-Gedenkstein

Sehenswürdigkeiten:

1. Schloss Kunrau

Das Schloss wurde von 1859 bis 1861 für Theodor Hermann Rimpau, den Leiter der Meliorationsarbeiten im Drömling, gebaut. An das Schloss mit großem Turm schließt sich ein Schlosspark an.

2. Theodor-Rimpau-Gedenkstein

1862 begann der Besitzer des Gutshofs von Kunrau, Moordämme anzulegen. Die Abstände der Gräben und somit die Breite der Dämme waren mit 25 Metern genau vorgegeben. Bis 1885 hatte Rimpau fast alle ihm gehörenden Drömlingsflächen in Dammkultur angelegt und erzielte für diese Standorte sehr gute Erträge. Damit leitete er eine neue Etappe der landwirtschaftlichen Nutzung und der Landschaftsgestaltung im Drömling ein.

ERLEBNISTOUR RADWANDERN

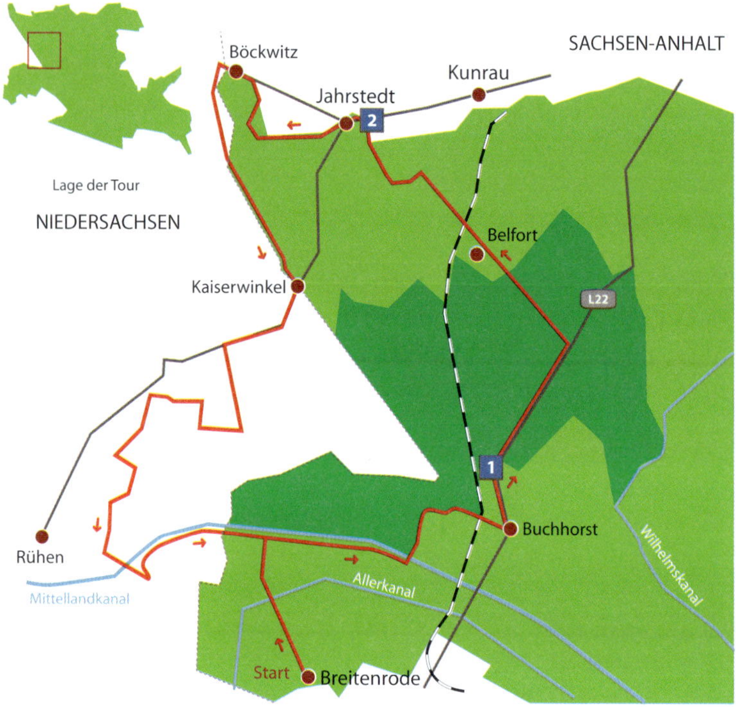

3. Entlang der alten Grenze

Start: Bauerndamm Breitenrode
Länge: 50 Kilometer
Dauer: 5 Stunden
Schwierigkeitsgrad: mittelschwer
Wegmarkierung: Tour 1
Tourenbeschreibung:
Von der Breitenroder Feuerwehr geht es auf dem ausgeschilderten Bauerndamm nach Norden über den Allerkanal bis zum Mittellandkanal, hier nach rechts und über diesen nach Norden vorbei an der ehemaligen Kolonie Wolmirshorst. Am nördlichen Ortsrand von Buchhorst wird die Infostelle Buchhorst erreicht. Von der Infostelle geht es dann mitten durch die Nässezone Norddrömling an einer weiteren Kolonie, der Kolonie Belfort, vorbei. Vor dem Ortsausgang Jahrstedt lohnt sich ein Abstecher zum Grenzmuseum und dem Grenzgeschichtslehrpfad. Danach nach Zicherie, dem vor der Wende im Westteil Deutschlands gelegenen ehemaligen Ortsteil. Immer an der Landesgrenze entlang führt Sie die Route Richtung Rühen. Vom großen Giebelmoor folgen Sie dem Naturlehrpfad bis zum Mittellandkanal, der wieder über den Bauerndamm und den Allerkanal nach Breitenrode geht.

Infostelle Buchhorst

Sehenswürdigkeiten:

1. Schöpfwerk Buchhorst

In der Ausstellung finden Sie Dioramen mit Tierarten, die vor allem im Wasser leben. Außerdem geben Informationstafeln Auskunft. Im Außenbereich können Sie in aller Ruhe rasten. Die Kinder können in einer Sprunggrube testen, mit welchem Tier sie sich beim Weitsprung messen können. WC ist vorhanden.

2. Grenzgeschichtslehrpfad Böckwitz

Der Grenzgeschichtslehrpfad bildet mit dem Europastein als Erinnerung an das erste gemeinsame Europafest im Ortsteil Böckwitz 1990, dem Grenzturm mit Zaun, Mauer, Kfz-Graben und Kolonnenweg bis zum Gedenkstein Lichtenstein – der Journalist wurde hier 1961 von den Grenztruppen der DDR erschossen – eine Einheit und erinnert an die Teilung des ehemaligen Doppeldorfes Böckwitz/ Zicherie.

ERLEBNISTOUR WANDERN

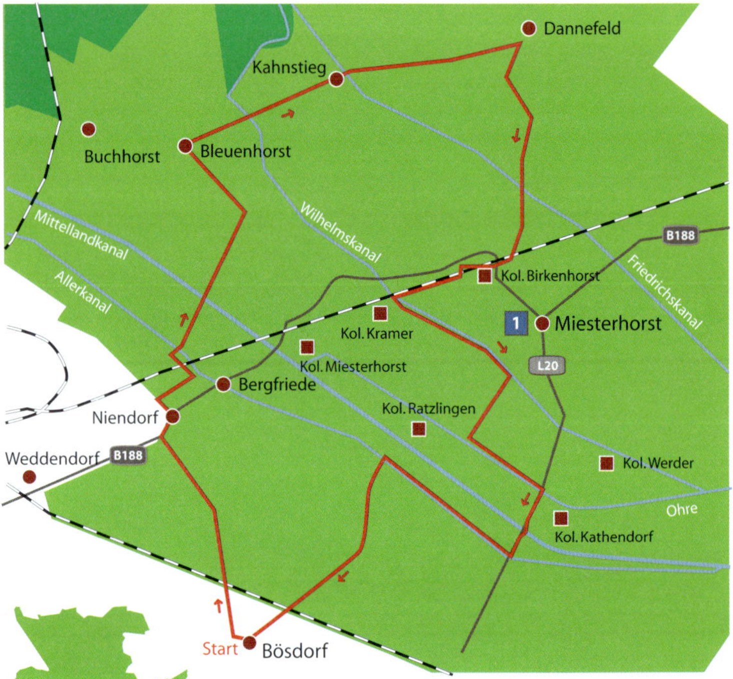

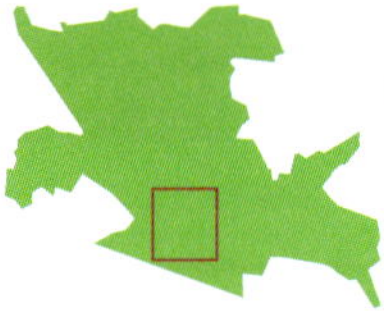

Lage der Tour

4. Vorbei an den Kolonien

Start: Kirche Bösdorf
Länge: 35 Kilometer
Dauer: 2,5 Stunden
Schwierigkeitsgrad: leicht
Wegmarkierung: Tour 5
Tourenbeschreibung:

Von der Kirche beginnend in Bösdorf fahren Sie in Richtung Oebisfelde, dann gleich rechts ab auf die Landstraße nach Niendorf. Von dort aus führt Sie der Weg zum Secantsgraben und über Allerkanal, Mittellandkanal und Mittelgraben bis zur Ohre. Über Bleuenhorst und Kahnstieg zweigt der Weg nach Miesterhorst ab. Bereits 1424 wurde der Ort als Kolonie von Mieste urkundlich erwähnt. Über den Wilhelmskanal geht es weiter zur Kolonie Rätzlingen. Dann links dem Flusslauf der Ohre folgend bis zur Brücke über den Mittellandkanal. Bald erreichen Sie den Allerkanal, dem Sie bis zum Schöpfwerk Bösdorf folgen. Nach der Überquerung des Kanals führt ein asphaltierter Weg zurück nach Bösdorf.

Sehenswürdigkeiten:

1. Miesterhorster Kiche

Der Ort Miesterhorst ist bereits früh entstanden. Miesterhorst wurde in Verbindung mit dem Damm durch den Drömling im Jahre 1367 selbständig genannt. Der Überlieferung nach ist der Ort 1424 als Kolonie von Mieste und 1554 als Horst urkundlich erwähnt worden. In der im Jahre 1725 erbauten Kirche erklingt noch heute die Orgel von 1905 zum Gottesdienst.

Weitere Radwanderrouten finden Sie in der Topographischen Karte für den Naturpark Drömling.

FREIZEIT UND ERHOLUNG

Freibad Kunrau
Informationen
Immekather Weg
38486 Kunrau
Tel. 039008 / 481
Öffnungszeiten
Mai bis September täglich 10–20 Uhr

LEIB & SEELE

Garley Spezialitäten Brauerei
Seit dem 16. Jahrhundert wird das in Gardelegen gebraute Bier Garley bzw. Garlei genannt. Ende des 18. und Anfang des 19. Jahrhunderts ging das Brauwesen deutlich zurück. Die übergroße Konkurrenz ließ nur drei Brauereien überleben. Eine davon war die Brauerei der Brüder Haase, die heute den Namen Garley Spezialitäten Brauerei GmbH trägt und die letzte Brauerei in langer Tradition in Gardelegen ist.
Informationen
Garley Brauerei
Sandstraße 58-60
39638 Gardelegen
Tel. 03907 / 72200
Fax 03907 / 722040
info@garley.de
www.garley.de

Regionalkorb Rund um den Drömling
Ein gemeinsames Projekt der Naturparkverwaltung Drömling und des Vereins zur Förderung der Umweltbildung im Naturpark Drömling e.V. Mit dem Regionalkorb Drömling soll Appetit auf regionale Erzeugnisse aus dem Naturpark Drömling und Umgebung gemacht werden. Neben Mettwurst vom Rind, Wildwurst, Honig und Marmelade, Gewürz- und Kräuternudeln, Markgrafenpfanne, Erbsensuppe, Weinen und Säften oder Kräuterlikör sind in dem Korb auch kreative Handwerksprodukte enthalten. Das Weidenmaterial stammt aus dem Naturpark Drömling und wird von einem Korbflechter aus der Region zu Körben geflochten.
Informationen
Naturparkverwaltung Drömling
Bahnhofstr. 32
39646 Oebisfelde
Tel. 039002 / 85011
naturpark-droemling@lvwa.sachsen-anhalt.de
www.naturpark-droemling.de

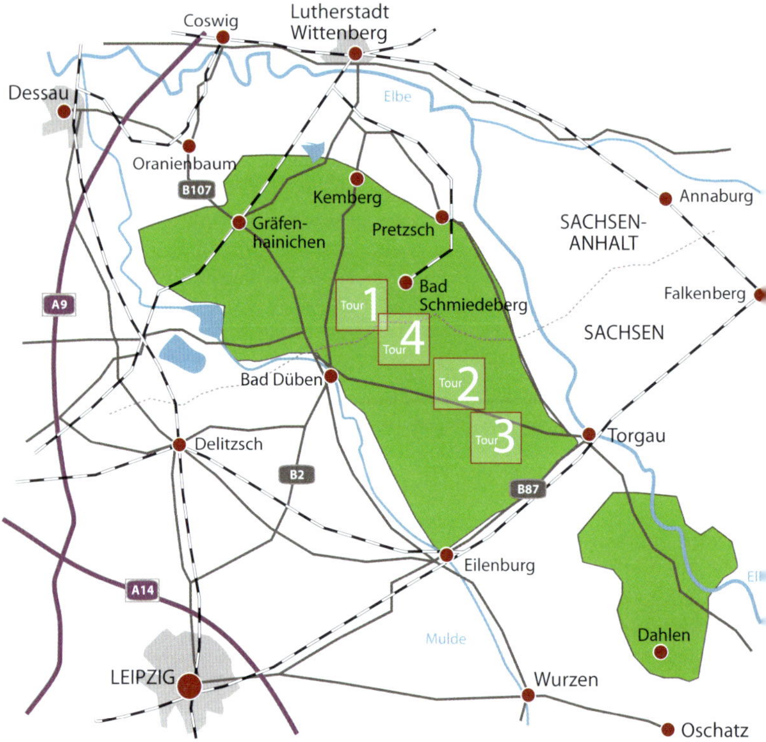

Erlebnistouren

Tour 1: Wandern – Die Heide-Bibertour (TOP-TOUR)

Tour 2: Wandern – Der Försterweg

Tour 3: Wandern/Radwandern – Der Torgische Weg

Tour 4: Wandern – Der Wanderweg der Lieder

Lage in Sachsen-Anhalt

Naturpark Dübener Heide

Eingebettet in die natürlichen Flusslandschaften von Elbe und Mulde verströmt der größte Mischwald Mitteldeutschlands die Frische einer eiszeitlich geprägten Hügellandschaft. Der Naturpark Dübener Heide erstreckt sich im Osten Sachsen-Anhalts und im Nordwesten Sachsens über eine Fläche von 75.000 Hektar. Als Naturpark ist mit seinen erst 20 Jahren noch jung. Heute ist er eine von 123 nationalen Naturlandschaften Deutschlands. Hier kreisen Kranich und Seeadler über romantischen Teichen und Seen. An ihren Ufern thronen zahlreiche Biberburgen. Unter mächtigen Buchen und Eichen glänzt das Moos an reinen Quellen und feuchten Wiesen. Klare Luft kitzelt die Nasen der Rothirsche, Wildschweine, Dachse und Fledermäuse. Wochenende ist Heidezeit – und das nicht nur für Erholung und Ruhe suchende Menschen aus dem nahe gelegenen Leipzig, Halle oder Dessau, die auf über 500 Kilometern markierten Wegen manches lauschige Plätzchen finden können. Verstreute Heidedörfer mit alten Wasser- und Windmühlen säumen den Weg in die Frische vor den Toren der Städte. Wander- und Heimatvereine pflegen Brauchtum und Tradition einer reichen Natur- und Kulturlandschaft, die mit einem bunten Erlebnisangebot für die ganze Familie aufwartet.

Initiative des Vereins Dübener Heide

Endmoränenlandschaft mit sandigen Böden
Die Dübener Heide entstand vor 250.000 Jahren in der Saale- und Weichseleiszeit. Sie ist seither geprägt als Endmoränenlandschaft mit überwiegend sandigen Böden. Unter dieser pleistozäner Bedeckung lagern Braunkohle führende Schichten. Der überwiegende Teil der Dübener Heide ist mit Wald bedeckt. Sie wurde erstmals von etwa 7000 Jahren durch eine Bauernkultur besiedelt. Viele noch sichtbare Hügelgräber weisen auf eine intensive Besiedlung in der Bronzezeit hin. Vor etwa 2.000 Jahren lebten hier Hermunduren. Ab dem 7. Jahrhundert ließen sich Slawen in der Region nieder.

Seine Gründung verdankt der Naturpark vor allem der Arbeit des Vereins Dübener Heide. Dieser wurde bereits 1930 von etwa 70 Heidefreunden aus den um Bad Düben liegenden Orten gegründet. Sie trieben die Entwicklung des Wanderns, des Naturschutzes und der touristischen Erschließung ihrer Heimat voran, bis der Zweite Weltkrieg ausbrach und das Vereinsleben zunächst zum Ruhen und mit Gründung der DDR völlig zum Erliegen kam. Erst mit der politischen Wende im Jahr 1990 gründete sich der Verein neu mit dem Ziel,

die Dübener Heide als Lebens- und Erlebnisraum zu erhalten. Der Hintergrund war nahe liegend: Die Region war von den Abraumbaggern der Braunkohleindustrie bedroht. Das sollte so verhindert werden. 1992 vereinbarten schließlich die Umweltminister der Länder Sachsen und Sachsen-Anhalt die Gründung des Naturparks Dübener Heide. Der Verein Dübener Heide wurde anerkannter Träger des Naturparks und ist bis heute ein Bürgerverein mit rund 400 Angehörigen in 13 Ortsgruppen.

Im Mittelalter kam die Dübener Heide zu Kursachsen, heute gehören 53 Prozent der Fläche zu Sachsen-Anhalt und 47 Prozent zu Sachsen. Die ursprüngliche Waldvegetation mit Buchen, Traubeneichen, Hainbuchen, Birken und Kiefern wich durch Bewirtschaftung reinen Kiefernbeständen findet. Ausnahmen finden sich in den gestauchten Endmoränen im Herzen des Naturparks, wo prächtige alte Rotbuchenwälder stocken In den noch vorhandenen Feuchtgebieten wie der Presseler Heide oder dem Wildenhainer Bruch wachsen Erlen und Moorbirken.

Das Presseler Heidewald- und Moorgebiet

Das Presseler Heidewald- und Moorgebiet ist nahezu einzigartig in Deutschland. Es hat als Naturschutzgroßprojekt innerhalb des Naturparks Dübener Heide eine internationale Bedeutung erlangt. Das Kerngebiet ist 4.370 Hektar groß. Von 1790 bis 1850 und von 1946 bis 1951 wurde in diesem Moorgebiet Torf für Heizzwecke abgebaut. Imposantes Zeugnis ist der Zadlitzbruch mit seinen seltenen Pflanzen wie Wollgras, Moosbeere und Sonnentau. Hier wachsen auf kleinen Inseln Kiefern, die wie Bonsai erscheinen, das ergibt ein Landschaftsbild, das man sonst fast nur im Norden Europas findet. Das Wollgras mit seinen schmalen Blättern prägt gerade im Sommer das Bild der Gegend. Dann kommen die Kraniche, rasten dort und ziehen ihre Brut auf. 1995 haben die Landkreise Delitzsch und Torgau-Oschatz in Sachsen den Zweckverband Presseler Heide Wald und Moorgebiet gegründet mit dem

Ziel der Erhaltung und der Entwicklung des Presseler Heidewald- und Moorgebietes. Fließgewässer werden renaturiert, Bachauen wiederhergestellt und der Wasserhaushalt der Moore stabilisiert.

Der benachbarte Wildenhainer Bruch ist zusammen mit dem Zadlitzbruch etwa 300 Hektar groß und ein Relikt vergangener Zeiten. In mehreren tausend Jahren haben sich dort bis zu vier Meter dicke Torfschichten gebildet, die im 19. und 20. Jahrhundert gestochen wurden. Das Gebiet ist auch reich an Blüten, Libellen und Insekten. Über 350 verschiedene Schmetterlingsarten wie der Kaisermantel, Schwalbenschwanz oder der selten gewordene Wegerich-Scheckenfalter sind dort beheimatet. Mit etwas Glück begegnet man dem Hirschkäfer. Und immer im Ohr ist das bunte Zwitschern – über 169 nachgewiesene Vogelarten sind im Heidewald- und Moorgebiet heimisch.

Projekt „Erlebnis Wildtier“

Im Naturpark Dübener Heide sind typische Wildtierarten wie Biber, das Wappentier des Parkes, Kraniche, Fischadler sowie Rot-, Reh- und Schwarzwild in ihren natürlichen Lebensräumen erlebbar. Möglich macht dies das EU-Programm „Erlebnis Wildtier“, das den Naturpark Dübener Heide langfristig als nationale Modellregion für das Erlebnis frei lebender Wildtiere etabliert. Das Projekt ist bundesweit einmalig. Das Wildtiererlebnisprojekt hat aber auch die Aufgabe, Störungen der Wildtiere oder schadensträchtige Aktivitäten der Wildtiere zu erkennen und Konflikte zwischen Mensch und Tier zu lösen.

An zehn Beobachtungspunkten im Gebiet der Dübener Heide können Besucher in die Welt der Wildtiere eintauchen, ohne sie in ihrer natürlichen Lebensweise und Umgebung zu stören. Neben Aussichtskanzeln, Wiesen und Futterplätzen, zu denen die Interessierten geführt werden, ist die Beobachtung der Fischadler interessant. Eine Kamera filmt von April bis August den Horst und sendet die Bilder in das Umweltbildungszentrum „Haus am See“. Besucher haben so einen Einblick in das Leben der Tiere und sehen, wie sie ihre Jungen groß ziehen.

Moosbeere und Moorfrosch

In den naturnahen Wäldern des Naturparks ist eine vielfältige Vegetation zu erkunden. Hier wachsen Heidelbeeren und Pilze. Typische Pflanzen sind Salbei-Gamander und Schmalblättrige Hainsimse, Maiglöckchen und verschiedene Wintergrünarten. In den Mooren der Dübener Heide haben Binsen-Schneide, Sonnentau, Fieberklee, und die Gemeine Moosbeere ihren Lebensraum.

Und auch die Fauna steht dem in nichts zurück. Der Elbebiber und die Spuren seiner Lebenstätigkeit sind inzwischen an vielen Stellen zu beobachten. In den Mooren und Feuchtgebieten nisten Kraniche und in den Wäldern Schwarzstörche und Seeadler sowie eine große Anzahl weiterer Greifvögel. Am Muldestausee nistet der Fischadler. Die Tierwelt besticht außerdem durch Rothirsch, Wildschwein, Dachs und Fledermäuse. Feldhase, Fischotter, Zwergmaus und Breitflügelfledermaus kommen ebenso vor. In der Vogelwelt sind Schwarzspecht, Hohltaube, Rauhfußkauz, Zwergschnäpper, Bekassine, Gebirgsstelze, Neuentöter, Wiesenpieper, Schafstelze, Heidelerche und das Rebhuhn anzutreffen. In der Amphibienwelt gibt es den Moorfrosch, Laubfrosch, Kammmolch, Teichmolch, Kreutzkröte und Teichfrosch, dazu findet man auch die Glattnatter und Ringelnatter.

Napoleons „schrecklichste Tage“

Wer in die Historie der Dübener Heide eintauchen will, der stößt unwillkürlich auf Schlösser und Burgen – und die Spuren von Napoleon. Das barocke Wasserschloss Reinharz bei Bad Schmiedeberg ist ein besonderes Kleinod. Es geht auf die Zeit zwischen 1690 und 1701 zurück. Der nach 1850 entstandene Landschaftspark integriert einzelne barocke Elemente, wie den ehemaligen Hainbuchenlaubengang, der zu einer Allee ausgewachsen ist. Aus der Zeit der Renaissance stammt Schloss Hartenfels, der bedeutendste Baustein im Ensemble der Stadt Torgau. Im 15. Jahrhundert wurde Torgau zur ständigen kurfürstlichen Residenz gewählt, und es begann der Umbau (1482 – 1623) zu einem prachtvollen Meisterwerk, das lange Zeit als modernstes Wohnschloss in Sachsen galt. Der dominierende Wendelstein des großen Baumeisters Konrad Krebs, den Sie unbedingt erklimmen sollten, trägt sich selbst, ohne mittleren Stützpfeiler. Martin Luther weihte die Schlosskirche 1544 als ersten protestantischen Kirchenbau . Er weilte über 40 Mal in der Stadt. Auch die Torgauer Bären erfreuen immer wieder die Gäste, vor allem aber die Kinder. Entlang des Museumspfades lässt sich die über 1.000jährige Geschichte der Renaissancestadt an der Elbe entdecken.

Kirchen und ihre Geschichte können Besucher zwischen Torgau und Wittenberg erleben. Die Mitteldeutsche Kirchenstraße integriert mehr als 90 Gotteshäuser, die Ort der Besinnung und kultureller Treffpunkt sind. Viele der Kirchen stammen aus dem 12. Jahrhundert und haben außergewöhnliches zu bieten. Geheimtipp ist die rund 700 Jahre alte Elbschifferkirche in Priesitz, in der nur 30 Personen Platz finden oder für Radler auf dem Elberadweg die nahegelegene 1. Deutsche Radfahrerkirche in Weßnig unweit von Torgau.

Einen Besuch wert ist auch Bad Düben. 981 wurde die Stadt, damals noch Burg Dibin, erstmals erwähnt. Das Wahrzeichen ist bis heute die über 1000 Jahre alte Burg mit dem in Sachsen einmaligen Landschaftsmuseum. Hier schlug 1813 Napoleon sein Hauptquartier auf und erteilte die entscheidenden Befehle zum Aufmarsch seines Heeres zur Völkerschlacht bei Leipzig. Nach seinen eigenen Worten hat der Feldherr hier „die schrecklichsten Tage seines Lebens" verbracht. 1846 wurde in Düben Deutschlands erster Bürgerpark angelegt. Die evangelische Stadtkirche St. Nikolai findet erstmals1508 Erwähnung. Das Pesttor, ein Eingangsportal am Stadtfriedhof, wurde 1577 im Renaissancestil erbaut. Zu Bad Düben wurde der Ort mit der „BAD" Titelverleihung im Jahr 1948.

Die Chemiestadt Bitterfeld stand jahrelang für Schmutz und Umweltsünden. Doch gerade hier hat sich viel getan. Bitterfeld-Wolfen ist jetzt eine grüne Industriestadt mit einem riesigen Badesee, dem Goitzschesee mit einer Wasserfläche von 20 Quadratkilometern. Sehenswert auch der historische Ortskern von Bitterfeld mit Rathaus und Kirchen.

Tief versteckt in der Dübener Heide wurde eines der wohl am besten gehüteten Geheimnisse der DDR mit der Wende gelüftet – unterirdische Bunkeranlagen, die im Verteidigungsfall einen operativen Stab der Streitkräfte des Warschauer Vertrages unter den Bedingungen von Massenvernichtungsmitteln aufnehmen sollten. Die Bunker sind heute begehbar – in der Nähe von Kossa ist ein Militär-Museum entstanden.

INFORMATIONEN

Naturpark Dübener Heide
Verein Dübener Heide e.V.
Naturparkhaus
Neuhofstraße 3a, 04849 Bad Düben
Tel. 034243 / 72993 oder 034243 / 34 2009
Fax 034243 / 72993
info@naturpark-duebener-heide.com
www.naturpark-duebener-heide.com

UMWELTBILDUNGSZENTRUM „HAUS AM SEE"

Im Haus befindet sich eine umfangreiche Dauerausstellung mit über 80 Präparaten einheimischer Tiere und Informationen zur Geschichte des Muldestausees als Bergbaufolgelandschaft. Highlight ist die Fischadlerbeobachtungsstation. Mit Hilfe einer Spezialkamera werden die Tiere auf ihrem Horst gefilmt und die Live-Bilder in das Umweltbildungszentrum gesendet, wo das Leben der Tiere auf einem Plasmabildschirm zu sehen ist. Die Kamera ist seit 2006 im Einsatz. Des Weiteren finden mehrmals jährlich Sonderveranstaltungen wie Kreativ-Workshops und Vorträge über interessante fachbezogene Themen statt sowie Ferienprogramme für die ganze Familie. Unmittelbar neben dem Haus am See befindet sich verschiedene Lehrgärten. Am Haus vorbei führt ein 16 Kilometer langer Naturlehrpfad entlang des Muldestausees.

Informationen
Umweltbildungszentrum
Am Muldestausee 2
Ortsteil Schlaitz
06774 Muldestausee
Tel. 034955 / 21490
Fax 034955 / 21601
info@informationszentrum-hausamsee-schlaitz.de
www.informationszentrum-hausamsee-schlaitz.de

Öffnungszeiten
Mo–Fr nach Vereinbarung, So/Fei: November bis März 13–16 Uhr, April bis Oktober 14–17 Uhr und nach Vereinbarung. Am ersten Sonntag im Monat, dem Heidesonntag, ist bereits ab 11 Uhr geöffnet. Telefonische Vereinbarungen über Termine außerhalb der Öffnungszeiten möglich.

ERLEBNIS WILDTIER

Im Naturpark Dübener Heide sind typische Wildtierarten wie Biber, Kraniche, Fischadler sowie Rot-, Reh- und Schwarzwild in ihren natürlichen Lebensräumen erlebbar. An zehn Beobachtungspunkten im Gebiet der Dübener Heide können Besucher in die Welt der Wildtiere eintauchen, ohne sie in ihrer natürlichen Lebensweise und Umgebung zu stören.

Wildtierexperten des Vereins für Arten-, Umwelt- und Naturschutz e.V. in Oberammergau haben das Wildtierprogramm im Auftrag des Vereins Dübener Heide e.V. als Naturparkträgerverein entwickelt. Die Dämme von Bibern sehen Sie an der Biberkanzel am Försterweg bei Eisenhammer an der Bundesstraße 2 in Lutherstein. Fischadler können von April bis August im Umweltbildungszentrum „Haus am See“ in Schlaitz beobachtet werden. Eine Kamera filmt den Horst. Kraniche sind von September bis November an der Beobachtungsplattform im Presseler Heidewald- und Moorgebiet bei Torfhaus für maximal 25 Personen und auf Futterflächen bei Wöllnau zu beobachten.
Informationen
Verein Dübener Heide s.o.

NATURERLEBNISPFAD WASSERTROPFEN

Im Naturpark Dübener Heide gibt es den Naturerlebnispfad „Wassertropfen“. Er bringt Besuchern der Region auf anschauliche und erlebnisorientierte Weise die regionale Verbindung von Wasser und Natur sowie die Bedeutung von Trinkwasser nahe.
Informationen
Naturpark Dübener Heide s.o.

MUSEUMSDORF DÜBENER HEIDE

Eine 500 Jahre alte Wassermühle mit ihrem Inventar, ein nach historischem Vorbild und alten Baumaterialien errichteter Steinbackofen, Dreschmaschinen, landwirtschaftliche Geräte und Haushaltsgegenstände sowie die Ausstattung einer Bäckerei – diese und viele andere Exponate machen das Museumsdorf Dübener Heide in Bad Düben zu einem interessanten Ausflugsziel. Ein weiteres imposantes Objekt ist eine 120 Jahre alte Windmühle.
Informationen
Gustav-Adolf-Str. 28, 04849 Bad Düben
Tel. 034243 / 21976
Fax 034243 / 24727
www.museumsdorf-duebener-heide.de

HEILKRÄUTER-SCHAUGARTEN

Der zarte Duft von Lavendel, Kretischer Melisse und Zitronenverbene erwartet Besucher im Heilkräuter-Schaugarten in Ogkeln bei Bad Schmiedeberg. Kräuterfrau Martina Barth präsentiert in ihrem Kräuter-Landhaus auf über 1.000 Quadratmetern Fläche über 200 Heilkräuterarten. Die Schätze der grünen Apotheke erkundet sie mit Gästen auch auf Wanderungen durch den Naturpark Dübener Heide.
Informationen
Naturpark Dübener Heide s.o.
Martina Barth
Ogkeln Nr. 15a
06905 Meuro
Tel. 034925 / 71712
www.kraeuter-landhaus.de

MÜHLENREGION IM NATURPARK

Am südlichen Rand des Naturparkes Dübener Heide begegnen Sie heute noch zahlreiche Wind- und Wassermühlen. Für viele Mühlenfans ist zum Beispiel die Paltrockmühle „Ebbecke" in Audenhain, die sächsische Turmwindmühle „Friedemann" in Paschwitz oder auch die Stadtmühle „Schüßler" (Wassermühle) in Bad Düben eine gute Empfehlung. Jährlich am Pfingstsonntag findet der Deutsche Mühlentag in der Region statt.

Informationen

Verein Mühlenregion Nordsachsen e. V.
Leipziger Straße 4
04509 Schönwölkau
Tel. 034208 / 78730
www.muehlen-nordsachsen.de

KARTEN UND LITERATUR

Topographische Karte „Naturpark Dübener Heide" 1:50.000 (2007)
Der Naturpark Dübener Heide wird auf einem Kartenblatt, das auf der Vorder- und Rückseite eine Kartendarstellung trägt, abgebildet. Das zugehörige Begleitheft enthält zahlreiche touristische Informationen.
ISBN: 978-3-89761-117-7

Wanderkarte Dübener Heide mit Stadtplänen und Informationsheft (2006)
Eine Wanderkarte in kompakter Form beinhaltet die Stadtpläne von Bad Düben, Bad Schmiedeberg, Gräfenhainichen, Kemberg und Pretzsch – den fünf Heidestädten.

Dübener Heide Sax-Führer, Hans Joachim Böttcher (2003)
Erstmals ein Ausflugs- und Wanderführer für die länderübergreifende Heideregion von Sachsen/Sachsen-Anhalt, insbesondere für den Naturpark Dübener Heide. Mit vielen Routen erschließt der handliche Band samt Karte den ganzen Reichtum an Natur- und Kulturdenkmalen auf der weithin bewaldeten Hochfläche zwischen unterer Mulde und mittlerer Elbe, einer großräumigen naturnahen Kulturlandschaft nördlich Leipzigs zwischen Delitzsch, Bitterfeld, Dessau-Wörlitz, Gräfenhainichen, Wittenberg, Torgau und Eilenburg. Autorisierter Führer für den Naturpark Dübener Heide, 2003
ISBN: 978-3-93454-444-4

Geschichte des Staatlichen Forstamtes Tornau von den Anfängen bis 1949 – Ein Beitrag zur Erforschung des Landschaftsraumes Dübener Heide von Bernd Bendix (2001)
Der habilitierte Forstamtsleiter Bernd Bendix hat ein interessantes Buch geschrieben. Thema ist die Geschichte des ehemals preußischen Forstamtes Tornau, gelegen in einer waldreichen Gegend, die hierfür kaum bekannt ist: zwischen der Lutherstadt Wittenberg und dem verrufenen Bitterfeld. Die Reize sind aber dennoch vorhanden. Der Waldbau und seine Geschichte in der Dübener Heide sind von Bendix in mühevoller Kleinarbeit dokumentiert worden. Nicht nur der Heimatkundler, sondern auch der forstlich interessierte Leser findet zahlreiche wissenswerte Details.
ISBN: 978-3-898120

Bilderbuch Deutschland – Von der Mulde bis zur Dübener Heide (DVD, 2006)
„Bilderbuch Deutschland“ erkundet den einzigen deutschen Naturpark, den eine Bürgerinitiative ins Leben gerufen hat. Diese gewachsene Natur- und Kulturlandschaft ist heute auf vier Landkreise und die zwei Bundesländer Sachsen und Sachsen-Anhalt aufgeteilt.

INFORMATIONEN ZU UNTERKÜNFTEN UND TOUREN

Naturpark Dübener Heide
Verein Dübener Heide e.V.
Naturparkhaus
Neuhofstraße 3a
04849 Bad Düben
Tel. 034243 / 72993 oder
034243 / 34 2009
Fax 034243 / 72993
info@naturpark-duebener-heide.com
www.naturpark-duebener-heide.com

Torgauer Tourismus & Bäder GmbH
Torgau-Informations-Center
Markt 1
04860 Torgau
Tel. 03421 / 70 14 0
Fax 03421 / 70 14 15
www.tic-torgau.de

Kommunaler Zweckverband
Bergbaufolgelandschaft Goitzsche
Bitterfelder Str. 24a
06774 Pouch
Tel. 03493 / 511360
www.agora-goitzsche.de

TourismusRegion Wittenberg e.V.
Neustraße 13
06886 Lutherstadt Wittenberg
Tel. 03491 / 402610
www.tourismusregion-wittenberg.de

ERLEBNISTOUREN – WANDERN

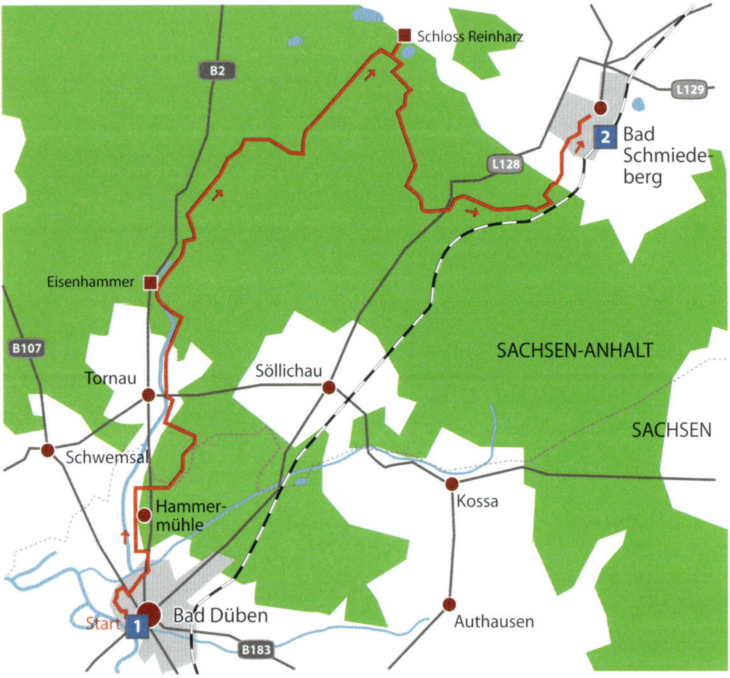

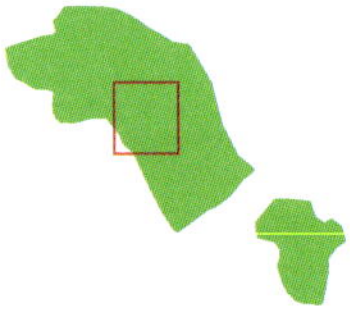

Lage der Tour

TOP-TOUR

1. Die Heide-Bibertour

Start: Burg Düben
Länge: über 20 km
Dauer: 4 Stunden
Schwierigkeitsgrad: mittelschwer
Tourenbeschreibung:
Einen schönen Weg durch das Naturschutzgebiet bietet die Heide-Bibertour. Ausgehend von der Burg Düben wandern Sie an Tornau x entlang der Postmeilensäule, streifen den Eisenhammer mit seiner Köhlerei. Eine willkommene Rast bietet das Wasserschloss Reinharz mit seinem schönen Schlosspark, bevor Sie am Kaiser-Wilhelm-Turm mit seiner schönen Aussicht und über Moschwig am Zielpunkt in Bad Schmiedeberg ankommen.

Sehenswürdigkeiten:

1. Burg Düben
Die Burg Düben ist über 1.000 Jahre alt und Wahrzeichen des Ortes Bad Düben, das 981 erstmals erwähnt wurde. Es beherbergt heute das für die Region bedeutsame Landschaftsmuseum Dübener

Heide. Sehenswert sind weiterhin das Museumsdorf Bad Düben, verschiedene historische Mühlen und die Kurkliniken.

2. Bad Schmiedeberg

Seit 1878 besitzt Bad Schmiedeburg den Kurortstatus. An der Kurpromenade befindet sich das im Jugendstil erbaute Kurhaus. Erhalten ist noch das nördlichste Stadttor, das Au-Tor, aus dem 15. und 16. Jahrhundert sowie einige Bürgerhäuser aus der Zeit.

ERLEBNISTOUREN – WANDERN/RADWANDER

2. Der Försterweg

Start: Infostand Buchhorst Parkplatz
Länge: 48 Kilometer
Dauer: 9 Stunden (Radtour),
2 Tagestour (Wandern)
Schwierigkeitsgrad: mittelschwer
Tourenbeschreibung:
Zu Fuß durch die Dübener Heide auf dem Försterweg. Einen intensiveren Weg, um eine Landschaft in ihrer Ganzheitlichkeit kennen zu lernen, gibt es nicht. Über sanft gewellte Hügel, entlang von Bächen, vorbei an zwei Seen, und vor allem immer wieder durch wunderbar ruhige Waldpassagen führt die Route von Bergwitz über Schleesen und Radis nach Ochsenkopf. Von dort aus führt der Weg weiter quer durch das Naturschutzgebiet vorbei an Eisenhammer und Söllichau nach Doberschütz in Sachsen. Die Wanderer kommen dabei immer wieder mit Zeugnissen der Försterei von heute bis in frühere Zeiten in Verbindung.

Sehenswürdigkeiten:

1. Biberbeobachtungsturm

Schon Luther liebte die Gegend rund um Wittenberg. Mit Geistlichen und Bürgern, aber vor allem mit seinem Kontrahenten Eck suchte er den Disput. Dabei ruhte er sich häufig an der Stelle aus, die heute als Lutherstein bekannt ist. Nur wenige hundert Meter davon entfernt ist der einzige Beobachtungsposten, der den Blick über die vom Biber gestaltete Landschaft gewährt.

2. Köhlerei Eisenhammer

Die Köhlerei Eisenhammer ist eine der wenigen noch traditionell arbeitenden Holzköhlereien in Deutschland. Beobachtet werden kann der gesamte Verarbeitungsprozess, und natürlich steht die Holzkohle auch zum Verkauf.

ERLEBNISTOUREN – WANDERN UND RADWANDERN

3. Der Torgische Weg

Start: Torgau
Länge: 47 Kilometer
Dauer: 3–4 Stunden (Radtour), 2 Tagestour (Wandern)
Schwierigkeitsgrad: mittelschwer
Tourenbeschreibung:
Der reizvolle Weg liegt im Südosten der Dübener Heide und wird seit 1715 zwischen der Elbestadt Torgau und Bad Düben als öffentlicher Weg genutzt. Er verbindet den Internationalen Elberadweg mit dem Muldetalradwanderweg. Auf seinen 47 Kilometern bietet er viel Imposantes. Die Renaissancestadt Torgau mit Schloss Hartenfels, das alte Bauerndorf Welsau und die Dreiseitenhöfe von Zinna bereichern den Weg. Einen Abstecher zum Denkmal der Schlacht bei Torgau im Siebenjährigen Krieg lohnt sich. Die Bärensäule in der Nähe des Forstamtes Petzschau wird immer gern besucht – vielleicht auch von Ihnen? Weiter geht es durch das Presseler Heidewald- und Moorgebiet. Auf über 30 Informationstafeln werden Fauna und Flora sowie die Jagd in der Heide und die Forstwirtschaft beschrieben. In Richtung Pressel wird der

Gustav-Kögel-Wanderweg gekreuzt. Das beschauliche Dorf Authausen bietet noch einmal Geschichtliches. Bis zur Kurstadt Bad Düben mit dem Burgensemble ist es dann nicht mehr weit. Der Torgische Weg lässt sich auch gut mit dem Fahrrad bestreiten.

Sehenswürdigkeiten:

1. Schloss Hartenfels mit Schlosskirche, Lapidarium und Aussichtsplattform des Hausmannsturms

Die ernestinischen Kurfürsten bauten Schloss Hartenfels zu einer prächtigen Residenz aus. Die unregelmäßige Vierflügelanlage entstand abschnittsweise. Zum ältesten erhaltenen Teil des Schlosses zählt der Albrechtsbau, der um 1485 vollendet wurde. Es folgten der Johann-Friedrich-Flügel mit dem vorgelagerten Wendelstein und schließlich der nordwestliche Wohnflügel mit der Schlosskapelle, die 1544 von Martin Luther eingeweiht wurde. Nach der Schlacht bei Mühlberg im Jahre 1547 verlor Schloss Hartenfels an Bedeutung, diente aber bis ins 17. Jahrhundert immer noch als Residenz der sächsischen Kurfürsten in Dresden.

2. Süptitz

Denkmal der Schlacht bei Torgau im siebenjährigen Krieg

3. Roitzsch – Dorfkirche 16. Jh.

4. Authausen – Bockwindmühlen „Fiehn" und „Ludwig"; rekonstruiertes slawisches Wohnhaus aus dem 9. Jh.

5. Bad Düben – Markt mit Rathaus, Schiffmühle, 1000-jährige Burg, Landschaftsmuseum

ERLEBNISTOUREN – WANDERN

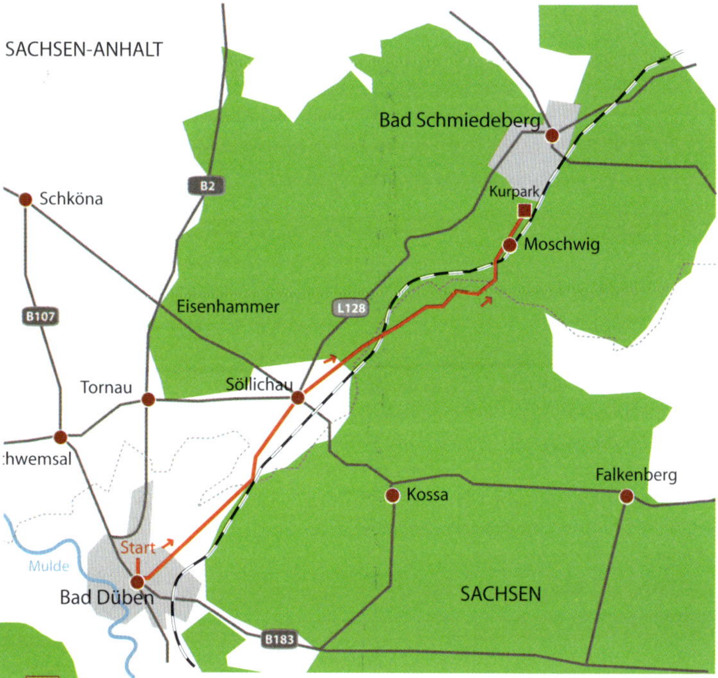

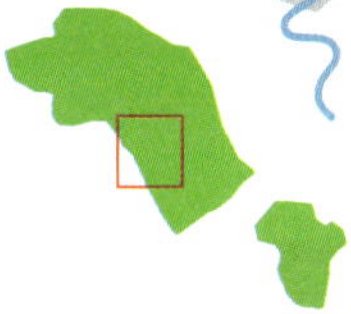

Lage der Tour

4. Der Wanderweg der Lieder

Start: Kurpark Bad Düben
Länge: 18 Kilometer
Dauer: 5–6 Stunden
Schwierigkeitsgrad: leicht
Tourenbeschreibung:
Der Wanderweg der Lieder führt vom Kurpark in Bad Düben zum Kurpark in Bad Schmiedeberg. Er wurde anlässlich des 99. Deutschen Wandertages im Naturpark Dübener Heide erstellt. Der Weg führt auf dem Reinharzer Weg bis zur Siebenarmsäule und über das Dreiämtereck zum Aussichtsturm auf der „Schönen Aussicht" in Bad Schmiedeberg. Bergab geht es dann in die Kurstadt. Entlang des Weges finden Sie als Wanderfreund Tafeln mit den schönsten Wanderliedern der deutschen Regionen und sind natürlich zum Singen aufgefordert. Viele der Lieder sind bekannt. Dabei beginnt der Wanderweg mit dem bekannten Lied „Geh aus, mein Herz, und suche Freunde". „Wem Gott will rechte Gunst erweisen" erinnert viele vielleicht an ihre Kindheit, ebenso wie das Lied „Am Brunnen vor dem Tore".

FREIZEIT & ERHOLUNG

Wellnesszentrum Heide Spa

Im Kurstädtchen Bad Düben gelegen erwartet Besucher im Heide Spa eine Badewohlfühlwelt mit 32°C Wassertemperatur, die Saunawelt mit sechs verschiedenen Saunen, die Therapie- und Wellnessabteilung mit zahlreichen Wohlfühlarrangements, das VitalCenter. Außerdem können Gäste sich im Garten der Sinne am Heide Spa mit dem Wachsen und Werden der Natur bei einem kleinen Spaziergang vertraut machen.. Hotel und Restaurant laden zum Verweilen ein.

Informationen

Bitterfelder Straße 42, 04849 Bad Düben
Tel. 034243 / 33633, Fax 034243 / 33644
www.heidespa.de

Die Dübener Heide – von Natur aus Gesund

Natur und gute Luft die eine Sache, Gesundheitsangebote die andere. Vom Kräuter-Entspannungs-Wochenende, Medical Wellness und einer Kneipp-Kurse im Eisenmoorbad in Bad Schmiedeberg über Heilfastenkurse nach Buchinger, die der Landgasthof in Pressel anbietet, bis hin zu homöopathischen Angeboten nach Dr. Hahnemanns, die in Torgau zu bekommen sind – für gesundheitsbewusste Menschen findet sich das passende Angebot in der Naturparkregion. Ebenso können Besucher bei Rad- und Kanurundreisen etwas für Muskulatur sowie Herz- und Kreislaufsystem tun.

Informationen

Naturpark Verein Dübener Heide e.V.
Neuhofstraße 3a, 04849 Bad Düben
Tel. 034243 / 72993 oder
034243 / 34 2009
info@naturpark-duebener-heide.com

Sport- und Freizeitbad Aquavita

Das Aquavita in Torgau ist ein besonderes Bade- und Wohlfühlerlebnis für die ganze Familie. Besucher können sich im 25-Meter-Sportbecken treiben lassen oder ihre Bahnen ziehen. Im Nichtschwimmerbecken mit Kinderrutsche kommen die Kleinen voll auf ihre Kosten. Dazu kommt noch ein beheiztes Außenbecken. Eine wohltuende Atmosphäre können Sie in der attraktiven Saunalandschaft erleben oder im Wellnessbereich bei einer wirksamen Massage neue Lebensenergie tanken.

Informationen

Nordring 14
04860 Torgau
Tel. 03421 / 773270
Fax 03421 / 7732720
www.aquavita-torgau.de

Waldbad und Internationaler Campingplatz Mahlitzsch

Der 4,5 ha große Natursee Lindemühlenteich lädt Sie zu einer perfekten Erfrischung an heißen Tagen ein. Unmittelbar daneben befindet sich der Internationale Waldcampingplatz Lindemühlenberg.

Informationen

Campingplatz Lindemühlenteich
034223 / 40646
www.lindemuehlenberg.de

Freizeit- und Erholungszentrum Eilenburg

Zum See 1
04838 Eilenburg
Tel. 03423 / 659933
www.camp-eb.de

LEIB & SEELE

Scheithauer-Brennereispezialitäten in Bad Düben

Produktion von Heidebrand, einer Spezialität aus der Dübener Heide, nach altem Familienrezept. Die Palette wurde mit der Produktion von edlen, handgefertigten Heidebrand-Trüffeln in verschiedenen Verpackungen erweitert.

Informationen

Scheithauer-Brennereispezialitäten
Mühldorfer Straße 1
04849 Bad Düben/Alaunwerk
Tel. 034243 / 22375
Fax 034243 / 51256
scheithauer-sw@t-online.de
www.heidebrand.de

Naturseifenherstellung Marianne Müller in Gräfenhainichen

Herstellung von Heideschnuckenseife aus Schafsmilch, Seifen auch Ziegenmilch und Stutenmilch ohne künstliche Stoffe.

Informationen

Marianne Müller –
Naturseifenherstellung
Strohwalder Straße 26
06773 Gräfenhainichen
Tel. 034953 / 21486
aws43@online.de
www.seifenkorb.de

Erlebnisbienenhof Trossin

Vielfältige Honigprodukte, umfangreiches Bienenwachskerzensortiment und vieles mehr

Informationen

Erlebnisbienenhof Trossin
Unter den Linden 1
04880 Trossin
Tel. 034223 / 40771
www.jasniak.de

Fleischerei am Markt Bad Düben

Heideprodukte: Holzfällerbratwurst, Dübener Winterschinken, Tiglitzer Knacker

Informationen

Fleischerei am Markt
Markt 5
04849 Bad Düben
Tel. 034243 / 23417

Neue Torgauer Brauhaus GmbH

Informationen

Neue Torgauer Brauhaus GmbH
Naundorfer Str. 7
04860 Torgau
Tel. 03421 / 7443
www.torgauer.de

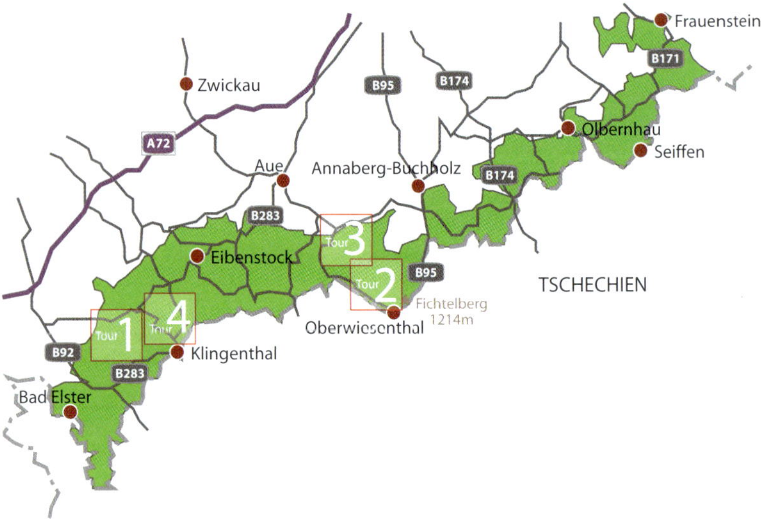

Lage in Sachsen

Erlebnistouren

Tour 1: Wandern – Der Vogtland Panorama Weg (TOP-TOUR)

Tour 2: Wandern – Die Kammtour Erzgebirge-Vogtland– Quer durchs Erzgebirge

Tour 3: Wandern – Der Zschopautalweg

Tour 4: Wandern – Der Höhensteig rings um Klingenthal

Naturpark „Erzgebirge / Vogtland“

Eine Längsausdehnung von 120 Kilometern – das ist Rekord: Der 1990 gegründete Naturpark „Erzgebirge/ Vogtland“, geschmiegt an die tschechische Staatsgrenze im Südosten Sachsens, ist Deutschlands Naturpark mit der größten West-Ost-Ausdehnung. Auf einer Fläche von insgesamt 149.500 Hektar, überwiegend in Höhen oberhalb von 500 Meter über Null, erstreckt sich der Park zwischen Bad Elster im Westen und dem Elstergebirge bei Schönberg im oberen Vogtland, über weite Teile des Erzgebirges, bis hinein ins Gimmlitztal, nordöstlich von Holzhau im Osten.

Weit schweift der Blick über die landschaftliche Schönheit des Naturparks „Erzgebirge / Vogtland"

Beliebtes Ausflugsziel

Von den nächstgrößeren Städten Plauen, Zwickau, Chemnitz, Freiberg und Dresden lässt sich der Naturpark „Erzgebirge / Vogtland“ gut mit dem Auto, Fahrrad oder öffentlichem Nahverkehr erreichen. Das macht ihn zu einem beliebten Ausflugsziel für erholungssuchende Stadtbewohner aus der Region. Das Naturparkgebiet vereint urwüchsige Wälder, unbesiedelte Täler und felszerklüftete Landschaften, Hochmoore sowie weitläufige, blütenbunte Wiesenflächen, durch die sich glasklare Gebirgsbäche schlängeln. Insgesamt 61 Prozent des Naturparkgebiets sind Waldfläche, 30 Prozent des Gesamtgebiets werden landschaftlich genutzt und nur neun Prozent des Naturpark sind besiedelt.

Der Naturpark „Erzgebirge / Vogtland“ zählt mit seinen circa 290.000 Einwohnern dennoch zu den am dichtesten besiedelten Mittelgebirgsregionen Europas. Daran scheint sich die Natur kaum zu stören, denn besonders in den höheren Lagen des Erzgebirges sind zahlreiche Pflanzen- und Tierarten nachgewiesen, die europaweit als stark gefährdet gelten. Innerhalb der Grenzen des Naturparks liegt zudem die höchste Erhebung des Bundeslandes Sach-

Ein rund 5000 Kilometer umfassendes Netz von Wanderwegen durchzieht den Naturpark

Blick vom Fichtelberg auf die grüne Sommerlandschaft

sen: der Fichtelberg (1.215 Meter). Vom Gipfel bietet sich ein traumhafter Panoramablick über die Region, die sich, je nach Jahreszeit, in ganz unterschiedlichem Gewand präsentiert.

Im Sommer, wenn Grün die vorherrschende Farbe ist, lädt ein ausgedehntes, rund 5.000 Kilometer umfassendes Netz von gut ausgebauten Wanderwegen und etlichen Naturlehrpfaden dazu ein, die Gegend zu Fuß, mit dem Rad oder per Pferd zu erkunden. In den Wintermonaten, wenn das üppige Grün von einer dichten, weißen Schneeschicht überzogen ist, ermuntern Loipen dazu, sich die Langlaufski anzuschnallen, oder auf den zahlreichen Skipisten den rasanten Abfahrtslauf zu proben.

Rauhreif überzieht die Wiesen und Weiden des Naturparkgebiets in den kälteren Monaten

Die „Silberstraße“
Zunehmender Beliebtheit bei Ausflüglern in der Erzgebirgs-Region erfreut sich eine von alters her wichtige Verkehrsader, die sich wie ein silbernes Band durch die Landschaft zieht – die „Silberstraße“. Als erste Ferienstraße Sachsens verbindet sie auf 230 Kilometern Länge zwischen Zwickau und Dresden Städte und Stätten des jahrhundertealten Silberbergbaus. Auto- und Radfahrer folgen der mit einem silbernen „S“ gekennzeichneten Strecke und können rechts und links des Weges zahlreiche Sehenswürdigkeiten entdecken, dazu zählen etwa Besucherbergwerke, Kirchenbauten, Museen und Handwerksstätten, in denen sie bei der Herstellung der weltbekannten Räuchermännchen, Weihnachtspyramiden, Krippen und Nussknacker zusehen können.

Zentraleuropäische Mittelgebirgsschwelle

Erzgebirge und Vogtland sind Teile der zentraleuropäischen Mittelgebirgsschwelle. Mit einer steilen Stufe erhebt sich der Südrand des Gebirges über das nordböhmische Becken. Im Westen trennt die Schönecker Landstufe das Erzgebirge vom Vogtland ab. Die Naturparkregion zählt aufgrund der naturräumlichen Voraussetzungen, der landes kulturellen Ergebnisse der Jahrhunderte währenden Landnutzung und der schützenswerten Tier- und Pflanzenwelt zu den landschaftlich wertvollsten Teilen des süd- und südwestsächsischen Raumes. Das Landschaftsbild prägen weitläufige, durch das Eingreifen von Menschenhand entstandene Fichtenwälder, die der Gegend insgesamt einen Charakter verleihen, der zuweilen als herb-melancholisch beschrieben wird. Immer wieder finden sich in die Waldflächen eingestreute Rodungsinseln, auf denen und in deren direkter Umgebung Landwirtschaft betrieben wird. Dieser stete Wechsel zwischen Wald und Offenland bewirkt eine angenehme Auflockerung des Landschaftsbildes insgesamt. Für zusätzlichen Abwechslungsreichtum der Vegetation sorgen bodensaure Buchenmischwälder, urwüchsige Moorwälder, Steinrücken und andere Heckenzüge auf weitläufigen Freiflächen, wildromantische Berg- und Borstgraswiesen sowie schroff-bizarre Felsbio-

Die ersten Orchideen des Jahres entfalten ihre Blüten.

Panoramablick auf die Heckenlandschaft bei Königswalde

tope. Diese Vegetationsflächen bilden den Lebensraum für 55 Pflanzenarten, die ihren Verbreitungsschwerpunkt in der wasserreichen Mittelgebirgslandschaft des Naturparks haben, etwa Alpenflachbärlapp, Feuerlilie, Arnika, mehrere Enzianarten und einheimische Orchideengewächse.

30 der im Park verbreiteten Pflanzenarten tragen einen Schutzstatus nach der Roten Liste der Farn- und Samenpflanzen Sachsens. Einige Arten kommen aber nur in bestimmten Regionen des Naturparks vor; so ist etwa der Serpentin-Streifenfarn ausschließlich im Mittleren Erzgebirge zu entdecken. Die hohen Lagen des Fichtelbergs sind Heimat vieler seltener montaner Pflanzen, die sonst eher in den Alpen oder den nordeuropäischen Tundren vorkommen, etwa Weißzüngel, Echte Mondraute, Hohlzüngel, Alpen-Flachbärlapp und Alpen-Brandlattich. Im Vogtlandkreis haben Schneeheide und Zwergbuchs eine ansehnliche Verbreitung gefunden.

Superlative im Erzgebirge

Das Erzgebirge ist ein Ort der unerwarteten Superlative. So befindet sich hier die höchstgelegene Stadt Deutschlands: der Kurort Oberwiesenthal, von wo aus die älteste Seilbahnstrecke Deutschlands zum Fichtelberg führt. – Einmalig in der Bedeutung für die geologischen Wissenschaften sind die 40 Meter hohen Basaltsäulen des Scheibenbergs, unmittelbar südöstlich der gleichnamigen Stadt gelegen, die in Art und Form an riesige steinerne Orgelpfeifen erinnern. – Europas größte Zinnkammern verbergen sich im Besucherbergwerk Pöhla. – Das einzige europäische bauliche und technische Zeugnis des Hüttenwesens der Buntmetallurgie samt Ausstellung ist das Museum Saigerhütte Grünthal. – Weltweit einmalig ist die Handwerkskunst des Reifendrehens in Seiffen. – Die größte Nussknackersammlung der Welt ist in Neuhausen zu besichtigen. – Und noch eine Besonderheit zum Schluss: das einzige Strumpfmuseum der Republik befindet sich ganz in der Nähe des Naturparks, nämlich in Gelenau.

Viele gefährdete Arten

Der Naturpark „Erzgebirge / Vogtland" ist zu einem wichtigen Rückzugsgebiet für viele Tierarten geworden, die einst weiträumig in der gesamten Region verbreitet waren. So können Naturfreunde heutzutage etwa Rehe und Hirsche, Wildschweine und sogar Europäische Mufflons beobachten. 27 der hier beheimateten Arten gelten inzwischen als charakteristisch für den Park und eine ganze Reihe davon, etwa das äußerst scheue Auerhuhn oder das rare Birkhuhn, weisen einen hohen Gefährdungsgrad nach der Roten Liste von Sachsen auf. In den Hochmoorlandschaften, die ihre Existenz den reichen Niederschlägen von jährlich bis zu 1.200 Millimeter verdanken, können Schmetterlings-Freunde mit etwas Glück noch den Hochmoorgelbling, auch bekannt als Zitronengelber Heufalter, entdecken. Wer Eulen mag, sollte seine Augen bei der Suche nach dem Sperlingskauz offen halten. Und nicht nur Hobby-Fotografen geht das Herz vor Freude auf, wenn ihnen ein farbenprächtiger Eisvogel ins Blickfeld flattert.

Der Naturpark ist obendrein Lebensraum für eine bedrohte Art, die für die meisten Besucher nur schwer zu entdecken sein dürfte. Es sei denn, sie haben eine Taucherbrille samt Schnorchel im Wanderrucksack. Im Vogtlandkreis findet sich nämlich das letzte sächsische Vorkommen der Flussperlmuschel, die hohe Ansprüche an ihren Lebensraum stellt. Nur in Bächen und Flüssen mit sehr guter Wasserqualität ist sie zu finden. Wie der Name vermuten lässt, wachsen in der Muschel tatsächlich Perlen heran. Die Suche nach den kostbaren Kugeln kann man sich aber getrost sparen, zu gering sind die Erfolgsaussichten, denn rein statistisch beinhalten nur fünf von 10.000 Muscheln eine Perle.

Die 40 Meter hohen Basaltsäulen des Scheibenbergs wirken wie steinerne Orgelpfeifen.

Eisvögel lassen sich – etwas Glück vorausgesetzt – auch im Naturpark beobachten.

800 Jahre Bergbaugeschichte

Besucher des Naturparks können allerorts Spuren der Bergbauvergangenheit entdecken, die über acht Jahrhunderte Wirtschaft, Sozialstruktur, Kultur und Landschaft der Region so nachhaltig prägte.

Reiche Erzfunde gaben dem Gebirge einst den Namen. Das erste Silber wurde 1168 bei Freiberg gefunden. Nach 1471 setzte dann um Schneeberg das „große Berggeschrey" ein, das in der Folge zur Blüte des erzgebirgischen Bergbaus führte. Vergleichbar mit einem „Goldrausch" lockte die Aussicht auf schnellen Reichtum. Die Menschen kamen von nah und fern, um „unter Tage" ihr Glück zu machen. Von diesen vergangenen Zeiten künden noch immer zahlreiche Stollen und Schächte früherer Bergwerke und Überbleibsel technischer Gerätschaften, mit denen einst das Gestein bearbeitet wurde. Damit Besucher dieses bedeutende und interessante Kapitel der Regionsgeschichte hautnah erleben können, wurden vielerorts spezielle Bergbaulehrpfade angelegt, auf denen Schautafeln die Erinnerung an die Vergangenheit lebendig halten. Eine lohnenswerte Erfahrung ist auch der Besuch eines Schaubergwerks. Dies ist etwa in Pobershau möglich, wo das einstige Silberbergwerk „Tiefer Molchner Stolln" im Rahmen einer Führung besucht werden kann. Wenn man das Tageslicht erst einmal hinter sich gelassen hat, lässt sich beim Erkundungsgang ins Innere der Erde ein gutes Gespür dafür entwickeln, unter welchen Bedingungen die Bergleute früher gearbeitet haben, um die kostbaren Bodenschätze ans Tageslicht zu befördern.

Augen auf!
Allerorts können Besucher Spuren der Bergbauvergangenheit der Region entdecken

INFORMATIONEN

Zweckverband
Naturpark „Erzgebirge / Vogtland"
Geschäftsstelle Schloss Schlettau
Schlossplatz 8
09487 Schlettau
Tel. 03733 / 622106
Fax 03733 / 622107
naturpark@tira.de
www.naturpark-erzgebirge-vogtland.de

EINRICHTUNGEN DER UMWELTBILDUNG

GESCHÄFTSSTELLE SCHLOSS SCHLETTAU

Bei der Naturpark-Trägerorganisation, dem Zweckverband Naturpark „Erzgebirge / Vogtland", können Besucher gedrucktes Informationsmaterial zu vielen touristischen Einrichtungen der Region, über naturräumliche Besonderheiten und über Projektarbeiten, die im Naturpark stattfinden, erhalten. Wer sich rechtzeitig vor seiner Anreise informieren möchte, kann die Materialien auch bereits vor seinem Besuch anfordern. Die Mitarbeiter, kompetente Ansprechpartner bei sämtlichen Fragen zum Naturpark, stehen dabei gerne beratend zur Seite. Die Kontaktaufnahme ist schriftlich, per E-Mail oder telefonisch möglich. Wer einen persönlichen Gesprächstermin wünscht, wird aus organisatorischen Gründen gebeten, vorab mit der Geschäftstelle in Kontakt zu treten.

Informationen
Zweckverband
Naturpark „Erzgebirge / Vogtland"
Geschäftsstelle Schloss Schlettau
Schlossplatz 8
09487 Schlettau
Tel. 03733 / 622106
Fax 03733 / 622107
naturpark@tira.de
www.naturpark-erzgebirge-vogtland.de
Öffnungszeiten
Nach Absprache.

DIE AUSSENSTELLEN VOGTLAND & POBERSHAU

Da sich das Naturparkgebiet über eine große Fläche erstreckt, hat der Zweckverband verschiedene Außenstellen eingerichtet, in denen sich Besucher über den Park und dessen Flora und Fauna informieren können. Wichtige Anlaufstellen für wissbegierige und informationshungrige Naturpark-Besucher sind daher auch die Außenstellen Vogtland in der Gemeinde Muldenhammer und Pobershau. Die Mitarbeiter sind schriftlich, per E-Mail und Telefon erreichbar. Nach vorheriger Absprache können auch persönliche Gespräche stattfinden.
Informationen
Außenstelle Vogtland
Falkensteiner Straße 2
08262 Muldenhammer
Tel. 037465 / 401993
Fax 037465 / 401996
vogtland.naturpark@tira.de
www.naturpark-erzgebirge-vogtland.de
Öffnungszeiten
Nach Absprache.

Außenstelle Pobershau
Hinterer Grund 4 a
09496 Pobershau
Tel. 03735 / 6681221
Fax 03735 / 6681222
pobershau.naturpark@tira.de
www.naturpark-erzgebirge-vogtland.de
Öffnungszeiten
Nach Absprache.

ZENTRUM FÜR WALD- UND WILDGESCHICHTE „ZWWG"

Im malerischen Schloss Schlettau, gelegen im Herzen der Stadt Schlettau im Zschopautal, erinnert eine Ausstellung im „Zentrum für Wald- und Wildgeschichte" an die Zeiten, in denen das Schloss das Jagdzentrum der sächsischen Kurfürsten war. Von hier aus wurden die Forstwirtschaft geleitet, die Verwendung des dabei gewonnenen Holzes geregelt und die Jagden organisiert. Die Ausstellung informiert anschaulich über die regional aufbereiteten Themen „Wald", „Wild und Jagd in der Vergangenheit" sowie „Wald und Wild heute". Zu den Höhepunkten zählen die ausgestellten Präparate von großen Tieren, die früher im Erzgebirge heimisch waren, zum Beispiel Braunbär, Wolf und Luchs.
Informationen
Förderverein Schloss Schlettau e.V.
Schlossplatz 8, 09487 Schlettau
Tel. 03733 / 66019
Fax 03733 / 608037
info@schloss-schlettau.de
www.schloss-schlettau.de
Öffnungszeiten
Di–Fr 10–17 Uhr, Sa 14–17 Uhr,
So 13–17 Uhr,
Mo geschlossen + nach Absprache.

INFORMATIONEN ZU UNTERKÜNFTEN UND TOUREN

Tourismusverband Erzgebirge e.V.
Adam-Ries-Straße 16
09456 Annaberg-Buchholz
Tel. 03733 / 188000
Fax 03733 / 1880020 oder -30
info@tourismus-erzgebirge.de
www.erzgebirge-tourismus.de

Tourismusverband Vogtland e.V.
Göltzschtalstraße 16
08209 Auerbach
Tel. 03744 / 188860
Fax 03744 / 1888659
info@vogtlandtourist.de
www.vogtlandtourist.de

Tourist-Information Annaberg-Buchholz
Buchholzer Straße 2 (Fußgängerzone)
09456 Annaberg-Buchholz
Tel. 03733 / 19433
Fax 03733 / 5069755
tourist-info@annaberg-buchholz.de
www.annaberg-buchholz.de

LITERATUR UND KARTEN

Zweckverband Naturpark Erzgebirge / Vogtland (1997): „Unser Naturpark Erzgebirge / Vogtland." Dresden, Reihe Weiss-Grün. ISBN 3-929048-89-3.
Viele Farbfotografien vermitteln auf den 108 Seiten dieses Bildbandes einen anschaulichen Eindruck von den Sehenswürdigkeiten des Naturparkgebietes und den selten geworden Pflanzen- und Tierarten, die innerhalb der Parkgrenzen zu finden sind. Bezogen werden kann das Buch über die Geschäftstelle in Schlettau sowie über die Außenstellen und den Buchhandel.
„Naturpark Erzgebirge / Vogtland: Wanderkarte, Maßstab 1:25.000".
Blatt 1 + 2: ISBN 3-89679-337-3
Blatt 3 + 4: ISBN 3-89679-251-2
Blatt 5 + 6: ISBN 3-89679-333-0

Die Wanderkarten stellen im Maßstab 1:25000 das Gebiet zwischen Bad Elster im Vogtlandkreis und Frauenstein im Landkreis Mittelsachsen dar. Das Kartenmaterial ist das Ergebnis einer Kooperation des Landesvermessungsamtes Sachsen und der Verwaltung des Naturparks Erzgebirge / Vogtland.
Es enthält Informationen über markierte Wanderwege, Skiwege sowie Freizeit- und Touristikeinrichtungen. Bezogen werden können die Karten über den Naturpark Erzgebirge / Vogtland, den Staatsbetrieb Geobasisinformation und Vermessung Sachsen (GeoSN) sowie den Buchhandel.
„Naturpark Erzgebirge / Vogtland-Plauen" (2010): Wanderkarte, Maßstab 1:50.000. Innsbruck, Kompass Verlag.
ISBN 978-3854916703.

In den Wochen vor Weihnachten, wenn der traditionelle Weihnachtsmarkt für eine ganz besondere Atmosphäre sorgt, lohnt ein Besuch in Annaberg-Buchholz besonders.

„Wandern ist im Naturpark Erzgebirge / Vogtland zu jeder Jahreszeit ein Erlebnis."

Diese Wander-, Rad- und Mountainbike-Karte im handlichen Format enthält nützliche Informationen zu vielen markierten Wanderwegen, empfehlenswerten Radtouren und zur touristischen Infrastruktur. Ein Beiheft mit zahlreichen Farbfotos informiert zudem über Ortschaften, Schutzhütten, Sehenswürdigkeiten und Freizeiteinrichtungen.

ERLEBNISTOUREN – WANDERN

Lage der Tour

TOP-TOUR

1. Der Vogtland Panorama Weg

Start: Netzschkau, Göltzschtalbrücke
Ziel: Netzschkau, Göltzschtalbrücke
Länge: 228 Kilometer
Dauer: individuell. Empfohlen werden bis zu 12 Tagesetappen.
Schwierigkeitsgrad: leicht-mittel
Streckenverlauf (chronologisch): Göltzschtalbrücke – Greiz – Jocketa – Plauen oder Syrau – Zwoschwitz – Weischlitz – Oelsnitz – Bad Elster – Bad Brambach – Kapellenberg – Bad Brambach – Markneukirchen – Breitenfeld – Erlbach – Kottenheide – Klingenthal/Aschberg – Morgenröthe-Rautenkranz – Vogelsgrün – Lengenfeld – Göltzschtalbrücke.

Märchenhafte Bach- und Flusstäler, bunt blühende Sommerwiesen mit leuchtendgelben Arnika und wilden Orchideen. Historische Städte und Stätten, traditionsreiche Kurbäder und zahlreiche Sehenswürdigkeiten. Stille, kühle Waldlichtungen, die zum Ruhen und Verweilen einladen, während Buntspecht und Eichelhäher in den Baumkronen mit ihrem Gesang für die passende musikalische Untermalung sorgen. – Grenzenlose landschaftliche Vielfalt erleben Wanderer auf dem Vogtland Panorama Weg mit seinen zahllosen, beeindruckenden Aus- und Weitblicken. 2005 wurde der 228-Kilometer-Rundweg im Vierländereck Sachsen, Bayern, Thüringen und Böhmen erstmals mit dem Prädikat des Deutschen Wanderverbandes als „Qualitätsweg Wanderbares Deutschland" geadelt. Der Vogtland Panorama Weg, dessen Streckenverlauf sich über die Naturparkgrenzen hinaus erstreckt und somit auch Sehenswürdigkeiten der weiteren Region erschließt, kann entweder auf eigene Faust erwandert werden oder als vororganisierte Tour gebucht werden. So oder so, empfohlen wird, die Gesamtstrecke auf bis zu zwölf Tagesetappen zwischen 10 und 28 Kilometer aufzuteilen. Offizieller Ausgangspunkt der Wandertour durch das „Land der Vögte" ist die berühmte Göltzschtalbrücke. Von dort geht es zunächst über den idyllischen Köhlersteig hinein ins thüringische Vogtland; dann werden Elsterberg, das Klettergebiet Steinigt, die Vogtländische Schweiz und die Elstertalbrücke passiert, ehe der Weg westlich an der Vogtlandmetropole Plauen vorbei führt. Weischlitz und das sagenumwobene Burgsteingebiet sind die nächsten Ziele, bevor man südlich der Talsperre Pirk auf den Spuren des mittelalterlichen Bergbaus nach Oelsnitz gelangt. Entlang der Elster werden nun die Kurorte Bad Elster und schließlich Bad Brambach erreicht. Nach einem Abstecher zu den böhmischen Nachbarn geht es weiter nach Markneukirchen, der heimlichen Hauptstadt des Musikinstrumentenbaus. Ferner verläuft die Strecke durch den traditionsreichen vogtländischen Musikwinkel nach Erlbach und Klingenthal. Die beachtliche Vogtland Arena mit einer der modernsten europäischen Großschanzen liegt direkt am Weg. Danach wird Höhenluft geatmet, denn der Wanderweg setzt sich fort über den 936 Meter hohen Aschberg und verläuft entlang des Gebirgskammes nach Morgenröthe-Rautenkranz, wo 1937 der deutsche Weltall-Pionier Sigmund Jähn geboren wurde. Dort bietet sich ein Besuch der Deutschen Raumfahrtsausstellung an. Weiter geht es durch das Zinsbachtal bis in den Waldpark Grünheide, wo man den Weg in Richtung Westerzgebirge einschlägt und über Vogelsgrün nach Schönheide gelangt. Über den Kuhberg führt die Wanderung zum Steinberger Stadtteil Wernesgrün, überregional bekannt wegen der dortigen Brauerei, die auch im Rahmen einer Führung besichtigt werden kann. Nächste Etappe ist Lengenfeld, bevor man nach Mylau mit seiner imposanten Burganlage gelangt. Schließlich endet der Rundweg dort, wo er Tage zuvor begann – an der Göltzschtalbrücke, der größten Ziegelsteinbrücke der Welt.

Sehenswürdigkeiten

1. Die Göltzschtalbrücke

Die markante Göltzschtalbrücke, erbaut von mehr als 1700 Arbeitern in den Jahren 1846 bis 1851 im Zuge der Entstehung der Sächsisch-Bayrischen Eisenbahn, ist die größte Ziegelsteinbrücke der Welt. Zum Zeitpunkt ihrer Fertigstellung war sie zudem die weltweit höchste Eisenbahnbrücke. Die außerhalb der Parkgrenzen gelegene Brücke ist insgesamt 574 m lang und erstreckt sich über vier Etagen auf eine Höhe von 78 Metern. Für den eher ungewöhnlichen Baustoff „Ziegel" entschied sich die Eisenbahngesellschaft wegen der großen Lehmvorkommen in der Gegend, denn dadurch konnten diese schnell und kostengünstig beschafft werden. Nur an wenigen, stark belasteten Stellen wurde aus Gründen der Statik zusätzlich Granit verbaut.

2. Talsperre Pirk

Im Tal der Weißen Elster, ebenfalls außerhalb des eigentlichen Naturparkgebiets, liegt die Talsperre Pirk, die in den Jahren 1935 bis 1939 erbaut wurde. Die Gegend rings um die Talsperre hat sich zu einem beliebten Freizeit- und Naherholungsgebiet entwickelt. Wanderer können hier bei einer Rast die strapazierten Füße im Wasser kühlen oder beim Baden, Surfen, Angeln, Tauchen oder Bootfahren aktive Entspannung erleben. Eine schöne Aussicht bietet sich dem Wanderer von der Krone der Staumauer, die während des ganzen Jahres öffentlich begehbar ist.

3. Vogtland Arena

Zu den modernsten Skisprung-Schanzen der Welt zählt die Vogtland Arena in Klingenthal, die 2006 fertiggestellt wurde. Ein Besuchermagnet ist das deutsch-tschechische Wintersportzentrum geworden, das sich eingebettet in dichte Wälder und die typische Mittelgebirgslandschaft an den Schwarzberg schmiegt. Allein im ersten Jahr verzeichnete die Anlage 75.000 Tagesbesucher und ist seitdem stets stark frequentiert. Die Leichtbauweise der Großschanze mit ihrem 35 Meter hohen Schanzenturm, auf dem scheinbar schwerelos eine Aussichtskapsel thront, macht die Anlage auch zu einer architektonischen Attraktion.

4. Deutsche Raumfahrtausstellung

In Morgenröthe-Rautenkranz können Panoramaweg-Wanderer die Deutsche Raumfahrtausstellung besuchen. Informiert wird über die Geschichte der deutschen Projekte zur Erkundung des Weltalls. Naturgetreue Modelle und original Raumanzüge sorgen dafür, dass junge und junggebliebene Besucher ins Staunen geraten. Ein umfangreiches Videoangebot und einzigartige Bilddokumente aus der europäischen und amerikanischen Raumfahrt runden das Angebot ab. Hinzu kommen stets wechselnde Sonderausstellungen zu aktuellen Themen.

ERLEBNISTOUREN – WANDERN

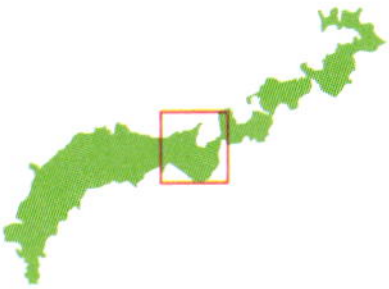

Lage der Tour

2. Die Kammtour Erzgebirge-Vogtland – Quer durchs Erzgebirge

Start: Schöneck
Ziel: Altenberg
Länge: 210 Kilometer
Dauer: individuell. Empfohlen werden bis zu 12 Tagesetappen.
Schwierigkeitsgrad: leicht-mittel
Streckenverlauf (chronologisch):
Schöneck – Klingenthal/Mühlleithen – Breitenbrunn – Kurort Oberwiesenthal – Jöhstadt – Satzung – Pobershau – Olbernhau – Seiffen – Sayda – Holzhau – Altenberg

Wer hoch hinaus will, wird an der Kammtour Erzgebirge-Vogtland Gefallen finden. Dieser 210 Kilometer lange Wanderweg, ebenfalls ausgezeichnet mit dem renommierten Gütesiegel „Qualitätsweg Wanderbares Deutschland" des Deutschen Wanderverbands, der quer durchs Erzgebirge führt, ist genau das richtige für passionierte Gipfelstürmer. – Zwischen Schöneck und Altenberg erklimmen Wandersleute auf dem Kammweg, auch bekannt als „Hauptwanderweg Zittau-Wernigerode", die höchsten Erhebungen des Erzgebirges und des Vogtlandes. So führt der Weg über den Aschberg (936 Meter), den Auersberg (1.019 Meter), den Fichtelberg (1.215 Meter), den Bärenstein (898 Meter), den Hirtstein (890 Meter) und den Kahleberg (905 Meter). Natürlich kann man auch im böhmischen Teil des Erzgebirges wandern und den höchsten Berg des Gebirges, den Keilberg (1.244 Meter), erklimmen. Tolle Panorama-Aussichten, die für die Strapazen der Aufstiege entschädigen, sind also garantiert. Doch auch wer es ruhig angehen lassen möchte, ist auf diesem Wanderweg gut aufgehoben, schließlich werden die Gipfel quasi „im Vorbeigehen" erwandert – und wer doch einmal eine ausgedehnte Verschnaufpause braucht, kehrt in einem der zünftigen Berggasthäuser ein und genießt eine kernige Brotzeit. Die Tour führt aber überwiegend über gut befestigte Forstwege durch die Wälder des Erzgebirges. Verlaufen ist beinahe unmöglich, denn der Weg ist gut markiert: Wanderer folgen einfach dem „Blauen Querstrich im weißen Quadrat". Wer lieber im Voraus plant, kann über die Touristeninformationsstellen im Erzgebirge den Kammweg in Form einer organisierten Tour buchen. Auf Wunsch auch mit persönlichem Führer oder Gepäck-Transportservice.

Sehenswürdigkeiten

1. Aussichtsfelsen Katzenstein

Ein wegen seiner Aussicht beliebtes Ausflugsziel ist der Katzenstein bei Pobershau. Man hat einen herrlichen Blick hinab ins Schwarzwassertal; selbst hier oben ist das Rauschen der Pockau noch deutlich zu vernehmen, sofern der Wind günstig steht. Der Name des 90 Meter hohen Aussichtsfelsen kommt übrigens nicht von ungefähr: Früher gab es hier einen Felsvorsprung, der stark an einen Katzenkopf erinnerte, dann allerdings abgetragen werden musste, weil er drohte, ins Tal zu stürzen.

2. Museum Saigerhütte Olbernhau

Informativ und erlebnisreich ist ein Besuch der Saigerhütte Olbernhau/Grünthal, einem baulichen und technischen Zeugnis des Hüttenwesens der Buntmetallurgie, das einst das sächsische Zentrum der Kupferverarbeitung gewesen ist. Die Saigerhütte wurde 1537 zur Gewinnung von Silber aus silberhaltigem Schwarzkupfer gegründet. Über Jahrhunderte galt das Saigerverfahren als Spitzenleistung des Hüttenwesens. So entstand hier etwa das qualitativ hochwertige Grünthaler Dachkupfer, das bei der Errichtung solch bedeutender Bauwerke wie der Dresdner Frauenkirche oder des Wiener Stephansdom Verwendung fand.

3. „Fortuna Bernstein" in Deutschneudorf

An der Suche nach dem legendären Bernsteinzimmer können sich auch Kammtour-Wanderer beteiligen, wenn sie einen Schlenker nach Deutschneudorf machen. Gerüchte besagen, dort irgendwo sei es zu finden, das verschollene Bernsteinzimmer.

Zugegeben, bislang blieb die Suche erfolglos. Doch was hat es mit dem Bergwerk des Fortuna Stolln auf sich, um das sich zahlreiche ungelöste Rätsel und Mysterien ranken? Im Rahmen einer Führung kann dieses Bergwerk besichtigt werden und „unter Tage" erfahren Besucher alles Wissenswerte über dessen 400-jährige Geschichte, die bis heute zahlreiche Fragen aufwirft. Wieso wurde es nach der Verfüllung geheim gehalten ? Was bezweckten die verdeckten Transporte am Ende des Zweiten Weltkrieges ? Bis heute sind nur 20 Prozent des Bergwerks wieder geöffnet worden. Die wenigsten Bergwerke wurden so massiv und vollständig verfüllt wie dieses. Der Großteil ist noch völlig unerforscht. – Befindet sich dort also doch irgendwo das legendäre Bernsteinzimmer?

Ausblick vom Katzenstein bei Pobershau ins Schwarzwassertal.

ERLEBNISTOUREN – WANDERN

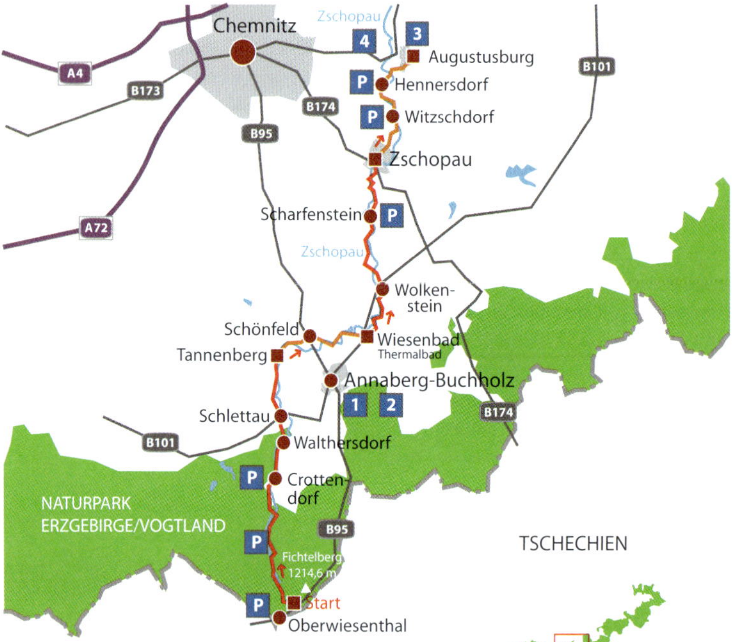

Lage der Tour

3. Der Zschopautalweg

Start: Fichtelbergplateau bei Oberwiesenthal
Ziel: Augustusburg
Länge: ca. 58 Kilometer
Dauer: individuell. Empfohlen werden bis zu vier Etappen.
Schwierigkeitsgrad: leicht-mittel
Streckenverlauf (chronologisch):
Oberwiesenthal – Crottendorf – Walthersdorf – Schlettau – Tannenberg – Schönfeld – Wiesa – Thermalbad Wiesenbad – Wolkenstein – Scharfenstein – Zschopau – Witzschdorf – Hennersdorf – Augustusburg

Blick vom Fichtelberg auf die winterliche Landschaft

Am Fichtelberg entspringt die Zschopau als kleines Bächlein, bahnt sich dann ihren Weg durch die steilen Felsen des Erzgebirges, bevor sie schließlich nahe Flöha gemächlich ins Erzgebirgsvorland übergeht. Je weiter man kommt, desto mehr verliert die Landschaft ihren Gebirgscharakter und das sächsische Burgenland mit seinen sanften Hügeln und weiten Flußauen offenbart sich in seiner prächtigsten Form dem Wanderer. Am Ende der Tour wird er 58 Kilometer entlang des Wasserlaufs durch die ursprüngliche, vielfältige und romantische Landschaft des Zschopautals zurückgelegt haben. Wer Unterstützung bei der Routenplanung benötigt, wende sich an die erzgebirgische Touristeninformationsstellen. Dort kann die Tour auch in komplett durchorganisierter Form samt Gepäcktransport-Service gebucht werden.

Sehenswürdigkeiten

1. Sankt Annenkirche in Annaberg-Buchholz

Hoch überragt die Sankt Annenkirche das Häusermeer der Stadt Annaberg. Der Bau des Gotteshauses begann 1499, 1525 wurde es fertig gestellt. Die Kirche ist die größte spätgotische Hallenkirche Sachsens und wurde zum Wahrzeichen der Stadt. Ein besonderes Erlebnis ist der Aufstieg auf den 78 Meter hohen Turm. Dort oben, in luftigen Höhen, schweift der Blick über die gesamte Stadt und fast das ganze Erzgebirge.

2. Adam-Ries-Museum in Annaberg-Buchholz

„Das macht nach Adam Ries(e)..." – Wer kennt ihn nicht diesen Ausspruch, der einleitend genutzt wird, wenn man sich erfolgreich seinen Weg durch den Zahlendschungel gesucht hat. Zschopautalweg-Wanderer können hier in Annaberg-Buchholz ihren Weg getrost für eine Weile unterbrechen und das Adam-Ries-Museum besuchen, in dem anschaulich über das Leben und Wirken des Rechenkünstlers, der hier einst gewohnt hat, informiert wird.

3. Schloss Augustusburg

Das Schloss Augustusburg im nördlichen Vorland des Naturparks Erzgebirge / Vogtland wurde in den Jahren 1568 bis 1572 erbaut. Es zählt zu den bedeutendsten Renaissanceanlagen der Bundesrepublik. Aufgrund seiner Bauweise und der imposanten Lage, wird das Schloss im Volksmund auch als „Krone des Erzgebirges" bezeichnet.

Einst ein Jagd- und Lustschloss des Kurfürsten August, beherbergt es heute ein Motorradmuseum, ein Museum für Jagdtier- und Vogelkunde des Erzgebirges, eine Ausstellung zur Schlossgeschichte sowie ein Kutschenmuseum.

4. Drahtseilbahn Erdmannsdorf-Augustusburg

Schon seit 1911 verkehrt die Drahtseilbahn zwischen Erdmannsdorf und Augustusburg. Auf einer Streckenlänge von 1237 Metern überwindet sie einen Höhenunterschied von 168 Metern. Acht Minuten dauert eine Fahrt mit der in den Jahren 2005 bis 2006 grundlegend sanierten Bahn. Die Berg- und Talstation sind in historischem Zustand erhalten. Nach vorheriger Anmeldung kann das Maschinenhaus an der Bergstation besichtigt werden.

Frühaufsteher können beim Blick ins Zschopautal ein grandioses Lichtspiel erleben.

ERLEBNISTOUREN – WANDERN

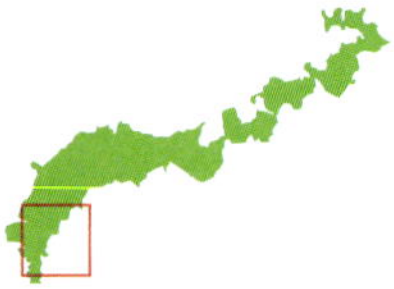

Lage der Tour

4. Der Höhensteig rings um Klingenthal

Start: Klingenthal
Ziel: Klingenthal
Länge: 32 Kilometer
Dauer: 8–10 Stunden
Schwierigkeitsgrad: leicht–mittel

Der 32 Kilometer lange Höhensteig verläuft fast ausschließlich auf den bis auf über 900 Meter Höhe ansteigenden Gebirgszügen des oberen Vogtlandes. Der Name „Höhensteig" ist Programm, schließlich verläuft die Strecke dort, wo Sachsen und Böhmen sich in den Höhenlagen die Hand reichen. Der Weg zeichnet sich durch zahlreiche Aussichtspunkte und seinen landschaftlichen Reiz aus. Wiesen, kleine Baumgruppen aus Buchen, Birken und Ahorn wechseln sich großzügig ab; dann folgen wieder Spuren menschlicher Besiedlung, harmonisch schmiegen sich die Häuserreihen der

Stadt Klingenthal an den Fuß des Berges. Auf den Hängen folgen weite, offene Flächen auf dichte Fichtenwälder. Zum Teil verläuft der Höhensteig unmittelbar an der tschechischen Grenze und kreuzt viele andere Wanderwege rund um die „klingenden Täler". Es bieten sich somit verschiedene Rundtouren und Abstecher auf die böhmischen „Nachbarberge" an. Der Höhensteig-Rundweg wurde als zweiter sächsischer Wanderweg mit dem Prädikat „Qualitätsweg Wanderbares Deutschland" ausgezeichnet.

Sehenswürdigkeiten

1. Die Rundkirche in Klingenthal

Im Jahr 1737 wurde in Klingenthal die Rundkirche „Zum Friedefürsten" erbaut. Sie gilt als das bedeutendste historische Bauwerk der Stadt. Der denkmalgeschützte Zentralbau mit dem mehrfach geschwungenem Schieferdach steht auf einem achteckigen Grundriss, und seine markante Zwiebelkuppel ragt insgesamt 45 Meter in den Himmel. Das Gotteshaus, das häufig Schauplatz anspruchsvoller Kirchenkonzerte ist, bietet mit seinen drei Emporen Platz für 900 Personen.

2. Musik- und Wintersportmuseum

Klingenthal ist bekannt als Musikstadt, hat aber auch bei Freunden des Wintersports einen besonderen Ruf. Beides vereint daher die ständige Ausstellung im Musik- und Wintersportmuseum. Zudem finden hier auch Konzerte und Veranstaltungen statt. Regelmäßig werden Sonderausstellungen zu wechselnden Themen gezeigt. Jedes Jahr wird eine große Weihnachtsausstellung gezeigt.

3. Wanderaussichtsturm „Otto Hermann Böhm"

Bei einem Abstecher auf den Gipfel des Aschbergs, nahe der Jugendherberge, können Wanderer über 154 Stufen den Aussichtsturm „Otto Hermann Böhm" erklimmen und bei guter Witterung in knapp 30 Meter Höhe einen atemberaubenden Rundblick über das Vogtland, das Westerzgebirge und das Fichtelgebirge genießen. Otto Hermann Böhm, Fabrikbesitzer und Heimatfreund, spielte schon 1894 mit dem Gedanken, auf dem Aschberg eine Aussichtsplattform errichten zu lassen. Es gründete sich ein Turmbauverein, doch bis zur endgültigen Realisierung des Vorhabens sollten mehr als 100 Jahre verstreichen. Erst in den 1990er Jahren wurde die Idee wieder aufgegriffen und im Sommer 1999 der fertige Turm eingeweiht.

FREIZEIT & ERHOLUNG

Ökobad Rechenberg

Das 2003 eröffnete Öko-Schwimmbad in Rechenberg-Bienenmühle funktioniert wie ein natürlicher Teich. Auf Wasserreinigung mittels Chlor wird in der naturnahen Anlage komplett verzichtet. Die Reinigung des Wasser erfolgt rein pflanzlich: unter anderem sorgen Bakterien, Wasserpflanzen, Zooplankton und Binsen für eine gute Qualität desselben. Das kühle Nass ist dadurch sehr hautverträglich und es kommt zu keiner Reizung der Augen, was besonders positiv für Allergiker und Kleinkinder ist. „Ökobad" – der Name verpflichtet, selbst das Wasser der Duschen wird durch die Nutzung von Solarenergie auf Temperatur gebracht. Nach dem Badevergnügen bietet sich ein Spaziergang durch den Ort an.

Informationen
Ökobad Rechenberg-Bienenmühle
Mittelstraße 31
09623 Rechenberg-Bienenmühle
Tel. 037327 / 9871
info@oekobad.de
www.oekobad.de
Öffnungszeiten
Mai–September, 8–20 Uhr

Badegärten Eibenstock

Saunieren, Baden, Wohlfühlen – dazu laden die Badegärten Eibenstock. Hier sorgt eine Mischung aus Wasser, Farben, Düften, exotischen Pflanzen und Musik für ein einzigartiges Entspannungs-Ambiente. Das erholende Ritual des Badens und Schwitzens steht bei einem Besuch dieses authentischen russisch-karelischen Saunadorfes, in dem sich viele verschiedene Saunakulturen aus allen Teilen der Welt erleben lassen, im Vordergrund. Zur Auswahl stehen etwa die russische Banja, finnische Saunen, ein japanischer Saunagarten und türkische Kräuterdampfbäder. In der großen Badehalle samt angeschlossenem Familiengarten erwartet die Besucher eine bunte Wasserwelt mit Sprudelliegen und Whirlpool, zudem lockt der Wellness-Bereich mit außergewöhnlichen Massage- und Kosmetikangeboten.

Informationen
Badegärten Eibenstock GmbH
Am Bühl 3
08309 Eibenstock
Tel. 037752 / 5070
Fax 037752 / 50711
mail@badegaerten.de
www.badegaerten.de
Öffnungszeiten
Mo–Do 10–22 Uhr, Fr–Sa 10–23 Uhr,
So 10–22 Uhr

Das Flößerhaus in Rechenberg-Bienenmühle entdecken Besucher bei einem Spaziergang durch den Ort

Spielzeugmuseum Seiffen
International anerkannt als Spezial- und Fachmuseum für Spielzeug aus dem Erzgebirge ist das 1953 eröffnete Spielzeugmuseum in Seiffen. Es verzaubert Besucher aller Altergruppen, denn sie erleben eine bunte Zeitreise durch die Geschichte des Spielzeugbaus – und für die meisten Gäste dürfte dies auch eine Zeitreise in die eigene Kindheit sein. Die Museumsschau informiert anschaulich über die verschiedenen Spielwarentypen, die im Erzgebirge so liebevoll in Handarbeit gefertigt werden und weltweit große Bekanntheit erlangten. 1973 kam das erzgebirgische Freilichtmuseum als volkskundlich-historisches Museum mit 14 regionstypischen Häusern aus der Zeit vor 1900 am Rande des Spielzeugdorfes hinzu, wo Besucher eindrucksvolle Einblicke in das Leben vergangener Zeiten erhalten.

Informationen
Erzgebirgisches
Spielzeugmuseum Seiffen
Hauptstraße 73
09548 Seiffen
Tel. 037362 / 8239
info@spielzeugmuseum-seiffen.de
www.spielzeugmuseum-seiffen.de
Öffnungszeiten
Täglich 10–17 Uhr

Musikinstrumenten-Museum Markneukirchen
Die Geschichte des Instrumentenbaus vom 17. Jahrhundert bis in die Gegenwart erleben Besucher im Musikinstrumenten-Museum in Markneukirchen. Bereits 1883 wurde das traditionsreiche Museum gegründet. Heute sind über 3100 Exponate aus aller Herren Länder zu betrachten. Darunter sind auch zahlreiche Unikate und wahre Kuriositäten, die dem Besucher garantiert lange im Gedächtnis bleiben, etwa ein 1,80 Meter großes Riesen-Akkordeon, das sogar im Guiness Buch der Rekorde verzeichnet ist.

Informationen
Musikinstrumenten-Museum
Markneukirchen
Bienengarten 2
08258 Markneukirchen
Tel. 037422 / 2018
Fax 037422 / 6023
info@museum-markneukirchen.de
www.museum-markneukirchen.de
Öffnungszeiten
April–Oktober, Di–So 10–17 Uhr;
November–März 10–16 Uhr

Im Freilichtmuseum können Besucher in regionstypischen Häusern hautnah erleben, wie die Menschen im Erzgebirge einst gelebt haben.

LEIB & SEELE

Honigspezialitäten aus dem Naturpark

Von überregionaler Bekanntheit sind die Imkerei-Erzeugnisse aus dem Naturpark, die in zahlreichen Bienenzüchter-Betrieben zum Kauf angeboten werden. Besucher sollten bei ihren Wanderungen und Streifzügen durch die Region auf die vielen Schilder achten, die auf die Verkaufsstellen von Bergwiesenhonig, Waldhonig und Co. hinweisen. Es ist kaum möglich, diese zu verfehlen. Sollte einmal die große Nachfrage das zuweilen begrenzte Angebot übersteigen, lohnt ein Besuch beim Imker dennoch, denn diese passionierten Experten informieren die interessierten Besucher gerne über die Kunst ihres traditionsreichen Handwerks.

Informationen

Landesverband Sächsischer Imker e.V.
Untere Hauptstr. 79, 09243 Niederfrohna
Tel. 03722 / 591981, Fax 03722 / 591982
info@sachsenimker.de
www.sachsenimker.de

Landmarkt mit Vegetarierei

Wer den Naturpark verlässt und nach Raschau/Langenberg kommt, folgt, um ans Ziel zu gelangen, einfach den rosafarbenen Kühen. Wie bitte? Rosafarbene Kühe? Ja, aber genau genommen ist der „Pink Bulle" gemeint – das Logo der gleichnamigen Landfleischerei. Dort findet sich – eher ungewöhnlich für einen Metzgereibetrieb – die neu eingerichtete „Vegetarierei", in der verschiedenste Produkte mit frischen Kräutern, gemahlenem Vollkorn und anderen regional geernteten Rohstoffen hergestellt, verkostet und vermarktet werden. Zu den Höhepunkten gehört die hauseigene Nudelproduktion, ebenfalls nur unter Verwendung frischer Zutaten aus der Natur. Der eigene Kräutergarten sorgt dafür, dass der Gewürz-Nachschub für Bärlauchnudeln, Nesselroster, Nesselbrot, vegetarische Grillsachen sowie den garantiert pflanzlichen Brotbelag nicht ausgehen.

Informationen

Landfarm pro Agrar
Gewerbestraße 9 a
08352 Raschau / Langenberg
Tel. 03774 / 26237
Fax 03774 / 26412
info@pinkbulle.de
www.pinkbulle.de
www.vegetarierei.de

Öffnungszeiten

Mo–Mi 8–18 Uhr, Do–Fr 8–19 Uhr,
Sa 8–18 Uhr

„Insektenhotels", in denen Bienen während der kalten Wintermonate Schutz vor der Witterung finden, lassen sich im Naturpark besichtigen. Imker erklären Funktion und Bauweise

„Zum Weihrichkarzl"

Auch mit dem Geruchssinn lässt sich die Region entdecken. Nirgends geht das besser als in der Schauwerkstatt „Zum Weihrichkarzl", wo die original Neudorfer Räucherkerzen hergestellt werden. Hier wird ein interessantes Stück Erzgebirgs-Tradition und Geschichte zum Anfassen geboten. Im wahrsten Sinne des Wortes, denn Besucher haben die Gelegenheit, ihre eigenen Räucherkerzen mit der Hand zu kneten und zu formen. Im angeschlossenen Ladengeschäft wird original Kunsthandwerk aus der Region zum Kauf angeboten. Darunter finden sich natürlich auch zahlreiche Räuchermännchen, damit die frischen Kerzen gleich zum Einsatz kommen können.

Informationen

Jürgen Huss
„Zum Weihrichkarzl"
Schauwerkstatt & Ladengeschäft
Karlsbader Straße 187–189
09465 Sehmatal-Neudorf
Tel. 037342 / 8158
Fax 037342 / 8115
laden@weihrichkarzl.de
www.weihrichkarzl.de

Öffnungszeiten

Mo–Fr 9–18 Uhr, Sa 9–17 Uhr

Spirituosenmuseum Bockau

Der Anbau und das Sammeln von Heilpflanzen, ihre Verarbeitung zu Arzneien und Kräuterlikören ist seit jeher einer der ältesten Erwerbszweige in der Erzgebirgsgemeinde Bockau im Erzgebirgskreis – und in der „Bockauer Wurzelstube", dem ersten sächsischen Spirituosenmuseum, können Besucher in die jahrhundertealte Geschichte der Likörherstellung eintauchen. Zu sehen gibt es alte Destillierblasen, Kräutermühlen, historische Zeitdokumente sowie zahlreiche Kräuter- und Wurzelproben. Selbstverständlich gehört zum Museumsbesuch auch eine zünftige Verköstigung im angeschlossenen Laborantendorf, bei der sich die Besucher Spezialitäten wie „Aecht Bockauer Angelika Liqueur" oder „Aecht Bockauer Schwarze Sau" zu Gemüte führen können.

Informationen

Erzgebirgische Destillerie
und Liquermanufaktur GmbH
Zechenhausweg 6
08324 Bockau
Tel. 03771 / 454121
Fax 03771 / 454122
kontakt@bockauer-likoerfabrik.de
www.bockauer-likoer.de

Öffnungszeiten

Di–Fr 10–16 Uhr, Sa–So 13–17 Uhr,
Mo geschlossen

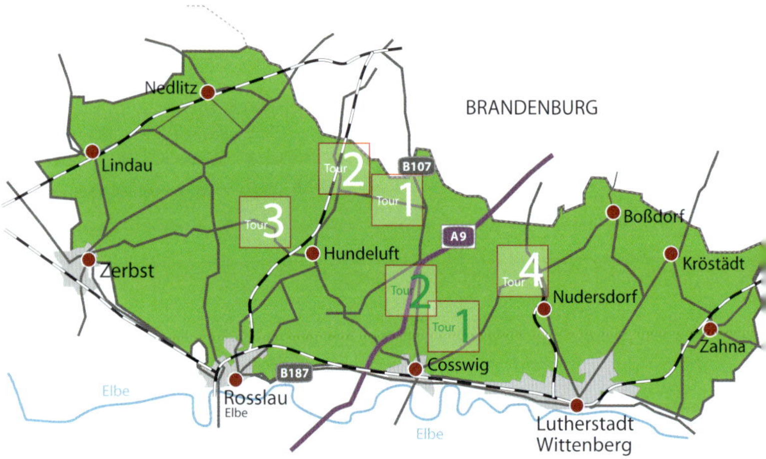

Lage in Sachsen-Anhalt

Erlebnistouren

Tour 1: Radwanderung durch den Fläming auf dem Coswiger Rundwanderweg

Tour 2: Rundweg Jeber-Bergfrieden – Medewitz – Serno – Jeber-Bergfrieden

Tour 3: Kirchruine Schleesen

Tour 4: Rundweg Jeber-Bergfrieden – Hundeluft – Thießen – Jeber-Bergfrieden

Tour 5: Rund um Pülzig

Tour 6: Biker-Tour

Tour 7: ANHALTen und ANHALT kennenlernen

Naturpark Fläming

Kaum eine Landschaft ist so vielseitig wie die Gegend rund um den Naturpark Fläming/ Sachsen-Anhalt, der eingebettet in die norddeutsche Tiefebene als eiszeitlich geprägte und abwechslungsreiche Kulturlandschaft erscheint. Der Naturpark verknüpft Naturschutz, Landschaftspflege und Landbewirtschaftung mit naturnaher Erholung und Regionalentwicklung. Schutz durch Nutzung ist die Devise. Denn gerade hier wird noch im besonderen Wert auf Ackerbau, Tierhaltung und Forstwirtschaft gelegt, das Kapital der Region. Das Gebiet ist geprägt von seinen Wäldern, Wiesen, Äckern, naturnahen Bachläufen und spricht sowohl Wanderer, Radfahrer als auch Freunde des Nordic Walking an. Es erstreckt sich über die Landkreise Wittenberg, Anhalt-Bitterfeld und Teile der kreisfreien Stadt Dessau-Roßlau. Alte Bräuche und Traditionen verbinden sich hier mit modernen Gewohnheiten und Besonderheiten. Der 82.425 Hektar große Naturpark Fläming/ Sachsen-Anhalt verfügt über eine vielseitige Pflanzen- und Tierwelt: Der Naturfreund findet neben Eichen, Buchen, Erlen, Arnika, Orchideen und Lungen-Enzian auch Schwarzspecht, Schwarzstorch, Rot- und Damwild. Der Naturpark bietet Ruhe, Erholung und Entspannung und gleichzeitig die Chance, innerhalb kurzer Zeit die Stätten des UNESCO-Weltkulturerbes in Lutherstadt Wittenberg, Dessau oder Wörlitz zu erleben.

Der Fläming umfasst eine größere Fläche als der Naturpark in Sachsen-Anhalt und so schließt sich an der Nordgrenze, die gleichzeitig die Landesgrenze ist, der Naturpark Hoher Fläming in Brandenburg an.

Rummeln und Findlinge

Seine Entstehung verdankt das Gebiet des Flämings verschiedenen nordischen Kaltzeiten. Seine entscheidende Form erhielt er durch das Eis der Saalekaltzeit. So entstanden Grundmoränen, Endmoränen und Sander. Auch die Rummeln sind charakteristisch für die Landschaft um den Fläming.

Rummeln sind Trockentäler, in denen die Natur ursprünglicher ist als in ihrer Umgebung. Entstanden sind diese Täler beim Schmelzen der Eismassen. Da der Boden gefroren war, konnte das Schmelzwasser nicht versickern und floss oberflächlich ab. Dabei schürfte das Wasser lange Erosionsrinnen in den Boden, die bis zu drei Kilometer lang sein können. Zu finden sind die Garreyer Rummel, die Brautrummel zwischen Belzig und Grubo und die Rummeln bei Göritz. Sie liegen überwiegend im Hohen Fläming. Noch heute können Rummeln nach starken Regenfällen oder nach der Schneeschmelze Wasser führen. Bei den Wanderungen stoßen die Besucher unwillkürlich auch auf die Findlinge, Gesteinsbrocken, die faustgroß bis haushoch sein können. Diese Steine kamen mit den Gletschern aus Skandinavien hierher. Nach dem Schmelzen der Gletscher blieben sie verstreut in der Landschaft und im Boden liegen. Sie gehören zum typischen Bild des Flämings und tragen teilweise Namen.

Rummel bei Göritz

Entfaltungsraum für Pflanzen und Tiere

Zum Naturpark Fläming gehören elf Naturschutzgebiete. Hier verdeutlicht sich das Miteinander von schützenswerten Pflanzenarten, Wäldern und Wiesen. Das in seiner Ausbreitung größte Gebiet ist das Naturschutzgebiet Pfaffenheide - Wörpener Bach. Hier sollen sich auf 484 Hektar die naturnahen Wälder, Wiesen und Gewässer ungestört entwickeln. Hier gedeihen Eichen und Hainbuchen neben dem langblättrigen Waldvöglein, haben die Teufelskralle, die süße Wolfsmilch oder das echte Lungenkraut die Möglichkeit, sich in unmittelbarer Nachbarschaft von Glocken-Heide, Keulenbärlapp oder Königsfarn zu entfalten.

Die Erhaltung grundwasserabhängiger Wiesen- und Waldtypen nährstoffarmer Standorte soll in der Nedlitzer Niederung auf 167 Hektar vorangetrieben werden. Dort kommen inmitten von Flatterulme, Schilf, Sumpfeggen-Ried und Honiggras-Wiesen auch die Vogelkundler auf ihre Kosten. Vom Aussterben bedrohte Tierarten wie der Fischadler, Kranich, Wiesenpieper und Bekassine haben hier ihren Lebensraum gefunden. Von seiner Ausdehnung her kleiner ist der Rahmbruch mit nur 46 Hektar, in dem mitten im Traubenkirschen-Erlen-Eschen-Wald vor allem Großvögel wie Kranich und Wespenbussard, aber auch viele Kleinvögel ihre Rückzugszonen haben.

Kultur der Flamen
Zum Ende des 10. Jahrhunderts wurde das Gebiet besiedelt, es entstanden deutsche Burgwarde, Feldsteinkirchen und Klöster. Im 12. Jahrhundert kamen im Zuge des Landausbaus der Markgrafschaft Brandenburg Holländer, Seeländer und Flamen in diesen Landstrich, die das sumpfige Gebiet urbar machten. Daher resultiert der Name „Fläming“. Die neuen Siedler brachten ihre Kultur, Sprache und Trachten mit. Auch die Erfahrungen im Brunnen- und Mühlenbau konnten eingesetzt werden. Noch heute erkennt man an Ortsnamen, Familiennamen und Flurbezeichnungen den flämischen Ursprung.

Hagendorfer Findling

Der Restwald im Zerbster Ackerland soll im Jütrichauer Busch erhalten bleiben. Im Westen beherrscht der Traubenkirschen-Erlen-Eschen-Wald auf anmoorigen bis moorigen Standorten die Landschaft, im Westen fügen sich Wald-Bingelkraut, Sumpf-Segge, Einbeere und Nesselblättrige Glockenblume in die Gegend ein. Der Rote Hartriegel zeigt eine wärmegetönte Waldausbildung an, der Schuppenwurz-Eichen-Hainbuchen-Wald weist auf trockenere nährstoffreiche Standorte hin. Auf den nur 26 Hektar tummeln sich gleich 50 Brutvogelarten wie der Rotmilan, Mäusebussard, der Wiedehopf oder der Ortolan. Dazu wurden noch knapp 22 Laufkäferarten verzeichnet.

Am Rande des Flämings liegt der Rathsbruch, der mit knapp 14 Hektar kleinste Bereich, in dem die Erhaltung naturnaher Feuchtwälder mit einer typischen artenreichen Bodenflora und Fauna vorangetrieben werden soll. Ein weiteres Naturschutzgebiet liegt bei Schleesen, wo der wohl schönste und größte zusammenhängende Traubeneichen-Buchenwald inmitten ausgedehnter Kiefernforste des Flämings zu finden ist. 1979 wurde das Gebiet unter Flächennaturschutz gestellt. Hier finden neben der Erdkröte auch Vögel wie der Kolkrabe oder der Schwarzspecht

Anemonen in Schleesen

geeignete Lebensbedingungen. Im Platzbruch steht der Schutz stark gefährdeter, pflanzengeographisch bedeutungsvoller Pflanzenarten im Vordergrund. Gerade hier wurde eine artenreiche Kleinvogelfauna verzeichnet.

Das Naturschutzgebiet Friedenthaler Grund ist auf 146 Hektar stark von Aktivitäten des Bibers geprägt. Es ist ein Waldgebiet nördlich von Wittenberg mit Eichen-Hainbuchenwäldern und Röhrichtbeständen. Hier sind auch der Moorfrosch und die Große Moorjungfer zu finden.

Bodendenkmal „Landwehr“

Zwischen dem Hundelufter Bruch und dem Dorf Jeber-Bergfrieden zieht sich ungefähr einen Kilometer lang die Landwehr. Deutlich zu unterscheiden sind drei Wälle, bewachsen mit Bäumen, wobei der mittlere Wall der niedrigere ist. Es gibt verschiedene Vermutungen über die Entstehung des Landwehrwalls. Nahe liegend ist, dass im 12. Jahrhundert eine Verbindung von der Hundelufter Burg zur Lindauer Burg geschaffen wurde. Südlich von Jeber-Bergfrieden befindet sich noch ein kleiner Überrest davon, ein weiterer bei Lindau. Die Burgen bildeten die

Moospilze

Giftiger Fingerhut

Ecksteine des Befestigungswerkes. Der Wall ist der Überlieferung nach von Deutschen errichtet worden, um sich vor Überfällen zu schützen. Eine andere Vermutung der Entstehung ist der Schutz der Stadt Zerbst vor allem durch die auf dem Wall stehenden Bäume. Der Wall wurde nur durch eine Durchgangsstraße durchbrochen. So waren alle gezwungen, nur diesen Weg zu nutzen. An seinem Schnittpunkt stand ein turmartiges festes Gebäude, das nicht nur als Zollstation diente, sondern auch zum Schutz der Fahrstraße. Um diesen so genannten Bergfried herum hieß die Siedlung „Am Bergfried" und später „Bergfrieden". Die Landwehr wurde 1986 als Bodendenkmal erklärt und wird heute von Spaziergängern genutzt. Die Zollstation wurde 1996 abgerissen, nur ein Brunnen am Ortseingang erinnert noch daran.

Geheimnisvoller Wald

Burgen und Mühlen

Nicht nur die Landschaft rund um den Fläming ist sehr abwechslungsreich, auch kulturell hat die Gegend viel zu bieten. Burgen und Schlösser, aber auch viele Mühlen prägen das Bild. Das Zerbster Schloss, die Residenz der Fürsten von Anhalt-Zerbst, zählte bis zur Zerstörung zu den herausragenden Barockbauten in Mitteldeutschland. Namhafte Baumeister und Künstler waren am Entstehen beteiligt. Berühmte Gäste beherbergte das Schloss Coswig. Der erste Schlosskomplex, zu dessen Gästen Luther und Melanchthon zählten, wurde 1547 Opfer des Schmalkaldischen Krieges. 1556 wurde das Schloss im Renaissancestil wieder aufgebaut und später zu einer imposanten Barockanlage erweitert. Der Schlossturm bietet einen herrlichen Blick in den Fläming im Norden und in die Auenlandschaft mit dem Blauen Band der Elbe im Süden.

Schloss Coswig

Die Anfänge der Burg Lindau sind historisch nicht belegbar, vermutlich reichen sie ins 9./10. Jahrhundert zurück. Im Jahre 1179 wurde die Burg erstmalig erwähnt. Die höher gelegene Hauptburg mit zentralem Bergfried, Tor und Mauerresten, sowie die Vorburg sind gut zu unterscheiden und durch einen tiefen Graben abgegrenzt. 1863 wurde die Turmruine wieder aufgebaut. Die Umfassungsmauern, der Bergfried und das doppelte Eingangstor sind gut erhalten. Noch älter ist die Burg Loburg. Sie entstand unter Heinrich I. von 919 bis 936 und diente als Grenzburg. Nur der Bergfried besteht noch aus dem ursprünglichen Material.

Begibt man sich auf eine Schlösser- und Burgentour im Naturpark, lernt man die ganze Region kennen. Geschichtsträchtige Bauten und wertvolle Naturgüter liegen dicht beieinander.

Mühlen unterschiedlichster Bauarten sind ein Teil des Bildes vom Fläming. Jährlich am Pfingst-

montag findet der Deutscher Mühlentag statt, viele Mühlen haben dann ihre Türen geöffnet. An der Nuthe gelegen ist die Zerbster Frauenmühle, eine Wassermühle mit einem hölzernen Rad.

Die heute noch betriebene Bon´sche Mühle wurde im Jahre 1728 erstmals erwähnt. Seit 1883 wird die Wassermühle mit einer Turbine angetrieben. Sie diente als Getreide-, Öl- und Schneidemühle. Heute ist die Mühle modern ausgestattet und wird zur Mischfutterproduktion genutzt. Ähnlich alt ist die Rosselmühle in Hundeluft. Diese Wassermühle wurde erstmals im Jahre 1350 erwähnt. Ab dem Jahre 1925 wurde die Getreide- und Schneidemühle mit einem Motor angetrieben, heute ist sie stillgelegt. Die Külsoer Mühle ist heute Gaststätte, Pension, Ausgangspunkt für Touren in den Fläming und ideal für Kinder mit einem Naturerlebnisplatz.

Burg Lindau

Stiftung „Entschlosse-ne Kirchen"

Im Jahr 2005 wurde die Stiftung „Entschlossene Kirchen" in Polenzko gegründet. Über 60 denkmalgeschützte Dorfkirchen sind im evangelischen Kirchenkreis Zerbst über die Jahrhunderte liebevoll bewahrt worden. Diese Kleinode sind Baudenkmale und als solche Zeugnisse von Kunst, Kultur,

Junior Ranger auf Entdeckertour

Begegnet man in der Natur einer Gruppe von Kindern die eifrig mit Becherlupe, Sieb oder Kompass beschäftigt sind, so sind das unsere Naturparkentdecker, die Junior Ranger. Sie tragen Entdeckerwesten mit vielen Utensilien zur Erkundung der Natur. Bitte nicht stören, sie sind auf Entdeckertour im Fläming und lernen ihre Heimat kennen.

Junior Ranger

Handwerk, Leben und Glauben unserer Vorfahren. Die Stiftung will die Kirchengemeinden dabei unterstützen, Vorsorge zu treffen, um die bauliche Erhaltung in Zukunft langfristig zu sichern. Über 40 Kirchen, die in der Stiftung vereint sind, sollen als entschlossene Kirchen auch regelmäßig geöffnet und für jeden zugänglich sein. Einige Kirchen widmen sich einem besonderen Thema. So wird die Weihnachtskirche in Polenzko oder die Gesangbuchkirche in Luso auch als touristischer Anziehungspunkt aufgewertet. In Garitz kann man sich über die „Schönen auf dem Lande" im Dorfkirchenmuseum informieren.

INFORMATIONEN

Alle Informationen erhält der Gast im Infozentrum in Jeber-Bergfrieden. Dieses ist von Mitte Mai bis Mitte Oktober auch samstags geöffnet.

Naturparkinfozentrum
Träger: Naturpark Fläming e. V.
Rotdornstraße 12
06868 Coswig, OT Jeber-Bergfrieden
Tel. 034907 / 30745
Fax 034907 / 30763
info@naturpark-flaeming.de
www.naturpark-flaeming.de

INFOPUNKTE IM NATURPARK FLÄMING E.V.

Was sind Infopunkte?
Infopunkte sind Portale am Rand des Naturparks, um die Gäste zu informieren und anzuregen, den Naturpark zu entdecken. Nicht jeder Gast wird erst den Weg nach Jeber-Bergfrieden suchen. Deshalb kann er sich auch unterwegs informieren. Infopunkte befinden sich im Bauernmuseum Zahna, in der Külsoer Mühle, in der Stadtinformation Coswig, im Gemeindezentrum in Garitz, in der Burg Walternienburg, in Lindau, auf dem Hubertusberg und im Laden KiekinPott in Dessau.
In Zahna, Walternienburg und Garitz können sich die Gäste selbst im Internet informieren.

AWO FLÄMING-WANDERHEIM GRIMME

Das AWO-Fläming-Wanderheim Grimme ist ein einladender Wanderstützpunkt direkt am Wald für alle Natur- und Tierfreunde. In einer reizvollen Waldlandschaft findet der Besucher 14 rustikale, beheizbare Bungalows mit entsprechender Ausstattung vor. Ein modernes Mehrzweckgebäude mit 65 Sitzplätzen für Veranstaltungen aller Art gehört ebenfalls dazu. Besonders beliebt ist das AWO-Fläming-Wanderheim Grimme bei Schulklassen, Vereinen und großen Familienfeiern.
Informationen
AWO Fläming-Wanderheim Grimme
Dorfstraße 50
39264 Zerbst/Anhalt, OT Grimme
Tel. 039248 / 94286
www.awo-wittenberg.de

UMWELTZENTRUM RONNEY – EIN HAUS DER BEGEGNUNG, ERHOLUNG UND BILDUNG

Das Umweltzentrum bietet seinen Gästen und Besuchern Umweltbildung und -beratung, Jugend- und Sozialarbeit, praktischen Natur- und Umweltschutz sowie Beherbergung. Seit jeher war Ronney wegen der Schönheit seiner Umgebung ein beliebtes Ausflugsziel. Mit hauseigenen Fahrrädern kann man Tagestouren durch die ausgedehnte Elbauenlandschaft unternehmen und sich auf die Spuren des Elbebibers begeben oder die Wassergüte von Elbe, Saale und Nuthe bestimmen.

Information
Umweltzentrum Ronney
Ronney Nr. 3
39264 Zerbst, OT Walternienburg
Tel. 039247 / 413
Fax 039247 / 91876
uz.ronney@t-online.de
www.umweltzentrum-ronney.de

LANDESZENTRUM WALD, BETREUUNGSFORSTAMT NEDLITZ

Information
Dobritzer Straße 13
39264 Zerbst, OT Nedlitz
Tel. 039243 / 9410
forstamt-nedlitz@lzw.mlu.sachsen-anhalt.de

JUGENDWALDHEIM „SPITZBERG"

Jugendwaldheime sind für Schülergruppen ab der 8. Klasse der ideale Ort, den Wald kennen zu lernen und aktiv mitzugestalten. Bei dem 5-tägigen Aufenthalt finden am Vormittag Arbeitseinsätze mit erfahrenen Waldarbeitern statt. Die Nachmittage sind Projekten und Freizeitaktionen rund um den Wald vorbehalten. Die Heime sollen das Umweltbewusstsein zum Wald schärfen und fördern. Das selbstständige Arbeiten und das Walderlebnis ergänzen den klassischen Biologieunterricht.

Information
Jugendwaldheim Spitzberg
Forsthaus 1
06861 Dessau-Roßlau, OT Rodleben
Tel. 034901 / 82419
Fax 034901 / 82419
jwh-spitzberg@gmx.de oder forstamt.nedlitz@lzw.mlu.sachsen-anhalt.de

Lehrpfad

LEHRPFAD AM APOLLENSBERG

In Apollensdorf, einem Ortsteil von Wittenberg, zwischen den Naturräumen Elbaue und Fläming, liegt der Apollensberg. Ehemals militärisch genutzt, ist er nun ein Ort der Erholung, Rastplatz für Wanderer und Radfahrer, die auf dem nahen Elberadweg unterwegs sind. Infotafeln über Landschaftspflege, Obstsorten, Flora und Fauna sowie Historie vermitteln Wissenswertes.
Information
Naturpark Fläming s.o.

Apollensberg

Waldstimmung

NATURLEHRPFAD STADTWALD IN LUTHERSTADT WITTENBERG

1982 wurde der Naturlehrpfad (3 km) in einem Waldgebiet von insgesamt 90 ha eingerichtet. Am Ausgangspunkt befindet sich das NABU-Zentrum „Am Stadtwald" mit Spielplatz, Tiergehegen und vielen Möglichkeiten, Natur und Umwelt kennen zu lernen.
Ca. 80 einheimische Tiere, darunter Wildschweine, Damwild, Mufflons, Schafe und Enten werden hier, überwiegend im Ehrenamt, betreut.
Bei den Kindern ist der Streichelzoo sehr beliebt.

KARTEN UND LITERATUR

Topographische Karte Naturpark Fläming/ Sachsen-Anhalt, ISBN 978-3-89761-115-3, Erscheinungsjahr 2006 Die Karte bietet allgemeine Informationen zum Naturpark, Wander- und Radwanderwege, Sehenswürdigkeiten, Ausflugsziele, Freizeitangebote, wichtige Adressen und Ansprechpartner sowie touristische Reisethemen. Autor: Landesamt für Vermessung und Geoinformation Sachsen-Anhalt.

Neu ab Mai 2011: Touristische Karte der Naturparke Fläming/Sachsen-Anhalt und Hoher Fläming.

Informationen zu Veranstaltungen im Naturpark sowie Informationen zu Sehenswürdigkeiten und Adressen erhält man über das Infozentrum oder im Internet.

INFORMATIONEN ZU UNTERKÜNFTEN UND TOUREN

TourismusRegion Anhalt - Dessau - Wittenberg e.V.
Neustraße 13
06886 Lutherstadt Wittenberg
Tel. 03491 / 402610
Fax 03491 / 405857
www.tourismusregion-wittenberg.de

Fremdenverkehrsverein Elbe-Fläming e.V.
Am Markt 1
06869 Coswig (Anhalt)
Tel. 034903 / 61055
Fax 034903 / 61071
www.coswigonline.de

ERLEBNISTOUREN – RADWANDERUNG

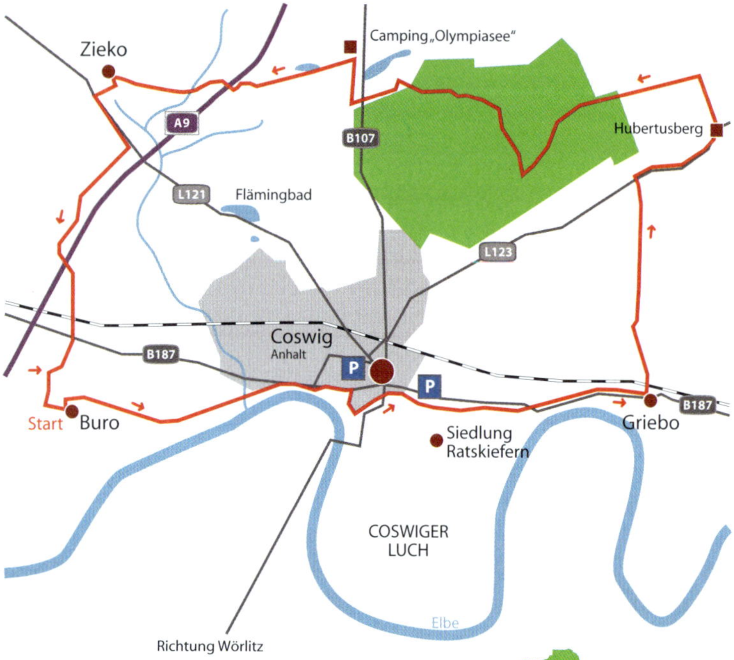

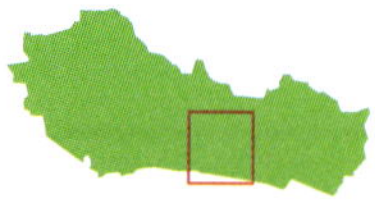

Lage der Tour

TOP-TOUR

1. Radwanderung durch den Fläming auf dem Coswiger Rundwanderweg

Ausgangspunkt: Buro, Hotel „Fichtenbreite" oder Bahnhof Klieken
Länge: ca. 27 km
Fahrzeit: ca. 2–3 Stunden
Wegemarkierung: nur teilweise ausgeschildert
Wegeprofil: kein ausgewiesener Radweg; in der Regel aber gut mit dem Rad zu fahren

Tourenbeschreibung

Der Weg führt vom Hotel auf der Buroer Hauptstraße in den Ort, wo man am Ende der Straße nach links zur Komturei abbiegt. Am Friedhof vorbei hält man sich links und biegt nach ca. 400 m am Ortsrand nach rechts ab und folgt dann dem Feldweg nach Coswig. Vorbei am „Netto-Lager" und einem ehemaligen Trafohaus erreicht man in Coswig die

„Elbstraße". Nach einem weiteren Kilometer biegt man vor dem Schloss nach rechts ab und stößt nach 100 m auf den Treidelpfad in unmittelbarer Elbnähe, dem man nach links folgt. Nach 500 m stößt man auf die Straße nach Wörlitz und folgt ab hier dem ausgeschilderten Elberadweg nach links. Ab Ortsausgang Coswig erreicht man nach gut einem Kilometer Fahrt auf dem mit Feinsplitt belegten Elberadweg die B 187 und fährt auf dem straßenbegleitenden Radweg 1,4 km bis an den Ortsrand von Griebo. Hier biegt man nach links unter die Eisenbahnunterführung in Richtung Möllensdorf. Man folgt der Straße 2,6 km bis zu ihrer Einmündung auf die Möllensdorfer Landstraße (L 123).

Hier geht es dann 1,2 km nach rechts bis zum „Hubertusberg". (Am Wochenende ist die Ausflugsgaststätte geöffnet). Vom „Bismarckturm" bietet sich dem Besucher ein weiter Blick über den Naturpark Fläming. An seinem Fuße befindet sich ein kleiner Tiergarten mit seltenen Schaf- und Ziegenrassen, die vom Aussterben bedroht sind.

An der Gaststätte vorbei führt von hier der naturbelassene Weg durch den abwechslungsreichen Flämingwald.
Von hier führt der Weg rechts an der Gaststätte vorbei zwischen den beiden Tiergehegen hindurch. Da der Weg recht schmal ist und steil bergab führt, empfiehlt es sich, das Rad die ersten 100 m zu schieben!

Nach 200 m geht es nach rechts auf den „Bismarckstieg". Der naturbelassene Waldweg erleichtert das Fahren durch leichtes Gefälle, was uns für die Unebenheiten ein wenig entschädigt! Nach 3,3 km quert man die „Wörpener Landstraße" und folgt dem Waldweg 2,5 Km bis zur B 107. Hier biegt man nach rechts und erreicht nach 500 m die Gaststätte „Waldschlösschen". Eine Besonderheit in diesem Lokal: hier werden Ihnen die Getränke per Modelleisenbahn serviert!

Vom „Waldschlösschen" nutzt man den gegenüberliegen Waldweg vorbei am Campingplatz „Olympiasee" nach Zieko. Nach 2,8 km erreicht man den Ortseingang dieses Dorfes und biegt nach links in den Kirschweg, folgt dann nach rechts dem Rosenweg und biegt auf der Dorfstraße nach links. Nach 300 m geht es auf der L 121 nach links bis zum Ortsausgang. Auf dem linksseitigen Asphaltweg fährt man noch 200 m bis zum Beginn der Leitplanken, nutzt dann die Straße auf 300 m bis er vor der Autobahnbrücke nach rechts in die Straße abbiegt. Nach 1,5 km hält man sich links und folgt im Gewerbegebiet dem straßenbegleitenden Radweg bis zur Kreuzung mit der B 187, wo man auf der gegenüberliegenden Seite das Ziel Hotel „Fichtenbreite" in Buko erreicht.

ERLEBNISTOUREN – RADWANDERN

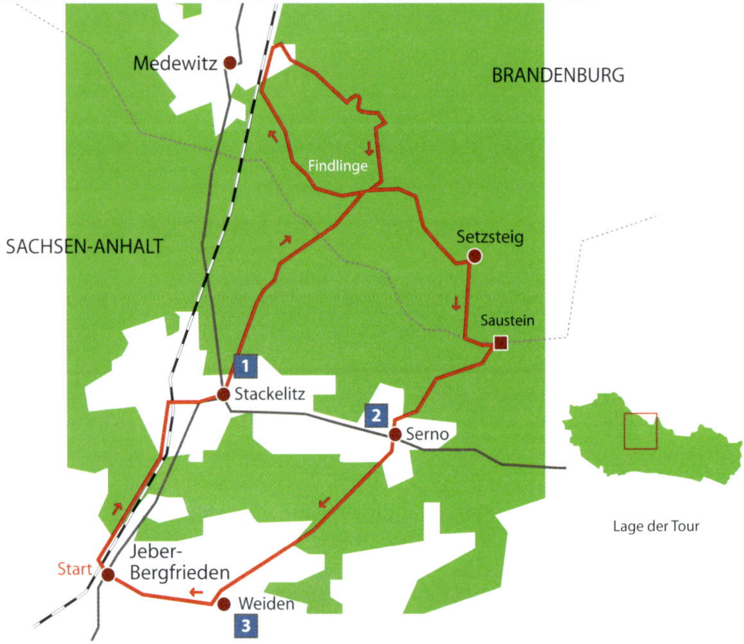

2. Rundweg Jeber-Bergfrieden – Medewitz – Serno – Jeber-Bergfrieden

Start: Jeber-Bergfrieden
Länge: 30 Kilometer
Dauer: 3 Stunden
Schwierigkeitsgrad: mittelschwer
Wegbeschreibung: Tour 9

Tourenbeschreibung
Direkt am Naturparkinformationszentrum in Jeber-Bergfrieden beginnt diese Tour, die zuerst nach Stackelitz führt, in ein Dorf, das erstmals 1213 urkundlich erwähnt wurde. Von dort aus geht es über den Heiderundweg Richtung Setzsteig. Auf beiden Seiten des Weges befinden sich die Rummeln, aber auch Findlinge sind auf der Strecke zu bewundern. Klangvolle Namen besitzen diese großen Steine: Auf der linken Seite vom schwarzen Berg der Elefantenstein, auf der rechten Seite der Holzfällerstein, der Klosestein und der Sölgenstein. Die Bergstraße führt anschließend nach Medewitz. Das mittelalterliche Dorf, im Jahr 1388 noch slawisch Kerchsmedewicz, bezeichnete damals einen Ort, in dem es wilden Honig gibt. Von dort aus geht es in Richtung Setzsteig durch das Naturschutzgebiet Fläming mit seinem wunderschönen Baumbestand. Eine kurze Rast am Saustein ist interessant, denn die beiden ineinander liegenden Findlinge bilden die Grenze zwischen Brandenburg und Sachsen-Anhalt. Über Serno folgt dann der Rückweg ins Bauerndorf Weiden und von dort aus über den Radweg wieder zum Ausgangspunkt.

Sehenswürdigkeiten

1. Feldsteinkirche

Nach Beschädigungen im 30-jährigen Krieg erhielt die romanische Kirche in Stackelitz einen barocken Glockenturm. Die Priesterpforte an der Südseite des Chorraums wurde ebenso erhalten wie einige Rundfenster.

2. Das Stabgeläut

Was tut eine Gemeinde, wenn sie arm ist? Sie sucht einen Erfinder, wie in Serno geschehen. Eine Kirche konnte sich die Gemeinde erst 1830 leisten, die Kosten für eine Glocke waren zu hoch. Also erfand der Bauinspektor Johann Gottlieb Hennig ein Stabgeläut, das alles in allem nur 64 Taler kostete.

3. Johanniskirche Weiden

Der 36 Meter hohe neugotische Turm der Johanniskirche ist weit zu sehen. Dazu beherbergt das Gotteshaus noch ein von Herzog Leopold Friedrich geschenktes Gemälde.

Serno

Saustein

ERLEBNISTOUREN – WANDERN

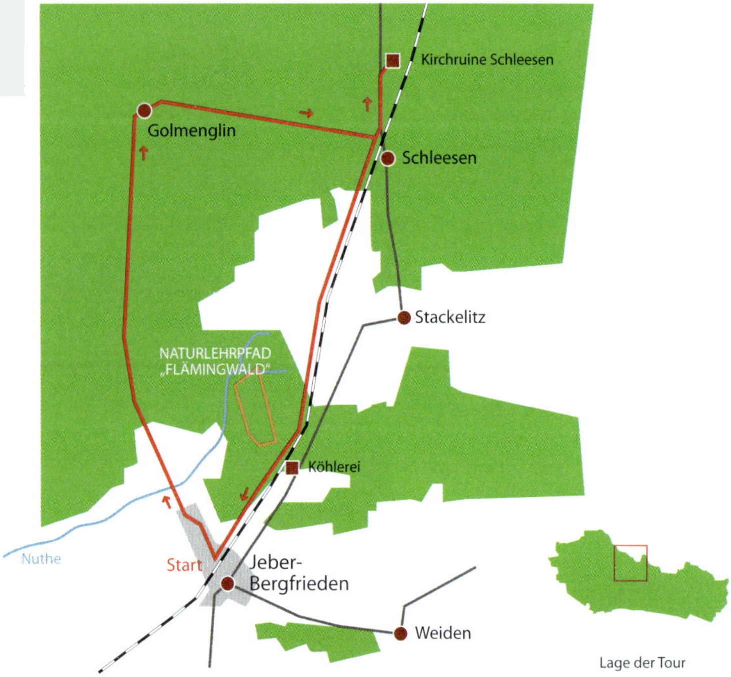

3. Kirchruine Schleesen

Start: Jeber-Bergfrieden
Länge: 13 Kilometer
Dauer: rund 3 Stunden
Schwierigkeitsgrad: einfach
Wegbeschreibung: Tour Nr. 11

Tourenbeschreibung

Vom Informationszentrum geht die Tour zuerst nach Golmenglin. Ins Auge fällt gleich der riesige geschnitzte Bär, der die Wanderer bei ihrer Rast beschützen soll. Am Ortsende wartet der Märchenweg. Von dort aus ist schon die Kirchruine Schleesen sichtbar. Wahrscheinlich wurde sie schon 1130 erbaut. Vom dazu gehörigen Dorf sind nur noch Mulden der ehemaligen Keller, der Brunnen und der Dorfteich zu erkennen. Ein Hausgeist soll dort sein Unwesen getrieben haben, Waldarbeiter berichteten lange von seltsamen Lichtern, geschlagenen Bäumen, die nachts ihren Platz wechselten. Heute erfreuen allerdings die Vögel die Wanderer mit ihrem Gesang. Das herrliche Immergrün des einstigen Kirchhofes hat sich über die Ruinenfläche noch weiter in den Wald ausgebreitet. Das Buschwindröschen und der Waldmeister haben hier noch ihre Vorkommen. Hier dehnen sich wohl auch die schönsten Buchen- und Traubeneichwälder des Flämings aus. Der Rückweg beginnt auf der Straße Richtung Stackelitz. Hier liegen einige interessante Findlinge. Von dort aus geht es entlang der Bahnlinie wieder nach Jeber-Bergfrieden.

Märchenwaldfahrt

Froschkönig

ERLEBNISTOUREN – WANDERN

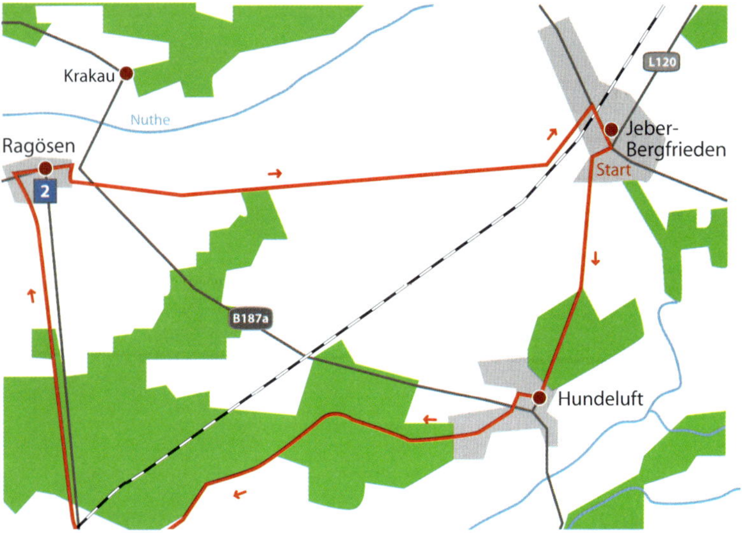

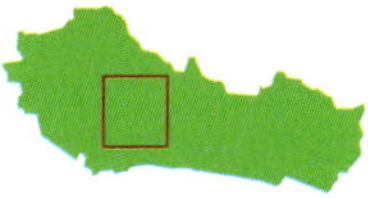

Lage der Tour

4. Rundweg Jeber-Bergfrieden – Hundeluft – Thießen – Jeber-Bergfrieden

Start: Jeber-Bergfrieden
Länge: 14 Kilometer
Dauer: 3–4 Stunden,
mit dem Rad 1,5 Stunden
Schwierigkeitsgrad: mittelschwer
Wegbeschreibung: Tour Nr. 5

Tourenbeschreibung

Von Jeber-Bergfrieden aus führt der Weg nach Hundeluft. Unmittelbar am Ortseingang befindet sich die Alte Schmiede. Erstmalig wurde sie 1646 erwähnt und ist heute nach langjähriger Sanierung als Schauschmiede zu besichtigen. Von dort aus geht es über den Rosselwanderweg nach Thießen. Am Ufer der Rossel steht der Kupferhammer. Das nächste Dorf auf dem Weg ist Ragösen. Mitten im Naturpark gelegen, war es früher einmal ein Rittergut. Im Rosenhof ist die Chronik der Landwirtschaft des Landkreises Anhalt-Zerbst ausgestellt. Ein kleiner Feldweg am Ortsrand führt dann wieder zum Ausgangspunkt in Jeber-Bergfrieden.

Ragösen im Nebel

Sehenswürdigkeiten

1. Der Kupferhammer

Der Kupferhammer in Thießen wird bewegt von dem großen Wasserrad, das über Nockenringe einen Hebearm anhebt. Er wird rund 40 Zentimeter angehoben, um dann mit einem mehrere Zentner schweren Eigengewicht auf einen Amboss zu fallen. Bis zu 120 Schläge pro Minute können erreicht werden. Dann bebt die Erde.

2. Ragösener Kirche

Die Kirche wurde um 1200 erbaut, ein romanischer Findlingsbau mit einer geschnitzten Kanzelsäule. Der dem Giebel aufgesetzte Fachwerkdachreiter ist aus der Zeit der Restaurierung um 1674.

ERLEBNISTOUREN – WANDERN

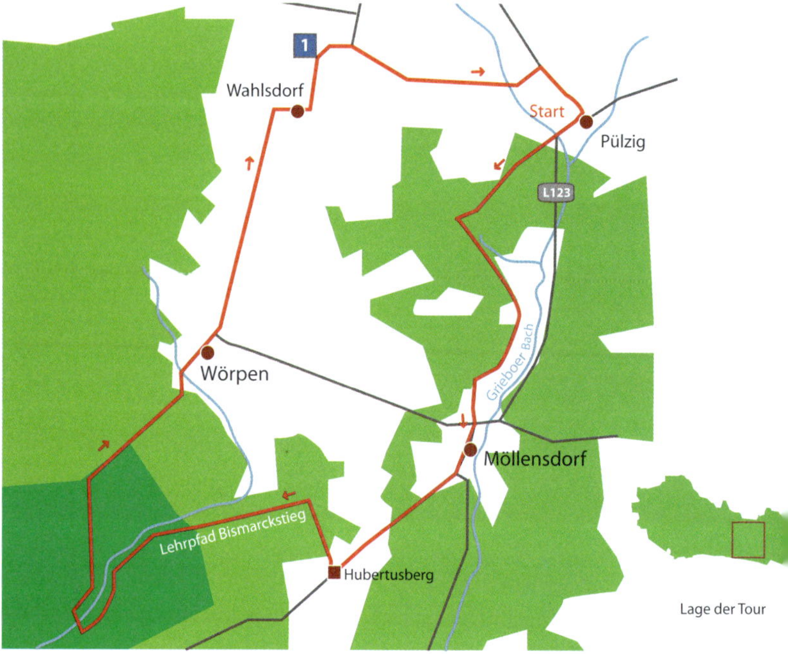

5. Rund um Pülzig

Start: Pülzig
Länge: 18 Kilometer
Dauer: vier Stunden,
mit dem Rad zwei Stunden
Schwierigkeitsgrad: mittelschwer
Wegbeschreibung: Tour Nr. 7
Tourenbeschreibung

Das Dorf „Bulseke", das heute Pülzig heißt, ist ein Ortsteil von Cobbelsdorf und Ausgangspunkt der Wanderung. 1224 erstmalig erwähnt, ist der Ort vor allem durch die am Grieboer Bach stehende alte Pfeffermühle bekannt. Sie diente den Bewohnern seit dem 16. Jahrhundert als Pulvermahlmühle. Später wurde sie als Bäckerei, Schullandheim und Kinderferienlager benutzt. Über Möllensdorf steigt das Terrain langsam an bis zum Hubertusberg. Er hat eine Höhe von 142 Metern über dem Meeresspiegel und bildet das Fundament des 1900 errichteten 15 Meter hohen Bismarckturms, von welchem man einen guten Ausblick auf die Umgebung hat, vor allem auf den Waldlehrpfad, den Bismarckstieg, der sich gleich anschließt. Über Wörpen mit seiner kleinen Kapelle führt die Straße über Felder wieder nach Pülzig. Die Pülziger Kirche erhielt 2005 als erste Kirche im Naturpark eine eigene Solaranlage und wurde somit eine „Sonnenkirche".

Sehenswürdigkeiten

1. Ziehbrunnen bei Wahlsdorf

An der Verbindungsstraße zwischen Wörpen und Pülzig gelegen befindet sich der alte Ziehbrunnen, ein Zeugnis der Besiedelung von Holländern und Flamen im 12. Jahrhundert.

Bismarckturm

Pülzig

ERLEBNISTOUREN – RADWANDERN

6. Biker-Tour

Die Bikertour - Länge ca.140 km
Reuden - Wiesenburg (B 107 Richtung Coswig) -Göritz - Köselitz - Cobbelsdorf - Senst - Straach - Boßdorf - Kropstädt (Schloß Kropstädt) - Zahna (Bauernmuseum) - Leetza - Külso (Külsoer Mühle) - Dietrichsdorf - Mühlanger - Wittenberg - Griebo - Coswig - Zieko - Düben - Hundeluft - Ragösen - Bärenthoren - Polenzko - Mühro - Dobritz - Reuden

Der Startpunkt in Reuden ist für Biker eine bekannte Adresse:
Tequila Drive Biker Café und MO-TEL

Tequila Drive Biker Café
Tel. 039243/ 7096

Übernachten im
Tequila Drive Biker MO-TEL
Tel. 039243 / 94375

Tourenbeschreibung:
Wunderschöne Alleen führen durch den Naturpark, eine urige Landschaft, die zum Fahren einlädt. Auf kurvenreichen gut ausgebauten Straßen fahren Sie durch großflächige Wälder im Wechsel mit ausgedehnten Ackerflächen, Wiesen und Bachtälern. Idyllisch gelegen sind kleine Flämingdörfer. Viele kulturhistorische Stätten laden förmlich zu Besichtigungen ein, so gibt es Mühlen, Burgen, Kirchen, Schlösser und technische Denkmale.

Tequila Drive

ERLEBNISTOUREN – RADWANDERN

7. ANHALTen und ANHALT kennenlernen

Radwandertour in 2 Etappen von 45 km entlang der Elbe und durch den Fläming.
Leistungen: 2 Übernachtungen mit Frühstück und 2 Abendessen, Kartenmaterial, Infomaterial (Übernachtung im Hotel Fichtenbreite Buro und im Sporthotel Wallwitz, Zerbst)
Preis pro Person: 80 € im Doppelzimmer
Buchungszeitraum: April bis Oktober
Buchbar über: Hotel & Restaurant "Zur Fichtenbreite"
06869 Coswig (Anhalt) OT Buro
info@hotel-fichtenbreite.de
www.hotel-fichtenbreite-hubertusberg.de
Weitere touristische Informationen
Stadtinfo Coswig, Tel. 034903 / 61012
Touristinfo Zerbst, Tel. 03923 / 2351

Tourenbeschreibung:
Erfahren Sie den nördlichen Teil von Anhalt - den Naturpark Fläming/Sachsen-Anhalt und das Biosphärenreservat Mittelelbe. Spüren Sie die Ruhe im Fläming, entdecken Sie Feldsteinkirchen, Schlösser und Burgen und begeben Sie sich auf die Spuren von Luther und Katharina II., lassen Sie sich ein auf die wechselnden Landschaftsbilder, den Gegensatz von Stadtverkehr und Stille, entdecken Sie die historischen Parkanlagen von Wörlitz (UNESCO Welterbe).
Genießen Sie Köstlichkeiten aus dem Fläming.

Komturei

FREIZEIT & ERHOLUNG

Alaris-Schmetterlingspark-Wittenberg
In der Lutherstadt Wittenberg befindet sich einer der schönsten und größten Schmetterlingsparks. Auf einer Gesamtfläche von über 1.000 Quadratmetern präsentiert der Alaris-Schmetterlingspark-Wittenberg seinen Besuchern eine einzigartige Tropenlandschaft mit hunderten frei fliegenden Schmetterlingen aus aller Welt. Über 140 verschiedene Arten (vom kleinen Glasflügler bis zum gigantischen Atlas-Seidenspinner mit bis zu 32 cm Flügelspanne) können in ihrer natürlichen Umwelt beobachtet werden.
Informationen
Alaris-Schmetterlingspark
Wittenberg GmbH, Rothemarkstr. 131
06886 Lutherstadt Wittenberg
Tel. 03491 / 666380
Fax 03491 / 412031
Info@schmetterlingspark-wittenberg.de
www.schmetterlingspark-wittenberg.de
Öffnungszeiten
27.3.–1.10. 9.30–16.30 Uhr
2.10.–31.10. 9.30–16.30 Uhr

Tierpark Lutherstadt Wittenberg
Der kleine Tierpark lockt mit vielen Attraktionen. Das Aquarium befindet sich in einer Kasematte, einem Festungsbauwerk der ehemaligen Wehranlage der Lutherstadt. Es beherbergt ausschließlich heimische Arten. Im Jahr 2000 wurde das Affenhaus neu eröffnet. Die Außenvolieren präsentieren größtenteils Tiere der heimischen Fauna. Vor allem die Kleinen kommen im Streichelzoo auf ihre Kosten. Dazu ist der Tierpark seit 1996 anerkannte Auffang- und Pflegestation für verletzte und vom Aussterben bedrohte einheimische Wildarten.
Informationen
Tierpark Wittenberg
Pfaffengasse 8
06886 Lutherstadt Wittenberg
Tel. 03491 / 405581
Fax 03491 / 437701
www.tierpark-wittenberg.de
Öffnungszeiten
Winter: 9.30–16.30 Uhr,
Sommer: 9.30–19 Uhr

Freibad Meinsdorf
Information
Sport- und Traditionsverein
Meinsdorf e.V.
Rosselstraße 19
06862 Dessau-Roßlau, OT Meinsdorf
Tel. 034901 / 59900
Vorstand@stv-meinsdorf.de
www.stv-meinsdorf.de
Öffnungszeiten
12.05.–31.08. täglich 13–20 Uhr
Sa/So 10–20 Uhr

Weitere Freizeitbäder:
Schwimmbad Serno
Dorfstraße 1
06868 Coswig (Anhalt), OT Serno
Tel. 034907 / 30516
Flämingbad
Ziekoer Landstraße 4
06869 Coswig (Anhalt)
Tel. 034903 / 63414
Fax 034903 / 59262
Badesaison:
15.05.–15.09.

Schwimmbad Cobbelsdorf
Hauptstraße 25
06869 Coswig (Anhalt)
OT Cobbelsdorf

Erlebnisbad Zahna-Elster
Wiesenstraße 44
06895 Zahna

Waldbad Theeßen
Krüssauer Weg 4
39291 Möckern, OT Theesen
Tel. 039223 / 238
Badesaison:
15.05.–15.09.
Sa/So/Schulferien 10–19 Uhr
Mo–Fr 12–19 Uhr

an der Rossel

LEIB & SEELE

An verschiedenen Standorten können die Gäste regionale Produkte von Direktvermarktern erwerben.

Dazu gehören: Schafskäse aus Lindau, Fisch aus Thießen oder Deetz, kalt gepresstes Öl aus Rahnsdorf, Fleisch- und Wurst verschiedener Unternehmen, Knacktreter - ein Kräuterlikör extra für den Naturpark entwickelt aus Loburg, Spargel und Honig aus dem Fläming, Ziegenkäse aus Zahna-Elster und verschiedene Brotaufstriche.

Kiekinpott

Im Zerbster und Dessauer Laden „Kiekinpott“ kann man den „Flämingkorb“ mit Produkten der Direktvermarkter aus dem Fläming als Präsentkorb in drei Varianten erwerben. Zur Adventszeit wird eine Weihnachtskiste mit Produkten aus dem Fläming angeboten.

Information

Stefan Wallwitz
Breite 52
39261 Zerbst/Anhalt
Tel. 03923 / 612770
kiekinPott@web.de

Flämingkorb

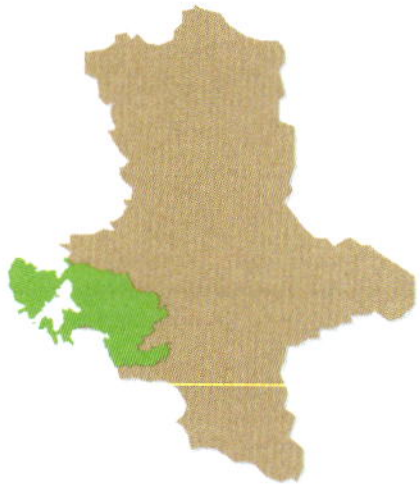

Lage in Sachsen-Anhalt

Erlebnistouren

Tour 1: Wandern – Der Selketal-Stieg (TOP-TOUR)

Tour 2: Nordic Walking – Nordic Walking Routen-Thale

Tour 3: Wandern – Karstwanderweg Südharz

Tour 4: Wandern – Vom Königstein zur Königspfalz

Naturpark Harz

Der Harz ist Deutschlands nördlichstes Mittelgebirge mit einer Fülle einzigartiger Naturräume: sanfte Hügel in den Harzvorländern, tief eingeschnittene Täler, weite Hochflächen mit Bergwiesen sowie Wälder bis an den Rand des Brockengipfels.

Diese landschaftliche Vielfalt, wie sie anderswo auf vergleichsweise engem Raum kaum zu finden ist, sowie eine reiche Flora und Fauna machen den besonderen Reiz dieses Naturparks aus.

Ein Besuch des Naturparks bedeutet Ruhe, Naturerleben, weite Ausblicke und Bewegung in der Natur. Hier kann den Spuren deutscher Geschichte gefolgt und Brauchtum erlebt werden.

Der im Naturpark liegende länderübergreifende Nationalpark Harz zeigt den Besuchern in Infozentren und Führungen den ökologischen Wert des Hochharzes.

Raues Klima mit hohen Niederschlagsmengen, Stürmen sowie schnee- und eisreichen Wintermonaten machen den Hochharz einzigartig. Verzerrte und scherenschnittartige Fantasiegebilde und mystische Beschreibungen vergangener Zeiten lassen besonders den 1.141 Meter hohen Brocken zu einem Wallfahrtsort werden.

Hochflächen, eindrucksvolle Kerbtäler, Bergwiesen und zahlreiche Teiche sind ausdrucksvolle Bestandteile des Oberharzes. Prägend für dieses Gebiet war der Bergbau, der durch seine heute noch erhaltenen Bauwerke, Halden und Grabensysteme eine große kulturhistorische Bedeutung hat.

Den Unterharz prägen Laubwälder, Wiesenbäche und Flüsse. Naturschutzgebiete und Naturdenkmäler mit seltenen Tier- und Pflanzenarten unterstreichen den Landschaftscharakter. Aber nicht nur Natur gibt es zu genießen. Burgen, Schlösser und Kirchen zeugen von einer 1.000-jährigen wechselvollen Besiedlungsgeschichte.

Im Südharz vereinen sich drei Länder: Thüringen, Sachsen-Anhalt und Niedersachsen bilden einen breiten Streifen am Gebirgsrand, der seine Besonderheit in der für Mitteleuropa einmaligen Gipskarstlandschaft aufweist.

Artenreiche Kalksteinvegetation bei Elbingerode

Seit langem ist der Harz eine beliebte Wanderregion. Bereits seit 1886 kümmert sich der Harzklub e. V. um die Beschilderung und den Unterhalt des etwa 8.000 km umfassenden Wanderwegenetzes. Außerdem gibt der Harzklub detaillierte Wanderkarten heraus. Attraktiv für Wanderer aus Nah und Fern ist der Wanderpass. Damit können 222 ausgewiesene Stempelstellen erwandert werden. Als Lohn gibt es die Harzer Wandernadel in Bronze, Silber und Gold. Wer mindestens 50 unterschiedliche Stempel nachweisen kann, wird Harzer Wanderkönig und erhält dafür die Harzer Wandernadel mit einem Bergkristall. Hat man 111 Stempelstellen erreicht, bekommt man als Wandersteiger die Harzer Wandernadel und einen Krockstein. Wanderkaiser wird, wer alle 222 Stempelstellen erwandert hat. Und hierfür gibt es etwas ganz Besonderes: die Harzer Wandernadel mit einem seltenen Harzer Stein.

Die Blankenburger Mulde am Harzrand

Zu den charakteristischen Pflanzen im Harzvorland gehört auch das Sommer-Adonisröschen

Der Fingerhut blüht im Sommer

Vom Bärlapp bis zur Kartäuser-Nelke

Raufußkauz
Der Raufußkauz ist eine nur 24 bis 26 cm kleine Eulenart – und das offizielle Logo des Naturparks Harz. Lebensraum im Harz sind alte und zusammenhängende Fichten- und Buchenwälder. Er brütet in alten Schwarzspechthöhlen und hat in mäusereichen Jahren bis zu neun Jungvögel.

Der Naturpark Harz ist seit langem eine der beliebtesten Reiseregionen in der Mitte Europas. Laub-, Misch- und Nadelwälder, tief eingeschnittene Täler, wilde Flussläufe und sanfte Bergwiesen lassen einzigartige Naturerlebnisse möglich werden. Scheinbar unberührte Naturlandschaften und Zeugnisse einer langen Siedlungsgeschichte liegen dicht beieinander. Der Naturpark Harz ist im Bezug auf die Flora eine der artenreichsten Regionen Deutschlands, was neben den verschiedenen Höhenlagen (von den Flussniederungen im Harzvorland bis zur Baumgrenze im Oberharz) insbesondere auf die unterschiedlichen klimatischen Einflüsse (atlantische im Westen und kontinentale im Osten) zurückzuführen ist. Charakteristische Pflanzen sind im Hochharz die Fichte, der Alpen-Bärlapp, das Wollgras und der Bärwurz, im Mittelharz die Rotbuche, der Waldmeister, das Harzer Labkraut, der Waldstorchschnabel und der Heilziest, im Unterharz die Eiche, die Hainbuche, das Buschwindröschen, der Märzenbecher, das Maiglöckchen, die Herbstzeitlose und die Elsbeere. Am nördlichen Harzrand und im Vorland die Traubeneiche, Obstbäume, das Adonisröschen, die Kartäuser-Nelke, der Feldmannstreu und die Grasnelke, am südlichen Harzrand und im Vorland die Rotbuche, das Breitblättrige Knabenkraut, sowie die Streuobstwiesen.

Entsprechend weist auch die Tierwelt einen hohen Artenreichtum auf. Typische Vertreter sind die Wildkatze, der Feuersalamander, die Wasseramsel, die Gebirgsstelze oder der „Logovogel" des Naturparks: der Raufußkauz. Aber auch Tannenhäher, Mittelspecht, Uhu, Rotmilan, Schwarzstorch, Wanderfalke, Mufflon, Rothirsch, Feldhamster und den baumbrütenden Mauersegler, können aufmerksame Besucher bei ihren Wanderungen oder Spaziergängen entdecken.

Der Artenreichtum im Naturpark Harz ist sprichwörtlich – die Eichhörnchen gehören dazu >

Die 18 Landmarken des UNESCO-Geoparks

Im Naturpark Harz befindet sich mit dem historischen Stadtkern von Quedlinburg eine UNESCO-Welterbestätte. Der Regionalverband Harz als Träger des Naturparks greift das Thema der einmaligen Geologie des Harzes auf („Klassische Quadratmeile der Geologie“) und gibt mit den bisher 18 Landmarken des UNESCO-Geoparks „Harz. Braunschweiger Land. Ostfalen“ eine wichtige Orientierungshilfe für alle Interessierten. In jeder Landmarke gibt es verschiedene Geopunkte zu entdecken. Dazu gehören geologische Aufschlüsse, Bergbaumuseen, Schaubergwerke o. ä. Der Landmarkenname bezeichnet einen bekannten Punkt in der Landschaft. Das können Türme, Schlösser, Schachtgerüste u. ä. sein. Mehrere Geopark-Infozentren und Infostellen informieren nicht nur über einzelne Geopunkte, sondern über den gesamten Geopark. Für alle Alters- und Interessengruppen werden sachkundige Führungen angeboten.

www.geopark-harz.de

Quedlinburg

Im Naturpark befindet sich Quedlinburg. Das architektonische Erbe der Stadt steht seit 1994 auf der UNESCO-Liste des Weltkulturerbes.
Die historische Altstadt ist durch kopfsteingepflasterte Straßen, verwinkelte Gassen und kleine Plätze geprägt. Am Markt liegt das Renaissance-Rathaus mit der Roland-Statue; südlich davon der Schlossberg mit der romanischen Stiftskirche und dem Domschatz. Auch der Münzenberg mit der romanischen Klosterkirche St. Marien und im Tal dazwischen die romanische St.-Wiperti-Kirche, sowie Alt- und Neustadt innerhalb der Stadtmauer gehören zum Weltkulturerbe; anhand der Bebauung lässt sich die Stadtentwicklung nachvollziehen.

Ein Blick über Sangerhausen zur Spitzkegelhalde Hohe Linde

Über 1.200 Fachwerkgebäude aus sechs Jahrhunderten befinden sich in der Quedlinburger Altstadt

Die Harzer Schmalspurbahn

Der Regionalverband Harz entwickelt außerdem Angebote für das Naturerleben, sei es an den Harzer Schmalspurbahnen, der Straße der Romanik, den Wegen Deutscher Kaiser und Könige des Mittelalters oder an historischen Grenzen. Die Harzer Schmalspurbahnen schauen auf eine lange Geschichte zurück: Sie wurden angelegt, um den Anschluss des Harzes mit seinen Bodenschätzen, den Holzvorkommen und der Kleinindustrie an das wirtschaftlich aufstrebende Deutschland herzustellen und den beginnenden Fremdenverkehr zu fördern. Ursprünglich waren es drei Gesellschaften, die den Harz auf schmaler Spur erschlossen: 1886 wurde die Gernrode-Harzgeroder Eisenbahn AG (GHE) gegründet, 1896 folgte die Nordhausen-Wernigeroder-Eisenbahn (NWE), 1897 kam die Südharzeisenbahn von Walkenried nach Braunlage hinzu. Dabei wurde insgesamt dem Schmalspurverkehr der Vorzug gegeben, insbesondere da er aufgrund der schwierigen Geländeverhältnisse die kostengünstigere und praktisch „leichter" realisierbare Variante darstellte. Die Bahnen wurden bis 1913 miteinander verbunden. Allein die heutigen Harzer Schmalspurbahnen, die Harzquer- und Brockenbahn sowie die Selketalbahn bildeten ein über 130 km langes Netz, das obendrein auch mehrfach mit verschiedenen regelspurigen Harz- bzw. Harzrandbahnen verbunden war und ist. Die Südharzeisenbahn ging in den Nachkriegsjahren unter, sie überlebte die durch die Zonengrenze bedingte Trennung vom Schmalspurnetz des Ostharzes nicht.

Die Harzer Schmalspurbahn hat eine lange Geschichte

INFORMATIONEN

Naturpark-Infostelle
Regionalverband Harz e. V.
Hohe Straße 6
06484 Quedlinburg
Tel. 03946 / 96410
Fax 03946 / 964142
rvh@harzregion.de
www.harzregion.de
Öffnungszeiten
Mo–Fr 9–16 Uhr

ZENTREN DER UMWELTBILDUNG

Schullandheim Benneckenstein
Die Umweltbildungsangebote reichen von Natur- und Erlebnispfaden, Tast- und Fühlpfaden, einem Heilkräuterpfad und einer Kräuterstube bis zu geführten Tierbeobachtungen.
Informationen
Am Waldschlösschen 6
38875 Stadt Oberharz am Brocken
OT Benneckenstein
Tel. 039457 / 2204
Fax 039457 / 40327
SLH-Dreilaendereck-FVSN@gmx.de

Harzer Waldhof Silberhütte
Informationsstützpunkt im Selketal zu den Themen Wald, Forstwirtschaft, Natur- und Umweltschutz, Jagd, Bergbau, Hüttenwesen, Holzverarbeitung – für alle Altersgruppen geeignet.
Informationen
Tourist-Information Harzgerode
Marktplatz 2
06493 Harzgerode
Tel. 039484 / 7476703
stadtinfo@stadt-harzgerode.de
www.waldhof.harzgerode.de
www.harzgerode.de

Wald-Erlebnispfad am Auerberg
Neben Informationstafeln gibt es dort eine Station zur Bestimmung von Holzarten, einen Steingarten, einen Klopfplatz und viele einmalige Sportgeräte.
Informationen
Schindelbruch Wellness-Vital Hotel
Am Schindelbruch 1
06536 Südharz, OT Stolberg/Harz
Tel. 034654 / 8080
Fax 034654 / 808458
info@schindelbruch.de
www.schindelbruch.de

Geologischer Wanderweg Blankenburg
Der 4,5 Kilometer lange Rundweg führt zu zehn leicht zugänglichen Aufschlüssen, die Einblick in 400 Millionen Jahre Entwicklungsgeschichte geben.
Informationen
Tourist- und Kurinformation
Markt 3, 38889 Blankenburg
Tel. 03944 / 2898
Fax 09344 / 63102
touristinfo@blankenburg.de
www.blankenburg.de

Geopark-Informationsstelle im Schaubergwerk Röhrigschacht Wettelrode
Das übertägige Museum zeigt Ausstellungen zur Entstehung der Lagerstätten, zur Geologie und Mineralogie sowie zur 800-jährigen Geschichte des Kupferschieferbergbaus und Informationen zum Geopark Harz. In das untertägige Schaubergwerk fahren die Besucher mit einer originalen Schachtförderanlage 283 m tief in den Schacht ein; mit einer Grubenbahn geht es dann über 1000 Meter in ein Abbaufeld des 19. Jahrhunderts, wo anhand von Schauobjekten die Abbauentwicklung von den Anfängen bis

zur Neuzeit vorgeführt und erläutert wird.
Informationen
Schaubergwerk und Bergwerksmuseum
„Röhrigschacht"
06528 Sangerhausen OT Wettelrode
Tel. 03464 / 587816
Fax 03464 / 582768
www.roehrigschacht.de
www.sangerhausen-touristik.de

Köhlerhüttenweg Hasselfelde
Ein sechs Kilometer langer Weg führt von Hasselfelde bis zur Harzköhlerei Stemberghaus; am Weg sind Zeugnisse des Köhlereihandwerks zu entdecken. Auf dem Gelände der Harzköhlerei befindet sich ein Köhlereimuseum.
Informationen
Touristinformation
Breite Straße 17
38875 Stadt Oberharz am Brocken
OT Hasselfelde
Tel. 039459 / 71369, Fax 039459 / 76055
info@hasselfelde.de
www.hasselfelde.de
www.harzkoehlerei.de

Naturlehrpfad Güntersberge
Der Naturlehrpfad liegt im Landschaftsschutzgebiet Güntersberger Forst, beginnt am Bergsee Güntersberge und bietet zahlreiche Infotafeln zu Flora und Fauna, Geologie und Geschichte einer Burgruine.
Informationen
Touristinformation
Marktstraße 52,
06493 Stadt Harzgerode
OT Güntersberge
Tel. / Fax 039488 / 79373
touristinfo@guentersberge-harz.de
www.guentersberge-harz.de

INFORMATIONEN ZU UNTERKÜNFTEN UND TOUREN

Harzer Tourismusverband e. V.
Marktstraße 45
38640 Goslar
Tel. 05321 / 34040
Fax 05321 / 340466
info@harzinfo.de
www.harzinfo.de

Tourist-Information Stolberg Harz
Markt 2
06536 Südharz
OT Stolberg/Harz
info@stadt-stolberg-harz.de
www.stadt-stolberg-harz.de

Thale-Information
Bahnhofstraße 3
06502 Thale
Tel. 03947 / 2597
Fax 03947 / 2277
info@thale.de
www.thale.de

Wernigerode Tourismus GmbH
Marktplatz 1
38855 Wernigerode
Tel. 03943 / 19433
Fax 03943 / 5537899
info@wernigerode-tourismus.de
www.wernigerode-tourismus.de

ERLEBNISTOUREN – WANDERN

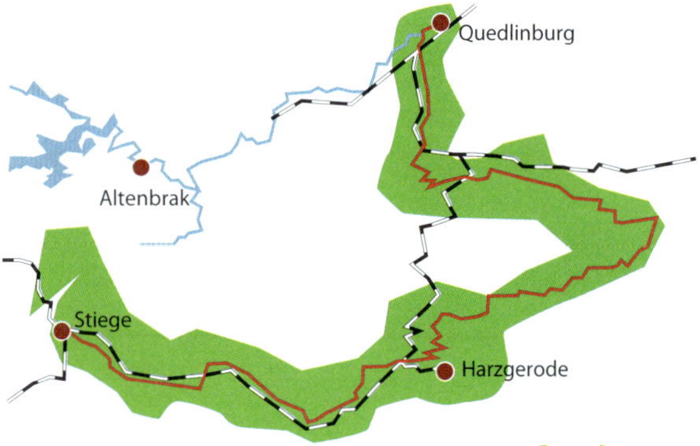

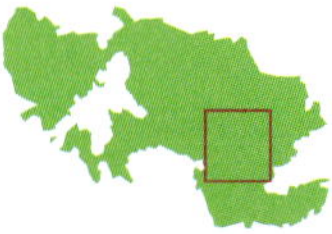

Lage der Tour

TOP-TOUR

1. Der Selketal-Stieg

Länge: insgesamt 67 Kilometer
Dauer: variabel, 3–5 Tage
Schwierigkeitsgrad: leicht bis mittelschwer
Tourenbeschreibung:
Der gut ausgeschilderte Selketal-Stieg führt auf einer Gesamtlänge von 67 km von Stiege bis nach Quedlinburg durch eines der schönsten Harztäler. Er verbindet vorhandene Wegeabschnitte des Netzes der vom Harzklub betreuten Wege zu einer interessanten Mehrtageswanderung. Informationstafeln entlang des Stieges geben Auskunft über die jeweiligen Attraktionen. Dem Wanderer eröffnen sich tiefe Einblicke in die Geschichte der Kulturlandschaft der Region, können doch vom Selketal-Stieg aus solch geschichtsträchtige Orte, wie die Burg Falkenstein, die Burgruine Anhalt, das Schloss Ballenstedt oder die romanischen Stiftskirchen in Gernrode und Quedlinburg erkundet werden.

Entlang des Stieges finden sich zahlreiche Zeugnisse des Bergbaus, der schon vor Jahrhunderten hier begann und erst Ende des 20. Jahrhunderts eingestellt wurde. Informationen dazu gibt es im Bergwerksmuseum und Besucherbergwerk Grube Glasebach in Straßberg. Ein Abstecher zum Naturlehrpfad in Güntersberge ist besonders Familien mit Kindern zu empfehlen.

Die Strecke des Selketal-Stieges verläuft von Stiege über Güntersberge, Straßberg, Silberhütte, Alexisbad, Mägdesprung, Meisdorf, Ballenstedt, Gernrode, Bad Suderode bis nach Quedlinburg. Auf einem Großteil der Strecke wird der Wanderweg von der Selketalbahn, dem wohl romantischsten Streckenabschnitt der Harzer Schmalspurbahnen, begleitet. Nicht immer führt der Weg direkt durch die Ortslagen. Jedoch lohnen sich Abstecher, um die vielfältigen Attraktionen links und rechts des Selketal-Stieges zu erkunden.

Attraktionen und historische Orte

- Selketalbahn
- Historische Bauwerke
- Gartenträume
- Eisenkunstguss
- Bergbau

Eintrittsort in den Selketal-Stieg und Etappenlänge können vom Wanderer selbst gewählt werden und hängen ab von Interesse, Wetterlage und Kondition.

Informationen zu Unterkünften und Sehenswürdigkeiten
Harzer Tourismusverband:
Marktstraße 45
38640 Goslar
Tel. 05321 / 34040
Fax 05321 / 340466
info@harzinfo.de
www.harzinfo.de

Bergsee Güntersberge

ERLEBNISTOUREN – NORDIC WALKING

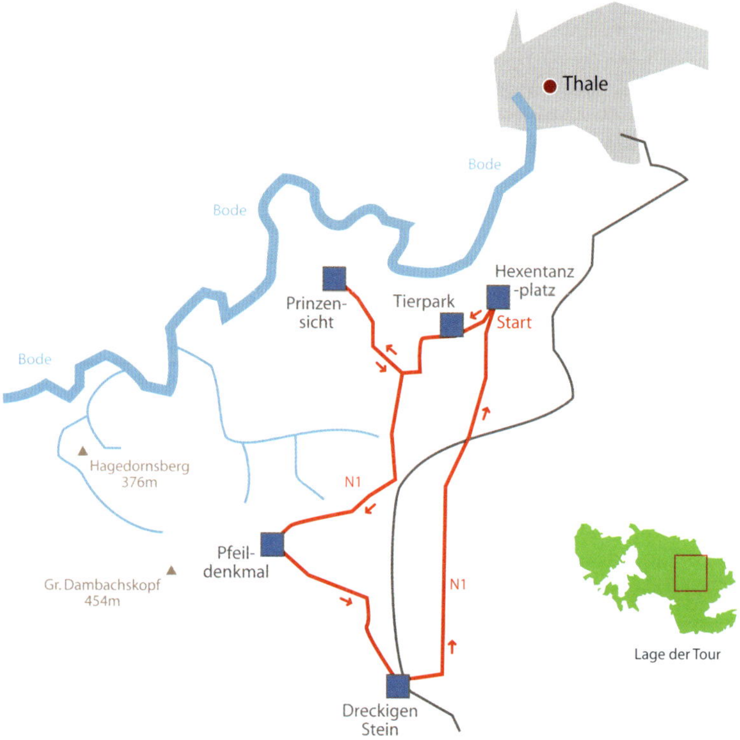

2. Nordic Walking Routen-Thale

Länge: 9 Kilometer
Dauer: 2–3 Stunden
Schwierigkeitsgrad: leicht
Tourenbeschreibung:
Vier verschiedene Routen für Nordic Walker werden angeboten – von leicht bis anspruchsvoll. Die so genannte N1 beginnt in der Nähe des Hexentanzplatzes, führt am Tierpark vorbei zur Prinzensicht, zurück zum Pfeildenkmal, über den Dreieckigen Stein zu einer geraden Strecke bis zum Ausgangspunkt.

Informationen
Thale Information
Bahnhofstraße 3
06502 Thale
Tel. 03947 / 2597
Fax 03947 / 2277
info@thale.de
www.thale.de

ERLEBNISTOUREN – WANDERN

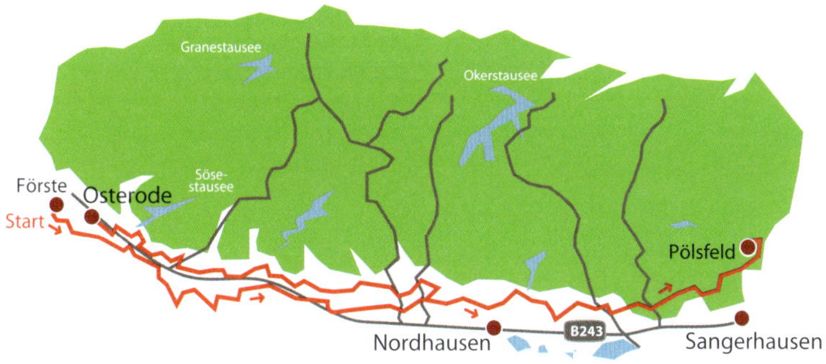

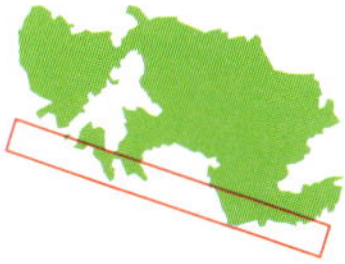

Lage der Tour

3. Karstwanderweg Südharz

Länge: 200 Kilometer in verschiedenen Etappen
Dauer: 8–10 Tage
Schwierigkeitsgrad: leicht bis mittel
Tourenbeschreibung:

Von Förste im Westen bis Pölsfeld im Osten reihen sich auf gut 100 Kilometern entlang des Südharzes Höhlen, Erdfälle, Dolinen, Karstquellen, Bachschwinden, Flussversickerungen, Karstkegel, Schlotten, geologische Orgeln, Felsen und weiße Wände perlschnurartig aneinander: Erscheinungen der auflösenden Wirkung des Wassers auf dieses besondere Gestein des Südharzes, den weißen Gips. Mit 200 Kilometern Wegstrecke und 200 Erläuterungstafeln erschließt dieser Weg die Karstlandschaft in den drei Landkreisen Osterode, Nordhausen und Mansfeld-Südharz in den drei Bundesländern Niedersachsen, Thüringen und Sachsen-Anhalt. Er durchquert eine einzigartige, abwechslungs- und erlebnisreiche, Jahrtausende alte Natur-, Kultur- und Erholungslandschaft von außerordentlicher Schönheit.

Von April bis November werden geführte Sonntagswanderungen angeboten.

Informationen

Förderverein Deutsches
Gipsmuseum und
Karstwanderweg e. V.
Merseburger Straße 14
37441 Bad Sachsa
Tel. 05523 / 3482
Fax 05523 / 2828
dehne@karstwanderweg.de
www.karstwanderweg.de

Biosphärenreservat
Karstlandschaft Südharz
Hallesche Str. 68 a
06536 Gemeinde Südharz
OT Roßla
Tel. 034651 / 298890
Fax 034651 / 2988999
www.bioreskarstsuedharz.de

Wandergruppe

ERLEBNISTOUREN – WANDERN

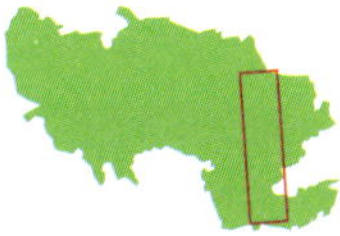

Lage der Tour

4. Vom Königstein zur Königspfalz

Länge: ca. 45 Kilometer
Dauer: Mehrtagestour, 2-3 Tage
Schwierigkeitsgrad: leicht
Tourenbeschreibung:

Die ausgewiesenen Wege Deutscher Kaiser und Könige des Mittelalters im Harz sind ein Angebot für geschichtsinteressierte Wanderer. Um auch auf die wunderschöne Natur rechts und links der Wege hinzuweisen, gibt es die Wandertouren „Natur erleben am Weg Deutscher Kaiser und Könige". Die Wanderrouten verbinden authentische Orte des historischen Geschehens in der Harzregion, einer Region, die wegen ihres Rohstoffreichtums lange Zeit im Mittelpunkt des Interesses der Herrschenden stand. Da Kaiser und Könige im Mittelalter noch keine festen Herrschersitze hatten, zogen sie durch ihr Reich und hielten sich dann für einige Zeit auf ihren Pfalzen auf, beispielsweise in Tilleda südlich des Harzes.

Die hier vorgestellte Tour beginnt an den Königsteinen bei Westerhausen und führt durch einzigartige Landschaft über den Harz nach Süden bis nach Tilleda. Höhepunkte der Tour sind die Teufelsmauer bei Weddersleben, Stecklenberg mit Kurpark, Riesenrutsche und den Ruinen von Stecklen- und Lauenburg, der Ferienpark Merkelbach am Ramberg, Alexisbad, Harzgerode, Dankerode, das Tal der Wolfsberger Wipper, die Karstlandschaft bei Questenberg und natürlich die Pfalz Tilleda. Abstecher werden empfohlen zu einer früheren Fluchtburg und zur Roßtrappe bei Thale, von Brunnen zu Brunnen bis zur Stiftskirche Gernrode oder zum Schloss Wallhausen, dem Geburtsort von Kaiser Otto I. Von Tilleda aus führt der Kaiserweg über Nordhausen in den Naturpark Harz/Niedersachsen.

Informationen
www.harzregion.de

Königssteine bei Westerhausen

FREIZEIT & ERHOLUNG

Erlebniswelt Seilbahnen Thale
Schau-Wasserkraftwerk, Sagenpavillon, Sessellift, Kabinenbahn, Harzbob, Funpark, Minigolf, Gastronomie.
Informationen
Seilbahnen Thale GmbH
Goetheweg 1
06502 Thale
Tel. 03947 / 2500
Fax 03947 / 2645
www.seilbahnen-thale.de

Bauspielhaus Thale
Kletterturm, Riesenrutsche, Trampolinanlage.
Informationen
Aktiv-Spiel-Haus GmbH
Otto-Schönermark-Straße 1
06502 Thale
Tel. 03947 / 778899
Fax 03947 / 779077
www.hexenhaus-thale.de

Tierpark Thale/Bergtheater
Ein Tierpark mit heimischen bzw. ehemals im Harz heimischen Arten und Harzer Bergtheater (Naturbühne).
Informationen
Hexentanzplatz Thale GmbH
Hexentanzplatz 4
06502 Thale
Tel. 03947 / 2880
Fax 03947 / 949001
www.tierpark-thale.de
Öffnungszeiten
Ganzjährig geöffnet, November bis Januar: 10-16 Uhr, Februar bis April 9-17 Uhr, Mai, September und Oktober: 9-18 Uhr, Juni bis August 9-19 Uhr

Eine Wildkatze im Tierpark Thale

Rübeländer Tropfsteinhöhlen
Dazu gehören die Baumannshöhle, eine der ältesten Schauhöhlen Deutschlands, und die Hermannshöhle, in deren Olmensee, einzigartig in Deutschland, noch 13 Exemplare des Grottenolmes leben.

Die Baumannshöhle ist eine der beiden Tropfsteinhöhlen in Rübeland

Freibad Bodeperle Rübeland
Informationen zu beiden Einrichtungen
Tourismusbetrieb
Blankenburger Straße 35
38875 Oberharz am Brocken
OT Rübeland
Tel. 039454 / 49132
Fax 039454 / 53475
info@harzer-hoehlen.de
www.harzer-hoehlen.de

Wandern und Wintersport in und um Ilsenburg
Ilsenburg Tourismus
Marktplatz 1
38871 Ilsenburg
Tel. 039452 / 19433
Fax 039452 / 99067
info@ilsenburg.de
www.ilsenburg-tourismus.de

Besucherbergwerk Drei Kronen & Ehrt
Mühlental 13
38875 Oberharz am Brocken
OT Elbingerode (Harz)
Tel. 039454 / 42910, Fax 039454 / 48740
info@dreikronenundehrt.de
www.dreikronenundehrt.de
Führungen täglich
9, 11, 13 und 15 Uhr

Schaubergwerk Büchenberg
Büchenberg 2
38875 Oberharz am Brocken
OT Elbingerode (Harz)
Tel. 039454 / 42200, Fax 039454 / 89485
www.schaubergwerk-buechenberg.de
Öffnungszeiten
Ganzjährig und täglich geöffnet
Führungszeiten: 10–12 und 14–16 Uhr

Bergwerksmuseum und Besucherbergwerk
Grube Glasebach
Glasebacher Weg
06493 Stadt Harzgerode
OT Straßberg
Tel. / Fax 039489 / 226
post@grube-glasebach.de
www.grube-glasebach.de
Öffnungszeiten
April bis Oktober Di-Do 10–16 Uhr,
Sa/So 10–17 Uhr

LEIB & SEELE

Als typisches Produkt aus dem Harz wird vielen Lesern zunächst der berühmte Käse einfallen. Es gibt jedoch eine Fülle weiterer charakteristischer und regionstypischer Produkte: zahlreiche Wurst- und Käsesorten, Gebäckspezialitäten, Produkte aus Streuobstbeständen, Spirituosen, Wolle von Harzer Schafen, aber auch Produkte von Handwerkern, die typische Materialien wie z.B. Holz oder Steine verarbeiten. Auch das Fleisch vom Roten Harzer Höhenvieh, einer regionalen Rinderrasse, deren Rückzüchtung in den vergangenen Jahren mit großem Erfolg betrieben wurde, ist ein großer Verkaufserfolg. Nur mit Mühe kann die große Nachfrage gedeckt werden. Unter der Regionalmarke „Typisch Harz" haben sich mittlerweile eine Vielzahl von Produzenten und Dienstleistern zusammengeschlossen.
Informationen zu den Partnerbetrieben
Harzer Tourismusverband e. V.
Marktstraße 45
38640 Goslar
Tel. 05321 / 34040
Fax 05321 / 340466
info@harzinfo.de
www.harzinfo.de

Lage in Niedersachsen

Erlebnistouren

Tour 1: Wandern – Auf dem Goetheweg zum Brocken (TOP-TOUR)
Tour 2: Wandern – Zu den Luchsen
Tour 3: Wandern – Rund um Lonau
Tour 4: Wandern – Rund um den Oderteich

Sehenswürdigkeiten

1. Torfhaus
2. Das Große Torfhausmoor
3. Der Quitschenberg
4. Eckersprung
5. Das Goethemoor
6. Der Brocken

Nationalpark Harz

Wie eine monumentale Insel ragt der Harz weithin sichtbar aus dem Hügelland auf. Jedem Besucher wird schon beim Näherkommen deutlich, dass diese Landschaft anders ist als das offene, dicht besiedelte Land, aus dem er kommt. Er findet sich wieder inmitten von steil ansteigenden Bergketten, ausgedehnten Wäldern und schnell über Felsen sprudelnden Bächen. Der länderübergreifende Nationalpark Harz besteht in Sachsen-Anhalt aus der Fläche des ehemaligen, bereits seit 1990 bestehenden Nationalparks Hochharz (8.900 Hektar) und in Niedersachsen aus der Fläche des 1994 gegründeten ehemaligen Nationalparks Harz (15.800 Hektar). Im Harz steht damit Bundesländer übergreifend eine Gesamtfläche von ca. 24.700 Hektar unter dem Schutzstatus „Nationalpark". Beide Natio-nalparks bilden schon immer eine naturräumliche Einheit und sind seit dem 1.1.2006 als „Nationalpark Harz" vereinigt. Der Park ist Teil des europäischen Schutzgebietssystems „Natura 2000".

Vorherrschend raues Klima

Brockenkuppe
Auf der baumfreien Brockenkuppe wächst eine zwergstrauch- und grasreiche Bergheide. Dort hat die Brockenanemone ihren deutschlandweit einzigen Wuchsort. Ebenso kommen die arktisch-alpin verbreitete Starre Segge sowie die Scheidensegge in Deutschland nur auf dem Brocken vor. Diese Arten zeigen in besonderer Weise die Verwandtschaft der Vegetationen des Ober- und Hochharzes zur Vegetation Nordeuropas.

Der Harz ist mit dem 1.141 Meter hohen Brocken und mehreren Erhebungen über 900 Metern das höchste Mittelgebirge Norddeutschlands. Seine Höhe und seine Lage weit im Norden verschaffen ihm im Vergleich zu anderen deutschen Mittelgebirgen eine klimatische Sonderstellung: Das Klima ist deutlich rauer und erinnert in den Hochlagen an nordische Regionen. Je höher man kommt, umso geringer werden die Temperaturen, umso kürzer die Vegetationszeiten. Regen, Schnee und Eis dagegen nehmen zu. Das Klima auf der Harzhochfläche lässt sich annähernd mit dem Südschwedens vergleichen, die durchschnittlichen Temperaturen auf dem Brocken sind im Januar ähnlich denen Nord-Islands und im Juli ähnlich denen des nördlichen Eismeeres. So ist der Brockengipfel oberhalb 1.100 Metern bereits waldfrei, während im Bayerischen Wald die Waldgrenze selbst auf den höchsten Erhebungen um 1.400 Meter noch nicht erreicht wird. In den Mooren der Hochlagen gibt es Pflanzen, die seit der letzten Eiszeit überdauert ha-

ben, wie die Zwergbirke. Tierarten, die sonst überwiegend nur in kühleren Regionen zuhause sind, sind in den Harzhochlagen anzutreffen. Dazu zählen viele Schmetterlingsarten.

Eine vielgestaltige Landschaft

Auch geologisch ist der Harz hoch interessant, insbesondere am Nordrand gilt er als die „Klassische geologische Quadratmeile Deutschlands" und ist Teil des Nationalen GeoParks Harz . Braunschweiger Land . Ostfalen. Wie an kaum an einem anderen Ort Mitteleuropas ist hier eine Vielzahl geologischer Formationen unterschiedlichen Alters anzutreffen. Im Zusammenspiel mit Verwitterung und Erosion entstand eine Landschaft, die charakterisiert ist durch tiefe Einschnitte, enge Täler, lang gezogene Bergkämme, ausgedehnte Hochebenen, abgerundete Gipfel und steile Hanglagen.

Ursprünglich im Charakter

Das raue Klima und das schroffe Gelände sind der Grund dafür, dass das Land nicht intensiv genutzt werden konnte: Landwirtschaft war hier nie sehr ertragreich, Torfabbau nicht rentabel, für großflächige Industrie und dichte Besiedlung fehlen geeignete Standorte. Nur der Bergbau war in den vergangenen Jahrhunderten wirtschaftlich sehr bedeutend, und in seiner Folge auch die Nutzung der Wälder. Holz wurde als wichtigster Energielieferant und als Bauholz für die Grubensicherung in großer Menge benötigt. Seit dem 20. Jahrhundert spielt der Tourismus eine wichtige Rolle für die Region.

Naturwald mit eigener Dynamik

Der Nationalpark Harz erstreckt sich von der Brockenkuppe im Zentrum des Mittelgebirges bis in die nördlichen und südlichen Randlagen. 95 Prozent des Schutzgebietes sind bewaldet. Obwohl der Harz als ein Fichtenwaldgebiet bekannt ist, würden von Natur aus Buchenwälder und Buchen-Fichten-Mischwälder das Mittelgebirge und somit auch den Nationalpark bis in Höhenlagen um 800 Meter beherrschen. Die Fichtenbestände, die man heute in diesen Bereichen oft antrifft, wurden in der Vergangenheit zur Holzgewinnung gepflanzt. Der Nationalpark Harz schützt seine naturnahesten Bereiche in einer Kernzone, die immer weiter wächst. Hier gilt das Motto „Natur Natur sein lassen" und auch Borkenkäfer werden nicht mehr bekämpft. Die naturferneren Fichtenreinbestände aus der Bergbauzeit werden jedoch zunächst durch waldentwickelnde Maßnahmen wie z. B. Buchenpflanzungen in naturnahe Laub- und Mischwaldbestände umgewandelt, die dann der natürlichen Dynamik überlassen werden. Auf den reichsten

Standorten entwickelt sich im Frühling eine üppige Vegetation aus Frühblühern wie dem intensiv nach Knoblauch riechenden Bärlauch, der bunten Frühlings-Platterbse oder dem giftigen Seidelbast. In verschwiegenen Winkeln dieser Laubwaldregion hat der scheue Schwarzstorch seine Brutplätze. Die Wildkatze, die in mehreren Bundesländern ausgestorben ist, findet beste Lebensbedingungen.

Sagenumwobene Bergwildnis

In den Hochlagen, das heißt etwa oberhalb von 800 Metern, wachsen wegen des rauen Klimas von Natur aus vorwiegend Fichten. Diese Wälder sind zwar auch durch frühere Holzwirtschaft beeinflusst. Trotzdem

Wildkatze

vermitteln gerade die moos- und flechtenbehangenen und von der harten Witterung und den kargen Standortverhältnissen gezeichneten Fichtenwälder einen urwüchsigen, natürlichen Eindruck: Diese Wälder bilden die Kulisse für die sagenumwobene Bergwildnis. Die Moor-Fichtenwälder sind kaum begehbar, ebenso unwegsam sind die Blockfichtenwälder über gesteinsreichem Grund, durchsetzt von Felsen und Blockhalden. Viele Tiere dagegen leben in dieser unwirtlichen Region sehr gut. Der in Niedersachsen und Sachsen-Anhalt gefährdete Sperlingskauz brütet hier in knorrigen, höhlenreichen Fichten und jagt in den Wäldern nach kleinen Säugetieren und Vögeln. Erst Anfang der 1990er Jahre wurden Bruten dieser kleinsten heimischen Eulenart im Harz nachgewiesen.

Wasseramsel

Moore: Spröde Schönheiten, die verzaubern

Luchs
Der Luchs nutzt Felsspalten als Versteck oder Lager zur Jungenaufzucht, umgestürzte Bäume und Unterwuchs als Deckung bei der Jagd. Rund 200 Jahre lang war er im Harz ausgestorben, im Jahr 2000 wurde er wieder angesiedelt und hat, ausgehend von den Hochlagen, inzwischen das gesamte Mittelgebirge und Teile der Länder Niedersachsen, Sachsen-Anhalt, Thüringen und Hessen erobert. Wie gut er hier zu existieren vermag, zeigt die Tatsache, dass seit 2002 in jedem Jahr Jungluchse in Freiheit geboren wurden.

Besonders interessant für die Besucher sind die vielen sehr naturnahen Moore, die zu den best erhaltenen Deutschlands zählen und von herausragender Bedeutung für Naturschutz und Wissenschaft sind. Ihre Entstehungsgeschichte reicht zurück bis zum Ende der letzten Eiszeit in Norddeutschland vor etwa 10.000 Jahren. Den extremen Lebensbedingungen sind nur wenige Spezialisten in der Pflanzenwelt gewachsen. Dazu gehört die in ganz Deutschland gefährdete Wenigblütige Segge, ein Eiszeitrelikt wie die schon erwähnte Zwergbirke. Die wohl faszinierendste Charakterpflanze der Hochmoore ist der Rundblättrige Sonnentau. Dieses sehr kleine und ausdauernde Pflänzchen ist zerstreut in Torfmoospolstern oder auf nacktem Torf zu finden. Kleine Insekten bleiben auf dem klebrigen Sekret der Drüsenhaare haften und werden innerhalb von ein bis zwei Tagen von der Pflanze verdaut.

Im Harz war die Moornutzung nie rentabel: Der Torf konnte wegen der ungünstigen klimatischen Bedingungen nur schlecht getrocknet werden und die Transportwege waren schwierig. So blieben die Moore im Nationalpark weitgehend unangetastet und sind von hohem Naturschutzwert. Auch eine Reihe seltener Tierarten ist hier zu Hause: Die bundesweit vom Aussterben bedrohte Alpen-Smaragdlibelle hat ihr einziges Vorkommen in Niedersachsen und in Sachsen-Anhalt in den Mooren des Nationalparks. Ebenso ist die in Niedersachsen vom Aussterben bedrohte Arktische Smaragdlibelle eine Charakterart der intakten Hochmoore.

Überlebenskünstler am Fels

Felsen und Blockhalden gehören zu den typischen Landschaftsmerkmalen in den höheren Lagen des Harzes. Sie kommen nur auf kleineren Flächen vor und sind Extremstandorte, an denen nur besonders angepasste Tier- und Pflanzenarten existieren können. Von den Pflanzen kommen Moose und Flechten am besten mit den dortigen Lebensbedingungen zurecht. Sie wachsen auch auf blankem Fels. Für bestimmte Tierarten bieten Felsen und Blockhalden hervorragende Lebensbedingungen: Der nach wie vor in Niedersachsen und Sachsen-Anhalt vom Aussterben bedrohte Wanderfalke brütet in mehreren Felsgebieten des Nationalparks. Hier findet er die steilen, unzugänglichen Felspartien, die er zur erfolgreichen Aufzucht seiner Jungen braucht. Auch die Ringdrossel, die nur locker bewaldete, halb offene Landschafsstrukturen bevorzugt, nutzt unter anderem die nur sehr licht von Gehölzen besiedelten Blockhalden.

Glucksende Bäche, sprudelndes Wasser

Die Bäche und kleinen Flüsse begleiten jede Wanderung im Nationalpark. Ihr Wasser ist sauber, ihre Wege ins Tal zahlreich. Die gewaltige Kraft des Wassers gestaltet vor allem im steilen Gelände oder wenn große Wassermengen abfließen, die Bachbetten und Ufer auf eindrucksvolle Weise: Sedimente bis hin zu großen Gesteinsblöcken im Bachbett werden umgelagert, Ufergehölze vom Wasser mitgerissen und Uferpartien weggespült. Was bei vordergründiger Betrachtung zerstörerisch wirkt, schafft Lebensraum für die typischen Bergbachbewohner: Moose und Flechten können die Steine besiedeln, weil die anderenorts konkurrenzkräftigeren Höheren Pflanzen der Kraft des Wassers nicht gewachsen sind. Die Wasseramsel baut in umgestürzten, über den Bach ragenden Bäumen ihr Nest, weil sie hier sicher vor Feinden ist. Lücken im Uferwald lassen mehr Sonnenlicht an den Bach, wovon Kleinlebewesen wie Libellen profitieren, aber auch Blütenpflanzen wie der Platanenblättrige Hahnenfuß.

Bildunterschrift

INFORMATIONEN

Nationalpark Harz
Lindenallee 35
38855 Wernigerode
Tel. 03943 / 55020
Fax 03943 / 550237
info@nationalpark-harz.de

Haus der Natur

INFORMATIONSZENTREN

NATIONALPARK-BESUCHERZENTRUM TORFHAUS

Das Nationalpark-Besucherzentrum TorfHaus befindet sich auf dem Großparkplatz Torfhaus am Brockenblick. Erleben Sie hier eine multimediale Reise mit Goethe und Heine auf den Brocken. Was macht der Borkenkäfer im Nationalpark? Wird im Nationalpark gejagt? Spannend und verständlich werden viele Fragen beantwortet. Kinder verschwinden in unserer Wolfshöhle und werden in einer Forscherecke selbst aktiv. Im Infobereich finden Sie Ansprechpartner für Ihre Fragen und im Shop warten schöne Souvenirs auf Sie.

Informationen
Torfhaus 38 B
38667 Torfhaus
www.torfhaus.info
Tel. 05320/331790, Fax -19

Öffnungszeiten
April - Oktober tgl. 9–17 Uhr geöffnet, im Winter Di–So 10 - 16 Uhr.
Montags (Außer an Feiertagen) Ruhetag
Geschlossen am 24. Dezember und 1. Januar.
Eintritt frei.

HAUS DER NATUR

Bad Harzburg ist das Tor zum Nationalpark. Im Kurpark neben der Talstation der Burgbergseilbahn liegt das Haus der Natur mit seiner Luchsinformation Harz. Die über 400 Quadratmeter große Erlebnisausstellung bietet viele Möglichkeiten, selber aktiv zu werden. Mit Spiel und Spaß werden Besucher an das Thema Wald herangeführt.

Informationen
Haus der Natur
Nordhäuser Str. 2b
38667 Bad Harzburg
info@haus-der-natur-harz.de
www.haus-der-natur-harz.de
Tel. 05322 / 784337

Öffnungszeiten
Di–So 10–17 Uhr
Montag (außer an Feiertagen) Ruhetag

BROCKENHAUS

Im Brockenhaus auf dem Gipfel des höchsten Harzberges wurde eine umfangreiche Ausstellung unter dem Motto „Augen auf und durch!" eingerichtet – eine Reise durch die Magie und die Vielfalt des Berges. Während der kalten Jahreszeit, von November bis April, ist das Brockenhaus der Treffpunkt für die geführten Wanderungen über die Brockenkuppe.

Informationen

Brockenhaus
38879 Schierke
brockenhaus@t-online.de
www.nationalpark-brockenhaus.de
Tel. 039455 / 50005
Fax 039455 / 50006

Öffnungszeiten

täglich 9.30–17 Uhr

NATIONALPARKHAUS ILSETAL

Das Nationalparkhaus befindet sich in Ilsenburg in der Nähe des Großparkplatzes im Ilsetal. Neben Informationen zur Naturausstattung beginnen hier die geführten Wanderungen mit den Rangern. Wechselnde Fotoausstellungen laden zu mehrmaligem Besuch ein.

Informationen

Ilsetal 5
38871 Ilsenburg
Tel. 039452 / 89494

Öffnungszeiten

täglich 8.30–16.30 Uhr
Eintritt frei

NATIONALPARKHAUS SANKT ANDREASBERG

In der Ausstellung kann man eine Reise aus der Vergangenheit, vom Bergbau-Harz, bis in die Gegenwart des Nationalparks unternehmen. Kinder gehen in der Ausstellung mit „Eule & Maulwurf " auf Entdeckung.

Informationen

Nationalparkhaus Sankt Andreasberg
Erzwäsche 1
37444 Sankt Andreasberg
Tel. 05582 / 923074
www.nationalparkhaus-sanktandreasberg.de
nationalparkhaus.st-andreasberg@nationalpark-harz.de

Öffnungszeiten

April bis Oktober Mo–Fr 10–18 Uhr, Sa, So und an Feiertagen 10–17 Uhr
November bis März Di-So 10–17 Uhr, Montag (außer an Feiertagen) geschlossen
Geschlossen am 24. Dezember und 1. Januar
Eintritt frei

LÖWENZAHN-ENTDECKERPFAD

Zu fast jeder Jahreszeit bestens für einen Familienausflug geeignet ist der Löwenzahn-Entdeckerpfad bei Drei-Annen-Hohne. Unweit der Brockenbahn schlängelt er sich mit sieben Stationen zum Tüfteln und Forschen durch den Nationalpark. Nur in den schneereichen Wintermonaten von November bis März machen die Stationen Pause (den genauen Wiedereröffnungstermin entnehmen Sie bitte www.nationalpark-harz.de). Informationen zum Pfad bekommen Sie auch unter
Tel. 03943 / 550231

INFORMATIONEN ZU UNTERKÜNFTEN UND TOUREN

www.nationalpark-harz-partner.de
www.harzinfo.de

Tourist-Information Altenau
www.oberharz.de
Tel. 05328 / 8020

Tourist-Information Bad Harzburg
www.bad-harzburg.de
Tel. 05322 / 75335

Tourist-Information Bad Lauterberg
www.badlauterberg-harz.de
Tel. 05524 / 92040

Kurbetriebsgesellschaft Braunlage mbH
www.braunlage.de
Tel. 05520 / 93070

Tourist-Information Elend
www.harz.eu
Tel. 039455 / 375

Tourist-Information Herzberg
www.touristinformation-herzberg.de
Tel. 05521 / 852111

Tourist-Information Ilsenburg
www.ilsenburg.de
Tel. 039452 / 19433

Tourist-Information Osterode
www.osterode.de
Tel. 05522 / 318333

Tourist-Information Sankt Andreasberg
www.oberharz.de
Tel. 0800 / 8010300

Tourist-Information Schierke
www.schierke-am-brocken.de
Tel. 039455 / 8680

Tourist-Information Wernigerode
www.wernigerode-tourismus.de
Tel. 03943 / 5537835

Wollgras >

ERLEBNISTOUREN – WANDERN

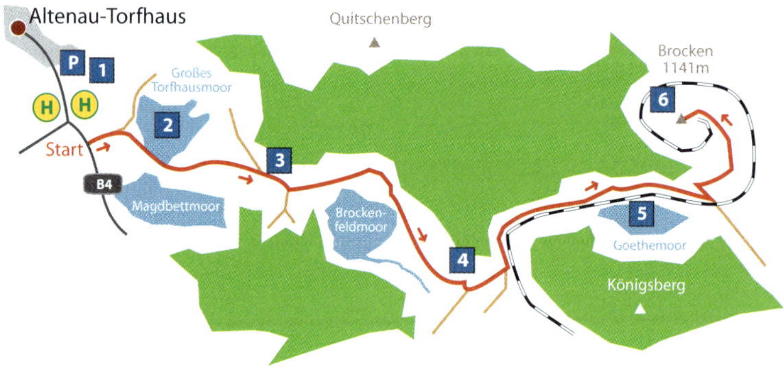

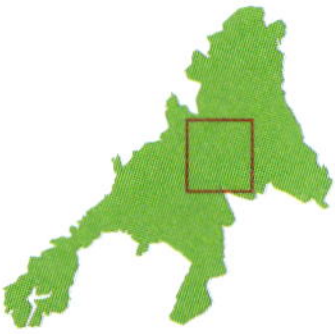

Lage der Tour

TOP-TOUR

Auf dem Goetheweg zum Brocken

Länge: 16 Kilometer (Hin-und Rückweg)
Dauer: 6 Stunden
Schwierigkeitsgrad: einfach
Sehenswürdigkeiten:

1. Torfhaus
2. Das Große Torfhausmoor
3. Der Quitschenberg
4. Eckersprung
5. Das Goethemoor
6. Der Brocken

Tourenbeschreibung:
Start und Ziel ist die Bushaltestelle Torfhaus der Verkehrsgemeinschaft Harz. Auf einer Strecke von 8 Kilometern (16 Kilometer für Hin- und Rückweg) kann man den Nationalpark Harz aus verschiedenen Perspektiven erleben. Etwa 330 Meter Höhenunterschied sind zu überwinden, doch der Weg ist gut begehbar und der Aufstieg

leicht zu schaffen. Man sollte allerdings festes Schuhwerk mitbringen. Beiderseits des Wegs gibt es eine Menge Sehens- und Wissenswertes.

Die Siedlung Torfhaus mit dem Nationalpark-Besucherzentrum Torf-Haus (www.torfhaus.info) hat eine lange Geschichte. Bereits 1713, als man begann, in den umliegenden Mooren Torf abzubauen, wurde das erste Haus errichtet. Über die Grenzen hinaus bekannt wurde das Torfhaus, nachdem Johann Wolfgang Goethe, wie er damals noch hieß, am 10. Dezember 1777 in Begleitung von Torfhaus-Förster Degen von hier zu seiner ersten Brockenbesteigung aufbrach. Die Wanderung durch unwegsames Gelände bei hohem Schnee hinterließ einen nachhaltigen Eindruck auf den in einer schöpferischen Krise steckenden Dichter. Das Erlebnis unberührter Natur und die Freude darüber, den Gipfel erreicht zu haben, verliehen ihm neue Schaffenskraft. Sein Brockenerlebnis verarbeitete Goethe im „Faust" - der Harz erlangte hierdurch Weltruhm.

Der Goetheweg, der auf den höchsten Harzgipfel führen wird, beginnt am letzten Haus von Torfhaus. Welche Route Goethe seinerzeit eingeschlagen hat, ist

Goetheweg zum Brocken

heute allerdings nicht mehr genau zu rekonstruieren – sicher ist nur, dass er nicht exakt den Weg genommen hat, der heute gegangen wird.

Man folgt dem Goetheweg und gelangt nach kurzer Zeit zum Großen Torfhausmoor, auch Radauer Born-Moor genannt. Es zählt zu den größten und ältesten Mooren des Harzes. Man durchquert dieses Hochmoor auf einem Bohlensteg des Nationalparks.

Am Quitschenberg wird nicht, wie sonst üblich, der Versuch unternommen, die Vermehrung des Borkenkäfers durch Motorsäge, Schäleisen und Lockstofffalle aufzuhalten. Im Nationalpark soll sich die Natur möglichst aus eigener Kraft helfen. Erste Erfolge sind schon zu erkennen: Viele kleine lichthungrige Ebereschen erobern die entstandenen Freiflächen zurück und auch die ersten jungen Fichten folgen bereits – hier stirbt nicht der Wald, sondern nur ein unnatürlicher Waldzustand.

Nun streift man durch das Brockenfeldmoor und erreicht den „Eckersprung". So, wie die meisten Harzbäche den Mooren des Hochharzes entspringen, hat hier die Ecker ihre Quelle.

Während man immer weiter dem Gleisbett der Brockenbahn folgt, kann man die Eigentümlichkeiten der Vegetation des Goethemoores beobachten. Besonders im Frühsommer, wenn der Fruchtstand der Wollgräser ausgebildet ist, bietet sich ein herrliches Bild. Die Pflanzen der Hochmoore sind ganz besonders trittempfindlich, so dass der absolute Schutz dieser Gebiete zwingende Voraussetzung für deren Fortbestehen ist.

Deutlich ist zu sehen, dass der Wuchs der Fichten nun gedrungener ist und viele Bäume bereits abgestorben sind. Auf dem Brocken werden jährlich über 300 Tage mit Nebel registriert und die Jahresdurchschnittstemperatur liegt nur bei 2,6 Grad C. Seit der Grenzöffnung kommen an Spitzentagen bis zu 50.000 Besucher auf dem Gipfel an. Mitten auf der Brockenkuppe findet man das Wolkenhäuschen, das der Graf zu Stolberg-Wernigerode im Jahre 1736 als Schutzhütte für die damals noch seltenen Besucher erbauen ließ. Es war das einzige Gebäude, das bei Goethes Brockenbesteigung auf dem Gipfel stand. Gleich hinter dem Wolkenhäuschen finden wir auch das ehemalige Funkspionagegebäude der Staatssicherheit, wegen seines kuppelförmigen Dachaufbaus auch „Moschee" genannt. In diesem Gebäude befindet sich das Brockenhaus, eine Besuchereinrichtung des Nationalparks Harz (www.nationalpark-brockenhaus.de).

Informationen

Nationalpark-Besucherzentrum TorfHaus, Tel. 05320 / 331790, www.torfhaus.info
Brockenhaus, Tel. 039455 / 50005, www.nationalpark-brockenhaus.de

ERLEBNISTOUREN – WANDERN

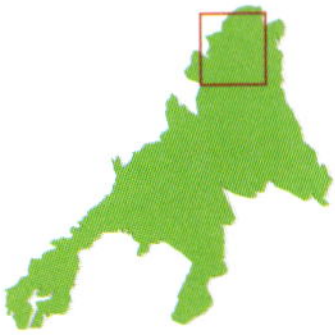

2. Zu den Luchsen

Lage der Tour

Länge: 13 Kilometer
Dauer: 3 bis 4 Stunden
Schwierigkeitsgrad: einfach
Tourenbeschreibung:

Vor dem Beginn dieser leichten Wanderung mit geringen Steigungen empfehlen wir Ihnen einen Besuch des Hauses der Natur im Kurpark von Bad Harzburg neben der Talstation der Burgbergseilbahn. Hier erfahren Sie viel über die Region und den Nationalpark Harz und können auch eine gute Wanderkarte kaufen. In der Erlebnisausstellung mit der Luchsinformation Harz werden Sie an das Thema Wald herangeführt und erfahren Interessantes zum Luchs. Mit der Seilbahn schweben Sie dann von der Talstation am Kurpark auf den 483 Meter hohen Burgberg. Alternativ ist der Aufstieg möglich. Ein kurzer Abstecher zur Canossa-Säule eröffnet einen schönen Ausblick auf Bad Harzburg und das Harzvorland bis Goslar. Bei gutem Wetter kann man am Horizont Braunschweig, Helmstedt und Salzgitter erkennen.

Durch die Ruinen der Harzburg gelangen Sie zum alten Pulverturm und zum Burgbrunnen. Durch diesen soll Heinrich IV. während der Belagerung der Burg durch die Sachsen im Jahr 1073 geflohen sein. Seinem Fluchtweg, dem alten Kaiserweg, folgen wir im Anschluss vom Antoniusplatz aus bis zur Säperstelle. An der Wegespinne Säperstelle, einem alten Begriff für Holzentrindungsplatz, wandern wir auf dem Kreuzweg zum Kreuz des Deutschen Ostens. Das 1950 errichtete Kreuz wurde 1998 durch einen starken Sturm zerstört und im Jahr 2000 wieder aufgestellt. Wir wandern weiter, bis wir an eine Wegekreuzung gelangen. Von hier aus folgen wir dem Weg in Richtung Luchsgehege/Rabenklippe. Das Nationalpark-Luchsgehege an der Rabenklippe erreichen wir nach ca. zwei Kilometern.

Mit etwas Glück und Beharrlichkeit können Sie die Luchse bei ihrer täglichen Körperpflege oder beim Fressen beobachten. Das größere Gehege wird seit 2001 von einem alten Kuder (Kater) und einer Katze bewohnt. Im kleineren Gehege leben seit 2006 ein finnischer Luchs und eine Luchsdame aus Rheinland-Pfalz. Diese Luchse werden nicht mehr ausgewildert. Sie bleiben hier im Gehege als Botschafter für das im Jahr 2000 begonnene Luchsauswilderungsprogramm des Nationalparks Harz, das von der Jägerschaft unterstützt wird. Hier können Nationalpark-Besucher die in der freien Natur sehr scheuen Tiere beobachten. Von der am Luchsgehege gelegenen Nationalpark-Waldgaststätte Rabenklippe können Sie während einer Einkehr bei gutem Wetter den Blick auf den höchsten Berg Norddeutschlands, den 1.141 Meter hohen Brocken, genießen. Von den Rabenklippen bietet sich vom Frühjahr bis in den Herbst die Gelegenheit, mit dem „Grünen Harzer" (Buslinie 875) zurück nach Bad Harzburg zu fahren.

Für die Unentwegten geht es weiter auf dem Firstweg zur Tiefen Kohlstelle, einem alten Meilerplatz. Dort wurde in der Bergbauzeit mit Buchen- bzw. Fichtenholz Holzkohle gewonnen. Nach ca. 10 Metern führt uns der Weg vorbei am Reusschen Teich hinab ins Kalte Tal. Nach einem kurzen Stück auf der Teerstraße können wir an der Abzweigung Sennhütte wieder auf einem idyllischen Waldweg wandern.

Der Ministerweg folgt dem Kalten Tals Bach bis zum Schweineteich. Von dort aus sind es nur noch ca. 800 Meter, bis wir Hochseilgarten und Märchenwald erreichen und somit unseren Rundweg in Bad Harzburg beenden.

Informationen
Haus der Natur
Tel. 05322 / 784337
www.haus-der-natur-harz.de
Öffnungszeiten
Täglich, Montag Ruhetag
(außer an Feiertagen)

Luchs

ERLEBNISTOUREN – WANDERN

3. Rund um Lonau

Länge: 10 Kilometer
Dauer: 4 Stunden
Schwierigkeitsgrad: einfach

Tourenbeschreibung:
Wer den Nationalpark Harz von seiner sonnigen Südseite kennenlernen möchte und wer die Stille schätzt, dem sei diese Rundwanderung um die Nationalparkgemeinde Lonau empfohlen.

Die Entstehung des Namens Lonau wird auf die alte Ortsbezeichnung „Lodenower Wald" (Loden = junge Buchentriebe) zurückgeführt. Als historische Stätte der Eisenverhüttung gehört Lonau zu den älteren Orten im Harz. Heute lebt der Ort von seiner Naturausstattung, von seiner Ruhe und dem nationalparkbezogenen Fremdenverkehr.

Wir starten unsere Wanderung ohne nennenswerte Höhenunterschiede am Dorfgemeinschaftshaus, in dem eine Rangerstation untergebracht ist. Hier stimmt Sie eine Tonbildschau auf den Nationalpark und Ihre Wanderung ein. Zunächst durchqueren wir typische Harzer Bergwiesen. Mit ihrer Blütenpracht erfreuen sie Jahr für Jahr zahlreiche Besucher. Sie wurden in früheren Zeiten von Bergleuten durch Waldrodung angelegt und dienten noch bis in die 1950er Jahre hinein der Gewinnung von Winterfutter für das „Harzer Rote Höhenvieh".

Oberhalb der Bergwiesen westlich des Ortes halten wir uns rechts und folgen der Ausschilderung „Rund um Lonau", die uns durch Buchenwälder führt. Hier erreichen wir auch das Auerhuhn-Schaugehege des Nationalparks, in dem Sie neben den imposanten Auerhühnern auch Birk- und Haselhühner beobachten können.

Bis etwa 700 Meter ü. NHN sind Buchenwälder die im Harz von Natur aus vorherrschende Waldgesellschaft. Heute nehmen sie allerdings einen erheblich geringeren Anteil ein, als dies von Natur aus ohne menschlichen Einfluss der Fall wäre. Im Verlauf der Harzer Bergbaugeschichte wurden sie auch hier vielerorts in schnell wachsende Fichtenforste umgewandelt.

Im Nationalpark wird der Buche heute durch Waldentwicklungsmaßnahmen in ihren ehemals natürlichen Verbreitungsgebieten wieder ihr angestammter Platz eingeräumt.

Unser Rundweg quert unterhalb des Waldschwimmbades die Marientalstraße. Dort wechseln wir auf die linke Bachseite der „Kleinen Lonau". Der Schwimmbadweg führt uns bachabwärts am Kurpark vorbei ins Kirchtal.

Die Lonau ist, wie die meisten Harzbäche, ein sauberes und naturnahes Fließgewässer mit häufig bachbegleitenden Erlen-Ufersaumwäldern. Nur dort, wo der Bach den Lonauer Ortskern durchfließt, ist seine Naturnähe durch Uferverbau und fehlende Gehölzsäume eingeschränkt. Ein natürlicher Ufersaum mit Erlen und Weiden durchwurzelt den Ufergrund intensiv, schützt ihn dadurch und ernährt mit seinem Laub zum wesentlichen Teil die Fauna in den Mittelgebirgsbächen.

In Höhe der Wassertretstelle überqueren wir die Kirchtalstraße und wechseln auf die andere Seite der „Großen Lonau". Wir folgen dem Fußpfad bachaufwärts, halten uns unterhalb des Parkplatzes rechts und gehen zurück zur Ortsmitte. Hier verlassen wir den Rundwanderweg in Höhe des Friedhofs und halten uns links. Ein schmaler Pfad führt hinab auf den Rad- und Fußweg, der von Herzberg nach Sieber führt. Nach ca. 300 Metern sehen wir auf der linken Seite ein ca. 20 x 20 Meter großes, umzäuntes Areal. Der Zaun schützt einen Schwermetallrasen mit seiner typischen Vegetation. Natürliche Schwermetallrasen entstehen dort, wo erzhaltiges Gestein oder Schlacken vorkommen. An dieser Stelle befand sich die Lonauer Hütte, die einen Boden mit metallhaltigen Schlacken hinterließ. Hier wachsen nur wenige spezialisierte Pflanzenarten, die die hohen Schwermetallgehalte tolerieren können.

Weiter geht es vorbei am Friedhof zurück auf den Hauptweg. Wir überqueren die Kreisstraße Herzberg-Lonau. Ein Wanderweg führt uns zu den westlichen Bergwiesen und von dort zurück zum Dorfgemeinschaftshaus.

Informationen
Rangerstation und
Nationalpark-Informationsstelle Lonau
im Dorfgemeinschaftshaus,
Tel. 05521 / 72653

ERLEBNISTOUREN – WANDERN

4. Rund um den Oderteich

Länge: 4 Kilometer
Dauer: 1,5 Stunden
Schwierigkeitsgrad: einfach
Sehenswürdigkeiten:
1. 300 Jahre alte Fichten, 2. Bohlenweg übers Moor, 3. Oder fließt in den Stausee, 4. Aussicht über den See
Tourenbeschreibung:
Man wandert zunächst am Ostufer eines sehr alten Waldes entlang. Hier stehen einige der ältesten Fichten des Nationalparks Harz mit einem Alter von teilweise über 300 Jahren. Im weiteren Verlauf des Weges kommt man in ein Gebiet, in dem die Bäume nach und nach absterben. Der Grund dafür ist, dass sich durch Stauwasser langsam ein mooriger Bereich entwikkelt, in dem nur wenige Pflanzen wachsen können. Diese Spezialisten sind an den Moorstandort gut angepasst. Hier sind viele Moose zu finden, ebenso wie der Rundblättrige Sonnentau. Da ein normaler Pfad das sensible Biotop beschädigen würde, führt der Weg über einen Bohlensteg. Am Nordufer angekommen, überquert man den Zufluss der Oder zum Stausee. Nun biegt der Rundweg nach Süden ab und folgt dem Bach Sonnenkappe, der auf seinem Weg in den Stausee mäandriert. Es lohnt es sich, einen Augenblick auf den aufgestellten Bänken zu verweilen und die Aussicht auf das gegenüberliegende Ufer zu genießen. Nach einem kurzen Wegstück auf dem Waldweg biegt man wieder links Richtung Ufer ab. Hier lädt ein Rastplatz zu einer Stärkung ein, und nach wenigen hundert Metern endet der Rundweg am Staudamm.

Informationen
Nationalpark-Besucherzentrum TorfHaus, Tel. 05320 / 33179-0, www.torfhaus.info
Nationalpark-Revierförsterei Bruchberg, Klaus-Dieter Schultze, Tel. 05328 / 321

FREIZEIT & ERHOLUNG

Rübeländer Tropfsteinhöhlen
Dank seiner einzigartigen Tropfsteinhöhlen erlangte der kleine Höhlenort Rübeland weit über die Grenzen Europas Bekanntheit. Die Baumannshöhle und die Hermannshöhle verzaubern mit ihren in Stein gewachsenen Reichtümern seit Jahrhunderten die Besucher. In der Baumannshöhle, eine der ältesten Schauhöhlen der Welt, finden seit 1646 organisierte Führungen statt. Schon Johann Wolfgang von Goethe war von ihrem reichhaltigen Tropfsteinschmuck derart begeistert und inspiriert, dass er sie gleich mehrere Male besuchte. Durch die Hermannshöhle werden die Besucher seit 1866 von sachkundigem Personal geführt. Neben herrlichen Tropfsteinen und imposanten Sintergebilden zieht vor allem die Kristallkammer mit ihren funkelnden Calcitkristallen die Besucher in ihren Bann.

Kindergeburtstage, Kindererlebnisführungen, Fotosafaris oder Events auf der schönsten Naturbühne unter Tage runden die Angebotspalette ab.

Informationen
Rübeländer Tropfsteinhöhlen
Blankenburger Str. 35
38889 Rübeland
Tel. 039454 / 49132
Fax 039454 / 53475
info@harzer-hoehlen.de
www.harzer-hoehlen.de
Öffnungszeiten
ganzjährig und täglich

Westernstadt Pullman City
Pullman City Harz liegt am Ortsrand der Stadt Hasselfelde. Auf einem Areal von 100.000 Quadratmeter wurde hier eine Westernstadt nachgebaut, die in der Mitte des 19. Jahrhunderts anzusiedeln ist. Nur unweit vom Brocken entfernt fühlt man sich in die Vergangenheit der amerikanischen Kultur zurückversetzt. Pullman City Harz ist dabei völlig gewaltfrei, d.h. es wird nicht geschossen und auf jegliche Gewaltverherrlichung verzichtet. Die Westernmetropole bietet ein breites Unterhaltungsprogramm mit stündlich wechselnden Showprogrammpunkten für die ganze Familie.

Informationen
Pullman City Harz
Am Rosentale 1
38899 Hasselfelde
Tel. 039459 / 7310
Fax 039459 / 73110
info@westernstadt-im-harz.de
www.westernstadt-im-harz.de
Öffnungszeiten
während der Saison
(14.3. bis 31.10.)
täglich von 10–1 Uhr nachts geöffnet.

Kristall-Saunatherme „Heißer Brocken"
Die neue Kristall-Saunatherme „Heißer Brocken" Thermalsole- und Saunalandschaft in Altenau, der Stadt der Kräuter und Gewürze, am Nationalpark Harz gelegen, ist an 364 Tagen im Jahr für Sie geöffnet. Die Therme ist eine einzigartige Bereicherung für die Region, ein Eldorado für Aktivurlauber wie Mountainbiker und Wintersportler, Wanderer, Naturliebhaber und Erholungssuchende und die Bewohner der gesamten Region.

Informationen
Kristall „Heißer Brocken" Altenau
Karl-Reinecke-Weg 35
Tel. 05328 / 911570

Fax 05328 / 91157-33
info@kristalltherme-altenau.de
www.kristalltherme-altenau.de
Öffnungszeiten
Ganzjährig außer 24. Dezember

Besucherbergwerk Drei Kronen & Ehrt

Untertagebereich

Die Einfahrt in den Untertagebereich erfolgt mit der Grubenbahn. Nach einer fünfminütigen Fahrt gelangt man zu Fuß an die einzelnen Anschauungsplätze. Hier erlebt der Besucher, welche schweren Arbeiten Bergleute verrichten mussten. Im Übertagebereich kann u. a. eine Mineralausstellung besichtigt werden und eine Werkstatt mit Originalmaschinen.

Informationen
Besucherbergwerk Drei Kronen & Ehrt
Mühlental 13
38875 Elbingerode
Tel. 039454 / 42910
Fax 039454 / 48740
info@dreikronenundehrt.de
www.dreikronenundehrt.de
Führungszeiten
Montag bis Freitag 11 und 13 Uhr

Weltkulturerbe Rammelsberg – Museum und Besucherbergwerk

Der Rammelsberg ist ein Museum neuen Typs: Es vermittelt Geschichte dort, wo sie stattgefunden hat. Erzbergwerk und Museum bilden eine Einheit. Das gesamte Bergwerk über und unter Tage wird als „Exponat seiner selbst" präsentiert. Darüber hinaus werden unterschiedliche Ausstellungen aus allen montangeschichtlich bedeutenden Bereichen gezeigt. Neben dieser Art der „Geschichtsvermittlung am authentischen Ort" verdeutlichen Filmdokumente „wie es einmal war".

Informationen
Weltkulturerbe Rammelsberg – Museum und Besucherbergwerk
Bergtal 19
38640 Goslar
www.rammelsberg.de
info@rammelsberg.de
Tel. 05321 / 7500
Fax 05321 / 750130
Öffnungszeiten
Täglich 9–18 Uhr, am 24. und 31. Dezember bleiben Museum und Besucherbergwerk geschlossen.

LEIB & SEELE

Typisch Harz

Der Harzer Tourismusver-band e. V. vergibt das als Patent eingetragene Warenzeichen „Typisch Harz". Die Botschaft dieser Regionalmarke lautet: Qualitätsprodukte aus dem Harz! Das Label erhalten länderübergreifend Produkte und Leistungen aus der Harzregion, deren Ausgangsstoffe überwiegend aus dem Harz stammen bzw. die harztypisch sind. Ein Beispiel ist der typische Harzer Likör „Schierker Feuerstein".

Informationen

Harzer Tourismusverband e. V.
Marktstr. 45
38640 Goslar
Tel. 05321 / 34040
Fax 05321 / 340466
www.harzinfo.de
info@harzinfo.de

TYPISCH HARZ

Von Harzer Köchen

Kennen Sie Brägenwurst, Harzer Tatar, Pottkartoffeln oder Hackus und Kniste? Kartoffelgerichte, Suppen und Eintöpfe sind typisch für die Harzer Küche. In diesem Gebirge wurde eine Fülle von überregional wenig bekannten Rezepten entwickelt, die z. B. von den Harzer Köchen gepflegt werden.

Informationen

www.harzer.koeche.harz.de

Ausgezeichnete Unterkunft

Die „Nationalparkfreundliche Partner" als Partnerbetriebe des Nationalparks Harz garantieren Ihnen einen umweltgerechten Aufenthalt. 2006/2007 wurden die ersten Betriebe vom Nationalpark ausgezeichnet. Qualität, Erholung, Genuss und Gesundheit auf natürliche Weise werden in diesen Betrieben groß geschrieben. Seien Sie herzlich willkommen und leisten Sie mit der richtigen Wahl Ihrer Urlaubsunterkunft einen Beitrag zum Schutz unseres Naturerbes!

Informationen

Die ausgezeichneten Partnerbetriebe des Nationalparks Harz finden Sie auf der Internetseite www.nationalpark-harz-partner.de „Nationalparkfreundliche Partner".

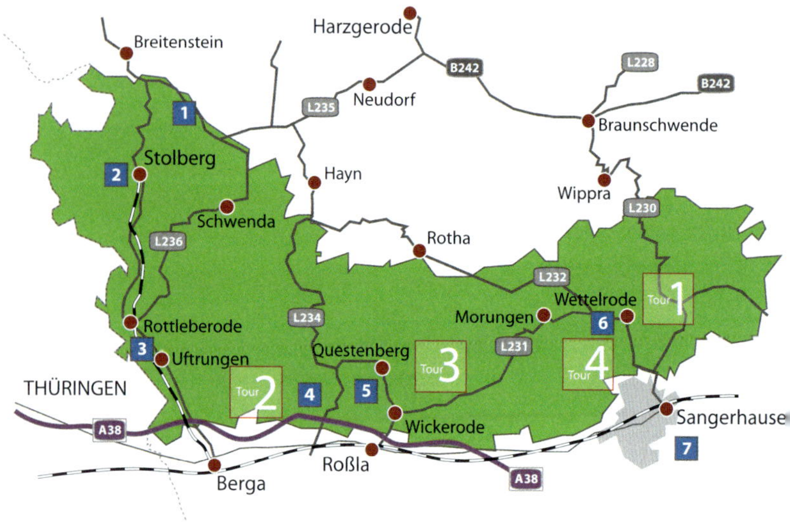

Lage in Sachsen-Anhalt

Erlebnistouren

Tour 1: Wandern – Über Berg und Tal, durch Wiesen und Wälder im Biosphärenreservat (TOP-TOUR)

Tour 2: Wandern – Der rätselhafte Bauerngraben

Tour 3: Wandern – Rund um Questenberg

Tour 4: Wandern – Historischer Bergbaulehrpfad Wettelrode

Sehenswürdigkeiten

1. Auerberg, Josephskreuz
2. Stadt Stolberg / Schloss
3. Höhle Heimkehle
4. Bauerngraben
5. Questenberg
6. Bergbaulehrpfad Röhrig-Schacht
7. Europa-Rosarium / Spengler-Museum

Biosphärenreservat Karstlandschaft Südharz

Man könnte ganze Buchreihen schreiben über das mit 30.034 ha relativ kleinräumige Biosphärenreservat am südlichen Harzrand. Im Vergleich zum Pfälzer Wald (178.000 ha) und zur Rhön (185.000 ha) misst es gerade ein Sechstel, aber umso reicher ist der Südharz mit einer unglaublichen Vielfalt an Landschaftsformen, Tier- und Pflanzenarten ausgestattet.

So jung, so alt, so vielgestaltig und so „mittendrin" begegnet uns ein Stück Erde auf halbem Wege von Kassel nach Leipzig, von Hannover nach Dresden: Erdgeschichtlich gesehen ist diese Landschaft „jung" und in einer stetigen Dynamik begriffen – bedingt durch ihren weichen und relativ wasserlöslichen, aber dennoch felsigen Untergrund aus Gips und Anhydritgestein. Er lässt die Naturkräfte der Erosion durch Frost und Wasser schroffe Talabstürze, verschlungene, geheimnisvolle Höhlen, figurenhafte Felsgestalten formen. Wir durchstreifen ein Land, das wie kaum ein anderes in Deutschland zur Phantasiereise in die Welt der Elfen und Trolle einladen mag – mit Nebel verhangenen Talgründen, tiefblauen stillen Weihern und Wasserläufen, die plötzlich in der Erde verschwinden.

Doch nicht nur Trolliges lässt einen Aufenthalt lohnend werden: Landschaftlich urtümliche Schönheit und alter Kulturraum sind hier eng miteinander verbunden. Ausgedehnte Buchenwälder und bizarre Felsformen, Streuobstwiesen, malerische Flecken und mittelalterliche Städtchen wie Questenberg und Stolberg bestimmen den Charakter dieser Landschaft – Kenner nennen sie „Landschaft der stillen Superlative".

Blick auf Questenberg

Die Landschaft formte das Leben

„Alt" ist diese vielgestaltige Gegend, was ihre Kultur- und Besiedlungsgeschichte angeht. Naturgegeben ist auch dies: Die Topografie der vielen schützenden Höhlen begünstigte eine ur-menschliche und frühe steinzeitliche Besiedelung – ähnlich wie die Lebensumgebung des Neandertalers bei den Wülfrather Kalkhöhen im Bergischen Land Nordrhein-Westfalens, in der Schwäbischen Alb oder im französischen Cro-Magnon. Dass man hier im Gegensatz zu den eben Genannten um den Auerberg und Hohen Kopf nun keine Funde aus allerfrühester Menschenzeit in Händen hält, mag wiederum an eben jener „Dynamik" liegen, mit der die klimatischen Elemente mit diesem Flecken Erde in der Mitte Europas umgehen. Während auf der Alb und in Frankreichs Südwesten der Karst in trockenen Klimabedingungen langsamer erodiert, ist es im Südharz feucht und es kann auch kräftig regnen. Das führt zu einem stetigen Auswaschen der Hohlräume und auch zu einer üppigen Bewaldung.

Hier treffen die Ausläufer des humiden, also feuchten (Westwind-)Meeresklimas und die ariden, trockenen Kontinentalströmungen aufeinander. Das wiederum hält Flora und Fauna in Bewegung und führt etliche Tier- und Pflanzenarten auf geografisch engem Raum zusammen, die sonst zwischen Atlantik und Ural weit verstreut leben. Es kreucht und fleucht allerorten, allein zwölf Fledermausarten schwirren durch die Südharzhöhlen, und wir sind mittendrin – vorausgesetzt wir sind gut zu Fuß und haben passendes Schuhwerk und Kopfbedeckung dabei. Das Wetter ist – wie gesagt – dynamisch. Charakteristisch sind besondere Oberflächenstrukturen wie Steilwände, Karsthöhlen und Erdfälle, Dolinen und episodische Seen.

Der „Bauerngraben" bei Roßla ist solch ein episodischer See, d.h. der Wasserspiegel unterliegt Schwankungen, die von 15 m Wasserhöhe bis zur völligen Trockenheit reichen. Jahrelang kann der See gefüllt sein, jahrelang kann er aber auch völlig trocken liegen. Das Füllen und Entleeren wird durch das komplizierte geologische System dieses Karstgebietes begründet. Anstelle des Oberflächenabflusses ist weitgehend die unterirdische Entwässerung getreten. Die geringe Ausdehnung solcher frei zutage tretender Anhydrite und Gipse wie im Südharz erklärt die Seltenheit ausgeprägter Gipskarstlandschaften im Vergleich zu den anderen Kalk- und Dolomitkarstgebieten Europas.

Lichteinfall in der Höhle Heimkehle

Höhlenlandschaft Heimkehle

Das Biosphärenreservat wird von dem Flüsschen Thyra durchschnitten, dessen formende Kraft die eindrucksvolle Höhlenlandschaft der „Heimkehle" erzeugte. Die Heimkehle liegt an der Straße von Stolberg nach Berga/Kelbra und ist die größte Gipshöhle Europas. Auf einem etwa 700 Meter langen Rundgang erwarten den Besucher schmale Gänge und große, bis zu zwanzig Meter hohe Hallen. Einige Abschnitte des Weges führen durch künstliche Stollen. Die 1357 erstmals urkundlich erwähnte Höhle besitzt viele Seen und beherbergt ungewöhnliche Tiere. Im Thyrasee kann mit Unterwasserscheinwerfern ein Teil der unterirdischen Fortsetzung des Sees beleuchtet werden – ein visuell, aber auch akustisch eindrucksvolles Erlebnis. In der Führung ist eine Lasershow inbegriffen.

Ein kleines Bergbaumuseum gehören zum Ensemble wie auch eine Gedenkstätte an die dunkelste Zeit der Höhlengeschichte, als hier Häftlinge in einem Außenlager des KZ Dora/Mittelbau unter mörderischen Bedingungen Teile für Kampfflugzeuge bauen mussten. Hierfür wurden große Teile des ursprünglichen Sees zubetoniert und anschließend drei Produktionshallen und mehrere Tunnel gebaut, von denen der größte auch mit LKW befahrbar war. Die Tunnel und Zugangsstollen konnten wegen der Weichheit des Gipses in relativ kurzer Zeit angelegt werden. In den 1950er Jahren wurde die Höhle renaturiert und als Schauhöhle wieder eröffnet.

Verschwenderische Vielfalt in Flora und Fauna

Nicht nur die besonderen geologischen Verhältnisse begründen den hohen landschaftlichen Wert des Südharzes, sondern gleichermaßen die Vielfalt an Lebensräumen und damit die große Artenfülle in Flora und Fauna. Eiszeitrelikte und Vertreter der Steppen Osteuropas treffen in diesem kleinräumigen Gebiet aufeinander. Wildkatze, Uhu, Wanderfalke oder Schwarzstorch finden hier noch Rückzugsgebiete.

Auch die traditionelle Landnutzung, über viele Jahrhunderte betrieben, hat die typischen Landschaften geprägt und neben den naturnahen, großflächigen Laubwäldern Lebensräume für bedrohte Arten geschaffen.

Mit der Würdigung beider Faktoren definiert sich übrigens im Sinne der Gesetzgebung ein Biosphärenreservat – im Unterschied zu einem Nationalpark. Im letzteren soll sich die Natur in Gänze sich selbst überlassen bleiben, und jegliches menschliche Eingreifen bleibt außen vor. Ein Biosphärenreservat sucht demgegenüber einen die Natur und Kultur wertschätzenden ökologisch-kreativen Umgang mit den Gegebenheiten, was beispielsweise die Vorhaltung von ökologisch betriebenem Landbau, Weideland, Streuobstwiesen etc. einschließt.

Blütenreicher Acker

Im Biosphärenreservat Südharz konnten bislang ca. 1.500 Farn- und Blütenpflanzen und eine Vielzahl von Moosen, Flechten, Algen und Pilzen nachgewiesen werden. Darunter befinden sich eine große Anzahl geschützter und gefährdeter Pflanzenarten. Die Kleinteiligkeit der Landschaft und das dichte Beieinander unterschiedlicher Mikroklimate begünstigen verschiedene Waldgesellschaften: ausgedehnte Buchenwälder mit vielen Frühjahrsblühern, Wärme liebende Eichenwälder und kühl-feuchte Schlucht- und Hangmischwälder mit verschiedenen Waldorchideen, dem Diptam, der eigentlich am nördlichen Mittelmeer und in Südosteuropa beheimatet ist, oder dem Ausdauernden Silberblatt, Bärlauch und Hirschzunge. Nicht weit davon finden sich Sumpf- und Quellwiesen des Auerbergmassivs und der Südharzabdachung. Hier wachsen Breitblättriges Knabenkraut, Schmalblättriges Wollgras, Herbstzeitlose und Bach-Nelkenwurz.

Die als Weiden bzw. Mähwiesen genutzten Südhänge der Karstlandschaft weisen ebenso eine besondere Artenvielfalt auf: Neben Steppenpflanzen wie dem Frühlings-Adonisröschen, entwickeln sich einige Orchideenarten, u. a. das Stattliche Knabenkraut und die Mücken-Händelwurz. Der Gelbe Günsel, das Sommer-Adonisröschen und das Ackerlöwenmaul sind Raritäten der Kalkäcker in der Karstlandschaft. Schließlich eine Besonderheit sind viele kleine Abraumhalden des Kupferschieferbergbaus mit Pflanzenarten wie dem Kupferblümchen, die als Pionierpflanzen die Massierung des Schwermetalls ertragen und die Industriebrache neu als Naturraum zu erschließen helfen.

Langohr

Wildkatze

Frühlings-Adonisröschen

Sommer-Adonisröschen

Gewöhnlicher Fransenenzian

Diptam

Ein ähnlicher Reichtum findet sich in der Tierwelt. Entsprechend der Vielgestaltigkeit der Lebensräume und der klimatischen Verhältnisse verlaufen Arealgrenzen für verschiedene Tierarten durch das Gebiet. Dies gilt besonders für Wärme liebende Insektenarten, von denen viele ihre Verbreitungsschwerpunkte eher in Süd- und Südwesteuropa haben. Von den gefährdeten Arten kommen beispielsweise Hirschkäfer, Schwalbenschwanz und Gestreifte Quelljungfer vor.

Neben einer hohen Artenvielfalt sind auch die Bestandesdichten einiger Artengruppen hervorzuheben, die andernorts nicht mehr zu finden sind. So ist der Karst idealer Lebensraum für seltene Wirbeltiere wie Fledermäuse, die in 19 Arten präsent sind, und gleichfalls für die Bilche, auch als Haselmaus, Siebenschläfer oder Schlafmäuse bekannt.

Doch die Maus bleibt nicht allein: Die Wildkatze hat im Südharz mit seinen reich strukturierten Laubwäldern, Hecken und Feldgehölzen einen ihrer letzten Verbreitungsschwerpunkte in Deutschland. Wanderfalke, Uhu, Neuntöter, Sperbergrasmücke und Schwarzstorch stehen stellvertretend für die hier vorkommende mannigfaltige Vogelwelt mit über 220 verschiedenen Arten.

Was für Luftbewohner gilt, trifft auch für das Leben am und im Wasser zu: Bachneunauge, Groppe und Schmerle zeugen von der Existenz noch naturnaher, unverbauter Fließgewässer, und es wurden bisher 13 verschiedene Lurcharten nachgewiesen, davon acht Arten der Roten Liste Sachsen-Anhalts. Die zahlreichen Quellbereiche, Bäche und Teiche sind Lebensraum für vier verschiedene Molcharten – darunter den europaweit schützenswerten Kammmolch, für Erdkröten, die seltene Geburtshelferkröte sowie den Springfrosch. Sogar der Feuersalamander ist in den Wäldern des Südharzes noch häufig anzutreffen. Reptilienarten im Biosphärenreservat sind Blindschleiche, Zaun- und Waldeidechse, Glatt- und Ringelnatter sowie Kreuzotter.

Haselmaus / Bilche

An den Fließ- und Standgewässern können allein 36 verschiedene Libellenarten beobachtet werden. Zu den Besonderheiten zählen hier Blauflügel-Prachtlibelle, Gefleckte Heidelibelle und Großes Granatauge. Zu den 34 vorkommenden Heuschreckenarten, die von der Quellwiese bis hin zum Trockenrasen die verschiedensten Lebensräume besiedeln, gehören unter anderen die Blauflügelige Ödlandschrecke, die Sumpfschrecke und der Kleine Heidegrashüpfer. Auch der Artenreichtum bei Hautflüglern, Schwebfliegen, Käfern und Webspinnen ist im Gebiet bemerkenswert. Beispiele sind hier Rote Röhrenspinne, Sandfilzbiene, Faulholzschwebfliege und der zu den Laufkäfern zählende Blaue Bartläufer.

Wer sich also wirklich mit der Welt eins fühlen will, der sollte sich an einem Sommermorgen, ausgepustet nach einem Lauf durch den Karst, in eine der satten Wiesen fallen lassen und in den Himmel schauen: Mehr „*Kreatur*" ist schwerlich zu finden!

Stolberg – die erste „historische Europastadt“

Müntzer Denkmal

Der Südharz gehört noch immer zu den weniger bekannten Teilen des Harzes. Zu Unrecht, denn die Region zwischen Stolberg und Sangerhausen ist reich an Natur- und auch an Kulturschätzen. Historische Orte prägen die Landschaft, die ihren Reiz eben durch das Wechselspiel der vielgestaltigen Natur mit menschengeformtem Kulturland gewinnt. Die Kleinäcker wie die schützenswerten Streuobstwiesen sind hierfür ebenso Zeugen wie die Spuren des mittelalterlichen und neuzeitlichen Bergbaus im östlichen Teil des Biosphärenreservats.

Im Thyratal beeindruckt die alte Residenzstadt Stolberg mit ihrem einzigartigen, von Fachwerkhäusern geprägten Stadtbild. Im Stadtgebiet vereinen sich die drei Gebirgsbäche Große Wilde, Kleine Wilde und Lude zur Thyra. Hier finden sich etliche gut erhaltene Fachwerkbauten der Spätgotik und der Renaissance. Die besondere Atmosphäre, die im geschlossenen mittelalterlichen Stadtbild greifbar wird, führte zur internationalen Anerkennung und den Titel „Historische Europastadt“ – als erste Stadt überhaupt.

Stolberg fasziniert auch heute noch aus seiner für Europa prägenden Geschichte – weniger machtpolitisch als dynastisch definiert. Die Historie ist zuerst in der Person einer klugen und weitsichtigen Frau fokussiert, die bis heute nachwirkt: Juliana Gräfin von Stolberg wurde hier 1506 geboren, jene Frau, die als Mutter von Wilhelm von Oranien bis heute als „Urmutter“ nicht nur des holländischen Königshauses geachtet wird sondern mittelbar auch als Ahnin des bis heute untereinander verwandten europäischen Hochadels.

Juliana von Stolberg steht in Person als sozial integrierende, kluge Frau im aufdämmernden Europäischen Humanismus. Dieser prägte am Hofe der Grafen Stolberg das geistige Umfeld, sei es belegt durch die 1588 als erste wissenschaftliche in Buchform publizierte Gebiets-Botanik des Hofmedicus Johannes Thal, sei es in der gesellschaftlichen Utopie der „Felsenburg“ von Johann Gottfried Schnabel, der frühaufklärerisch in Romanform sein Gesellschaftsbild einer familiärkommunitären Ordnung entwirft.

Die Stadt Stolberg entstand um das Jahr 1000 als Bergarbeitersiedlung, urkundlich erwähnt erst im Jahre 1210. Das eindrucksvolle, im Spätmittelalter erbaute Rathaus besitzt eine architektonische Besonderheit: Es hat im Inneren keine Treppen. Ein Zugang zu den oberen Stockwerken ist bis heute nur über eine dem Berghang folgende Außentreppe möglich. Oberhalb des Rathauses steht die vorwiegend spätgotische St.-Martini-Kirche – eine dreischiffige Basilika, deren Anfänge in das 12. Jahrhundert zurückreichen. Ganz oben auf der Spitze des Bergsporns dominiert das Schloss der Stolberger Grafen. Baubeginn der vierflügeligen Anlage war im selben Jahrhundert, als in Europa durch eine Wärmeperiode klimabegünstigt jener rasante Fortschritt in der gesellschaftlichen Entwicklung, in Architektur und Technik stattfand, dem wir Hunderte von Stadtgründungen und auch die gotischen Kathedralen verdanken. Im Laufe der Zeit erfolgten zahlreiche Erweiterungen sowie Um- und Ausbauten. Heute präsentiert sich das Gebäude im Stil der Renaissance und des Barock, vor dem Verfall gerettet durch eine Bürgerinitiative des örtlichen Geschichtsvereins, der es schaffte, mit einem Brandbrief zur Rettung des Schlosses zunächst den sachsen-anhaltinischen Ministerpräsidenten Höppner und schließlich die Deutsche Stiftung für Denkmalschutz zu mobilisieren.

Beachtung erfuhr die Stadt auch zur Zeit der Bauernkriege als Geburtsstadt des Bauernführers Thomas Müntzer, der als Wanderprediger wieder in die Stadt kam. Auch sein Gegenspieler Martin Luther predigte hier gegen den Bauernaufstand.

Stolberg – historische Altstadt

Questenberg – das Dorf im Karst mit gelebter Tradition

Das dramatische Relief der Landschaft wird allerorten geprägt von den besonderen Eigenschaften des Gipses. Bizarre Felsgebilde, vielfach in leuchtendem Weiß, erinnern den Besucher an südeuropäische Landschaften. Insbesondere die kleine Ortschaft Questenberg liegt einmalig schön in einem engen Durchbruchstal inmitten des Gipskarstes. Neben seinen geologischen Besonderheiten hat Questenberg kulturhistorisch viel zu bieten. Erste Siedlungsspuren datieren bronzezeitlich aus dem 5. und 6. Jahrhundert vor Christus.

Auf einer steilen Anhöhe oberhalb des Ortes thront die ursprünglich romanische Questenburg. Befestigungsmauern und Turm sind noch zu besichtigen. Von hier aus fällt der Blick auf das namensgebende Wahrzeichen der Queste. Bekannt ist der Ort auch durch das Questenfest zu Pfingsten. Ein alljährlich wiederkehrender Volksbrauch fußt bereits auf einer vorchristlichen Überlieferung und versammelt die Dörfler im Frühjahr auf der dem Burgberg gegenüberliegenden Höhe an der „Queste". Die Queste ist in ihrer Bedeutung dem Maibaum verwandt und Bestandteil eines Jahrhunderte alten Brauchs: An einem etwa zehn Meter hohen Baumstamm ist ein riesiger Kranz aus Reisig befestigt. An den Enden des Kreuzes werden ebenfalls Reisigbündel gebunden, die so genannten Quasten. Der archaische, beinahe naturreligiös anmutende Brauch hat sich bis heute erhalten.

Am Pfingstmontag werden gegen 3 Uhr früh die etwa 150 Dorfbewohner geweckt, um gemeinsam beim Sonnenaufgang den alten Kranz der Queste, die schützend und in einer gleichsam segnenden Geste über einer den Ort überragenden Steilwand steht, abzunehmen. Das alte Reisig wird verbrannt und am Nachmittag wird der Kranz und die Quasten aus frischem Birkengrün erneuert. Die gotische Chorturmkirche und die geschnitzte überlebensgroße Figur des „Roland" sind sehenswert im Rahmen unseres Rundweges um Questenberg (Tourenvorschlag 3).

Queste im Rauhreif.

Wanderung Questenberg

Das Josephskreuz auf dem Auerberg – ein „Eiffelturm" im Südharz

Mit einem unvergesslichen Panoramablick auf den Kyffhäuser, das Biosphärenreservat und die Harzhöhen wird – günstige Wetterlage vorausgesetzt – der Aufstieg auf die höchste Erhebung im Kreis Mansfeld-Südharz belohnt. An der Straße von Breitenstein nach Schwenda erhebt sich der 580 m hohe „Große Auerberg".

Auf seinem Gipfel steht eines der bedeutendsten technischen Bauwerke des 19. Jahrhunderts - das Josephskreuz. Das als Aussichtsturm genutzte eiserne Doppelkreuz ist das größte der Welt und überragt weithin sichtbar den Wald. Vorgänger der heutigen Eisenkonstruktion war ein gotisches Doppelkreuz aus Holz. Es entstand 1834 nach Entwürfen von Karl Friedrich Schinkel, wurde aber 1880 vom Blitz getroffen und musste abgerissen werden. Das heutige Bauwerk stammt aus dem Jahr 1896 und entstand in Anlehnung an den Entwurf Schinkels. Es wird, typisch für jenes Ingenieursprinzip im Stahlbau, nach dem zur Pariser Weltausstellung 1900 auch der Eiffelturm entstand, durch 100.000 Nieten zusammengehalten.

Das Josephskreuz im Winter

Kunstteich und Pingen – authentische Bergbauzeugen aus alter Zeit

Rekonstruktion Altschacht

Bereits vor 3000 Jahren in der Bronzezeit begann der Bergbau im Harz und prägte immer wieder das Leben der Menschen, ihre Mythen und Märchen wie auch das Landschaftsbild. Das Märchen von Schneewittchen und den sieben Zwergen etwa geht auf eine schöne Fürstentochter aus dem Waldecker Land zurück und knüpft dabei an finstere und elende Verhältnisse an, an Kinderarbeit und Plackerei in 40 cm messenden Flözen.

Ökologische Probleme und Katastrophen durch Raubbau und Menschen gemachte Faktoren sind keineswegs der Industrie- oder Nuklearepoche vorbehalten. Mehrfach stand der Harz aufgrund des Bergbaus, dessen massiven Holzeinschlags und einer mit dem Bergbau verbundenen Fichten-Monokultur kahl.

Die Bergleute im Harz entwickelten bereits im Mittelalter das berühmte technische System der Wasserwirtschaft der „Künste", so etwa das „Oberharzer Wasserregal". Zu jener Zeit entstand auch das im Bergbaulehrpfad und im Museum des Röhrigschachts Wettelrode anschaulich dokumentierte, System der Kraftgewinnung und -übertragung. Rein mechanisch, von Wasserkraft gespeist, erscheint es aus heutiger Sicht immer noch hoch spannend als ein Beleg aus der Zeit vor der Entdeckung und Nutzung von Dampfkraft und Elektrizität.

Das Bergbaumuseum auf dem Röhrigschacht in Wettelrode und der Bergbaulehrpfad (siehe Erlebnistour 4) zeigen einerseits die historische Dimension der 800jährigen Bergbaugeschichte vor Ort, und schlagen dazu die Brücke bis zum Ende der industriellen Nutzung in den 1990er Jahren. Wir sehen in unmittelbarer Nachbarschaft nicht nur die Spuren mittelalterlicher Schürflöcher, den „Pingen", und frühe Schächte, sondern es geht nach einer Seilfahrt bis in 280 m Tiefe unter Tage zum Abbau des Kupferschiefers im 19. und 20. Jahrhundert. Das Fördergerüst zählt zu den ältesten noch betriebenen Stahlfördergerüsten in Europa.

INFORMATIONEN

Verwaltung des Biosphärenreservats
Karstlandschaft Südharz
Hallesche Str. 68a
06536 Südharz OT Roßla
Tel. 034651 / 298890
Fax 034651 / 2988999
bioressh@lvwa.sachsen-anhalt.de
www.bioreskarstsuedharz.de

Die Ausstellung im Verwaltungsgebäude des Biosphärenreservates ist von Montag bis Freitag von 7:00 Uhr bis 16:00 Uhr zu besichtigen. Auf Wunsch kann auch ein anderer Besichtigungszeitraum vereinbart werden.
Das Biosphärenreservat und seine Partnerorganisationen stellen über das Jahr eine Vielzahl von Vorträgen, Ausflügen, Wanderungen und Festen auf die Beine. Man arbeitet mit festen Partnern zusammen, etwa mit der AWO in der „Alten Dorfschule", dem Gäste- und Jugendhaus der AWO in Hainrode, finden über das Jahr verteilt. Umweltbildungsveranstaltungen statt. Beispielsweise das „Haselmaus-Camp", immer im September. Oder Fledermauscamps, wie das „Nymphenfledermaus-Camp" oder das „Karst-Camp" im Jugendwaldheim Wildenstall.
Geführte Sonntagswanderungen (geologische Wanderungen, Vogelstimmenwanderungen, botanische Wanderungen usw.) erfreuen sich stetig wachsender Beliebtheit. Spezielle Angebote wie Fachexkursionen oder für Lehrerfortbildungen werden gern angenommen. Auch mehrtägige Aktionen wie der „Reitersommer", die „Sangerhäuser Wandertage" oder das „Karst-Camp" werden in eigener Regie oder in Zusammenarbeit mit regionalen Partnern inzwischen regelmäßig durchgeführt.
Exkursionen bzw. Unterrichtsstunden werden zu verschiedenen Themen angeboten: „Wandern im Biosphärenreservat – die Natur aktiv erleben".
Auf einer geführten Wanderung werden die Sehenswürdigkeiten der Südharzer Karstlandschaft vorgestellt. Neben typischen Karsterscheinungen, wie z.B. Bachschwinden, Abrissspalten und Erdfällen, bekommt der Wanderer die Natur entlang des Weges erläutert. Andere Themen sind „Die Natur im Frühling – Frühjahrserwachen im Biosphärenreservat", „Tiere im Biosphärenreservat". Zum „Leben im Wasser – Entdeckungsreise an Bach und Teich" geht es mit Becherlupen, Eimer und Kescher raus in die Natur. Tiere und Pflanzen in und um die Gewässer werden bestimmt und erläutert.

JUGEND- UND GÄSTEHAUS „ALTE DORFSCHULE"

AWO-Kreisverband Mansfeld-Südharz e.V.
Jugend- und Gästehaus „Alte Dorfschule"
Hainröder Hauptstraße 20
06536 Südharz/OT Hainrode
Tel./Fax 034656 / 31983
www.awo-sangerhausen.de/
Schullandheim

Die ehemalige Dorfschule Hainrode wurde 1998 vom AWO-Kreisverband Sangerhausen zum Jugend- und Gästehaus umgebaut und bietet ideale ganzjährig nutzbare Bedingungen, um „Schule im Freien" durchzuführen.

In sieben Zimmern - jeweils mit Dusche und WC - können 29 Gäste untergebracht werden.
Während der Schulzeit wird das Haus vorwiegend als Schullandheim genutzt, steht aber auch anderen Nutzern zur Verfügung. Durch die Ausstattung des Hauses können Sportgruppen, Chöre, Orchester und jegliche andere Gruppen beherbergt werden. Die Gäste werden auf Wunsch vom AWO Kreisverband voll verpflegt, da der über eine zentrale Küche im Pflegeheim in Sangerhausen verfügt. Für Gästegruppen hat die AWO detaillierte drei- und viertägige Programme ausgearbeitet, wie man den Südharz mit seinen vielen verschiedenen Gesichtern kennen lernen und erforschen kann.

STADT STOLBERG, TOURIST-INFORMATION

Markt 2
06536 Südharz, OT Stolberg (Harz)
Tel. 034654 / 454
www.stadt-stolberg.de
Öffnungszeiten
Mo–Fr 9–12.30 Uhr und 13–17 Uhr,
Sonnabend, Sonn- und Feiertag
10–12 Uhr und 13–15 Uhr

KARSTWANDERWEG UND HARZER WANDERNADEL

Der Karstwanderweg ist einer der schönsten Wanderwege Deutschlands und erschließt mit über 250 km Wegstrecke, davon 42 km im Biosphärenreservat, die einzigartige Naturlandschaft in den Landkreisen Osterode am Harz (Niedersachsen), Nordhausen (Thüringen) und Mansfeld-Südharz (Sachsen-Anhalt).
Einen vergnüglichen Anreiz, den Harz insgesamt zu erwandern, bietet die „Harzer Wandernadel". Um die verschiedenen Abzeichen der Wandernadel zu erwerben, wird ein Wanderpass benötigt, der in vielen Tourismus- und Kureinrichtungen und im Onlineshop von www.harzerwandernadel.de zu bekommen ist.
Im Pass – namentlich ausgestellt und nicht übertragbar – sammelt man die Stempel für die Wanderabzeichen der verschiedenen Leistungsstufen. Der Erwerb der Wanderabzeichen ist nicht zeitgebunden, das Sammeln der Stempel kann sich also auch auf mehrere Jahre erstrecken – ganz nach den persönlichen Möglichkeiten.
Die Stempelstellen finden sich an 222 Plätzen im Harz: bei Waldgaststätten, Schutzhütten und an interessanten Aussichtspunkten, geologischen Besonderheiten und historischen Stätten. Die Stempel befinden sich gut erkennbar in wetterfesten dunkelgrünen Stempelkästen. Für die höchste Auszeichnung „Harzer Wanderkaiser" muss man alle 222 Stempel der Wandernadel sammeln. Aufgabe ist es dabei, Stempel unterschiedlicher Stempelstellen zu sammeln. Jede Stempelstelle wird daher nur einmal

gezählt und auch nur einfach für jedes Leistungsabzeichen gewertet. Die bereits gesammelten Stempel werden jedoch für das nächst höhere Abzeichen angerechnet.
Da sich die Strecken zwischen den einzelnen Stempelstellen in Länge und Schwierigkeitsgrad unterscheiden, ist die „Harzer Wandernadel" nicht nur ein Angebot für ambitionierte Wanderer, sondern auch für Familien oder Senioren. Gerade Kinder lassen sich von der Stempeljagd schnell begeistern und begleiten so die Eltern oder Großeltern gern auf Stempeltouren.

STEMPELSTELLEN IM BIOSPHÄRENRESERVAT

- Bauerngraben (oberhalb episodischer See), Breitungen
- Höhle Heimkehle, Uftrungen
- Schaubergwerk Röhrigschacht und Kunstteich, Wettelrode
- Hunrodeiche, Hainfeld / Stolberg
- An der Queste, Questenberg
- Josephshöhe (Auerberg), Stolberg
- Moltkewarte (Aussichtsturm), Lengefeld
- Dicke Buche, Hayn/Dankerode

ÖPNV MIT BUS UND BAHN ZWISCHEN WIPPER UND SELKETAL

Vom Verkehrsknotenpunkt Wippra sind Rundum-Anschlüsse für die beliebten harztypischen Angebote der Privatbahn „Wipperliese", der historischen, dampflok-nostalgischen Selketalbahn sowie der Buslinien zur Rosenstadt Sangerhausen (Buslinie VGS-498) bzw. zur Welterbestadt Quedlinburg (Buslinie QLB-32) möglich. An weiteren Schnittpunkten können Sie zum Bahnnetz der Deutschen Bahn AG und Veolia Sachsen-Anhalt sowie zur Brockenverbindung der Harzer Schmalspurbahnen GmbH umsteigen. Mit der Verbundkarte „WiSel-Card" können Sie im Harz an einem Wochenend- oder Feiertag die Angebote der Wipperliese, der Selketalbahn und zweier Buslinien in Anspruch nehmen.

Die „WiSel-Card" gilt auf folgenden Bahnstrecken, Buslinien und Relationen in jeweils beiden Fahrtrichtungen:

- Helbra - Klostermansfeld - Vatterode - Wippra
- Burgenlandbahn/Kreisbahn Mansfelder Land; KBS 337 – „Wipperliese"
- Quedlinburg - Gernrode - Alexisbad - Harzgerode
- Harzer Schmalspurbahnen GmbH; KBS-333
- Sangerhausen - Wippra
- (Verkehrsgesellschaft Südharz mbH; Buslinie VGS-498)
- Quedlinburg - Quarmbeck - Bad Suderode - Gernrode - Mägdesprung - Alexis bad - Harzgerode - Königerode
- Popperode - Wippra
- Q-Bus Nahverkehrsgesellschaft mbH Ballenstedt

Jährlich, an einem Wochenende im August, startet eine „48 Stunden Tour zwischen Südharz und Kyffhäuser". Die länderübergreifende Aktion bündelt touristische Angebote und Veranstaltungen auf einer Entdecker-Bus-Rundreise.

WANDER- UND RADKARTEN

Wandern und Radfahren im Biosphärenreservat Karstlandschaft Südharz
Maßstab 1:25.000,
ISBN 978-3-86973-019-6
Preis 4 €, Erscheinungsjahr 2010,
Hrsg. Kartographische Kommunale Verlagsgesellschaft mbH
Am Alten Tor 7 b
99734 Nordhausen
service@kk-verlag.de
www.kk-verlag.de

Rad- und Wanderkarte
Südharz und Kyffhäuser
Maßstab 1:50.000,
ISBN 978-3-89920-318-9,
Preis 3,65 €,
Hrsg. Publikationsgesellschaft mbH
Mühlenstr. 11, 59590 Geseke
info@publicpress.de
www.publicpress.de

Rad- und Wanderkarte
Sangerhausen Lutherstadt Eisleben
Mansfelder Land Südharz
Maßstab 1:50.000,
ISBN 978-3-89920-408-7,
Preis 3,65 €
Hrsg. Publikationsgesellschaft mbH
Mühlenstr. 11
59590 Geseke
info@publicpress.de
www.publicpress.de

Streuobstwiesen bieten auch im Herbst einen schönen Anblick

ERLEBNISTOUREN – WANDERN

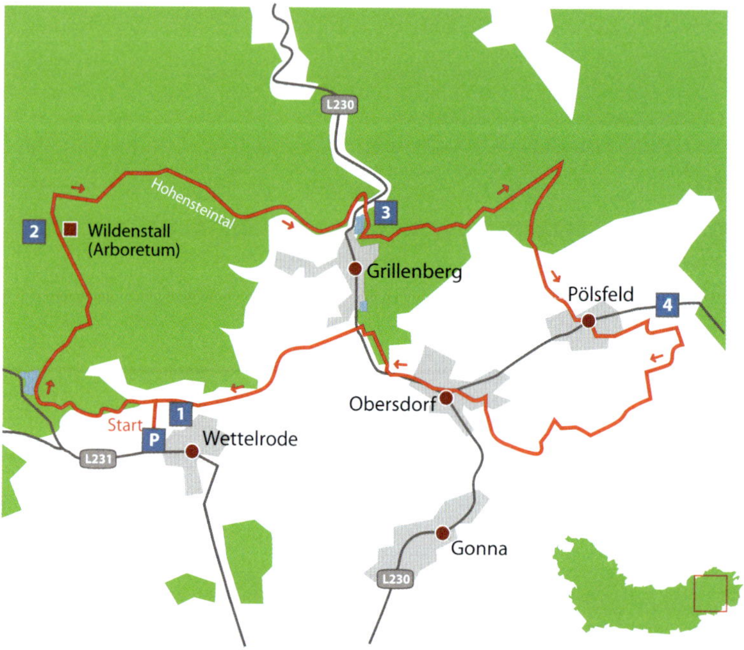

Lage der Tour

TOP-TOUR

1. Über Berg und Tal, durch Wiesen und Wälder im Biosphärenreservat

Länge: ca. 15 Kilometer
Dauer: Tagestour
Schwierigkeitsgrad: mäßig
Beginn der Wanderung: Parkplatz Bergbaumuseum Röhrigschacht in Wettelrode
Verlauf: Parkplatz Bergbaumuseum Wettelrode – Bergbaulehrpfad (Teilstück) – Kunstteich Wettelrode – Jugendwaldheim Wildenstall (Arboretum) – Hohesteintal – Grillenberg (Informationsstand Biosphärenreservat am Hotelparkplatz) – Freibad Grillenberg - Ruine Grillenburg – Hohe Linde – Birnbaum (Sitzraufe) – Pölsfeld – Barbaraschacht – Karstwanderweg – Obersdorf – Klippmühle – Kalmusgrund – Wettelrode (ND Alte Linden) - Parkplatz Bergbaumuseum Wettelrode

Tourenbeschreibung:
Die Tageswanderung erschließt den östlichen Bereich des Biosphärenreservates mit seiner vielfältigen Flora und Fauna sowie vielen geologischen und kulturhistorischen Aspekten.

Sie beginnt und endet als Rundwanderung in Wettelrode am Bergbaumuseum und Bergbaulehrpfad mit seinen anschaulichen Informationen zum Kupferschieferbergbau (1).

Am Höhenweg

Der Kunstteich Wettelrode lockt als landschaftliches Kleinod mit einem Gasthaus, im Sommer mit einer Bademöglichkeit, doch es geht weiter zum Hackeroder Berg durch Wälder und Täler der südöstlichen Harzabdachung. Am Jugendwaldheim Wildenstall besuchen wir das Arboretum mit seltenen Baumarten (2); im Hohesteintal, einem für den Südharz typischen Landschaftsausschnitt, können wir die Ruhe genießen, am Cuxloch eine kleine Felsenhöhle erkunden.

In Grillenberg gibt es einen Informationsstand zum Biosphärenreservat am Hotelparkplatz, auch hier im Sommer eine Bademöglichkeit im Waldbad (3). Auch ein Besuch der Ruine Grillenburg bietet sich an. Über Hohe Linde, Birnbaum (Rastmöglichkeit an einer Hirschraufe im Wald); Pölsfeld (Gaststätte, Kirche, sehr schöne Lage eingebettet in Wiesen, Wälder und Zeugen des Kupferschieferbergbaus) führt der Wanderweg durch typische Wald- und Wiesenlandschaften und teilweise an der Kernzone des Biosphärenreservates entlang.

Wir folgen im weiteren Verlauf dem Karstwanderweg zum Barbaraschacht mit Aussichtspunkt und Rastmöglichkeit auf einer Kupferschieferhalde (4). Über Obersdorf mit ebenfalls sehenswerter Kirche und alten Lindenbäumen geht es zurück nach Wettelrode und seine als Naturdenkmal ausgezeichnete Dorflinde.

ERLEBNISTOUREN – WANDERN

2. Der rätselhafte Bauerngraben

Länge: ca. 6 Kilometer
Dauer: ca. 2,5 Stunden
Schwierigkeitsgrad: mäßig
Tourenbeschreibung:
Ganz der landschaftlichen Vielgestaltigkeit im Naturraum Karstlandschaft gewidmet und bequem an einem Nachmittag zu bewältigen ist der Rundweg um den geheimnisvollen Bauerngraben mit seinem rätselhaften Phänomen des „episodischen Sees". Die Wanderung beginnt und endet am Parkplatz östlich der Strasse von Agnesdorf nach Roßla. Ziel ist der episodische See „Bauerngraben". Dabei handelt es sich um ein Karstschwindenbecken, in dem sich in unregelmäßigen Abständen und Perioden Wasser zu einem ca. 3,5 Hektar großen See anstaut, der jedoch auch in kürzester Zeit wieder verschwunden sein kann. Diese einmalige Erscheinung erklärt sich durch die unsteten Erosions- und

Bodenverhältnisse. Nach starken Regenfällen können die Schwundlöcher des Glasebachs durch Pflanzenreste, Lehm und Geröll verstopft sein und die sumpfige Talwiese wandelt sich zu einem See, der für Wochen, Monate oder gar Jahre besteht und dann sehr plötzlich wieder verschwindet.

Auf dieser Wanderung lernt man weitere typische Karsterscheinungen wie Erdfälle, Abrissspalten und Gipsbuckellandschaften kennen. Der Weg führt durch zwei Flächen der besonders geschützten Kernzone des Biosphärenreservates, Laub- und Nadelmischwald der sich in Zukunft zu einem Naturwald entwickeln wird.

Dabei folgen wir auf einem Stück des Karstwanderweges, der mit einem roten Balken und einem K darin gekennzeichnet ist.

Die Wanderung richtet sich nach Stand des Wassers im Bauerngraben. Wenn er leer ist, kann man auf einem Rundweg den Zufluss überqueren und den Aufstieg zur Felswand von Westen her vornehmen. Ist das Becken gefüllt, muss man den Aufstieg von Osten her vornehmen.

Vom Parkplatz aus bietet sich die Möglichkeit, auf einem Lehrpfad durch eine Streuobstwiese Wissenswertes zu diesem für den Südharz typischen Lebensraum zu erfahren.

Blick auf den Bauerngraben

ERLEBNISTOUREN – WANDERN

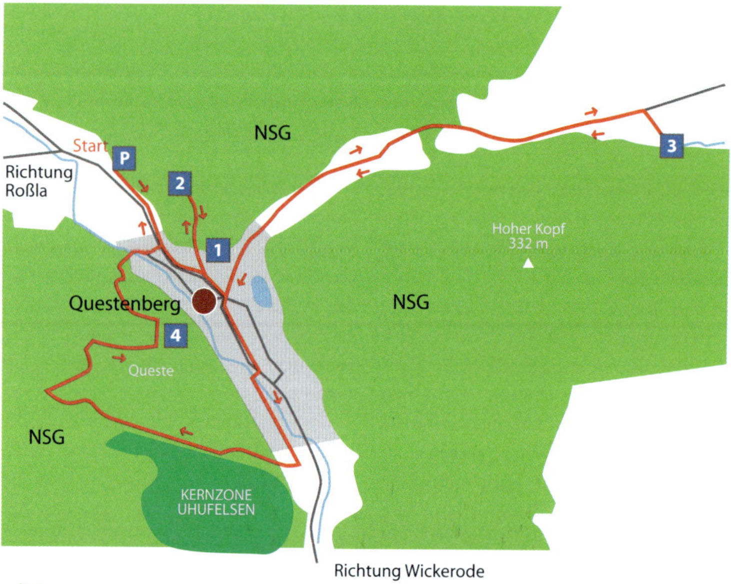

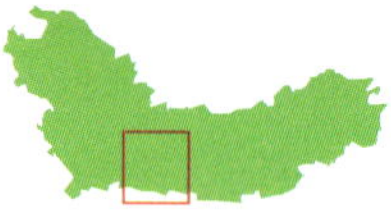

Lage der Tour

3. Rund um Questenberg

Länge: ca. 4,5 bzw. 6,5 km
Wanderzeit: ca. 2–3,5 Stunden
Schwierigkeitsgrad: nicht ganz einfach (Steigungen zu zwei Aussichtspunkten)
Tourenbeschreibung:

Unser Weg beginnt und endet am Parkplatz nord-westlich der Ortschaft Questenberg. Die Wanderung um den beschaulichen Ort führt durch einen der schönsten Ausschnitte der Südharzer Gipskarstlandschaft, gelegen im Durchbruchstal des Flüsschens Nasse; umrahmt von steilen Gipsfelsen. Die Wanderung erschließt die Naturphänomene zahlreicher typischer Gipskarst-Erscheinungen wie Auslaugungs- und Durchbruchstal, Alabasterkugeln, Gipsbuckellandschaften und Gipsfelswände.

Vom Parkplatz aus laufen wir in den Ort hinein, bis uns der farbenfrohe hölzerne Roland unter der Dorflinde begrüßt. Neben der gotischen Chorturmkirche St. Mariae Geburt (1) führt für denjenigen, der den steilen Aufstieg

Queste

zur Ruine der Questenburg (2) nicht scheut, ein schmaler Pfad auf die Bergkuppe. Dort beeindrucken imposante Mauerreste, insbesondere der Torbogen, Turm und noch gut erhaltene Befestigungsmauern, sowie der grandiose Ausblick auf das enge Tal und den gegenüber liegenden Questenfelsen mit der mythischen Landmarke der Queste.

Wieder unten im Dorf am Roland angekommen, können wir zur Dinsterbachschwinde (3) einen Abstecher wagen - etwa 1 km nord-östlich des Ortes gelegen, verschwindet das Wasser des kleinen Harzbaches geheimnisvoll in einer beeindruckenden hohen Felswand. Von dort müssen wir zurück ins Dorf und folgen nun dem Weg im Talgrund bis zum Ortsausgang Richtung Wickerode und dort den Schildern zum Questenberg rechts den Berg hin auf bis zur Queste (4). Der steile Aufstieg überwindet 80 Höhenmeter und belohnt uns mit einem unvergesslichen Ausblick vom Felsen hinunter nach Questenberg und nach Norden über die ausgedehnten Wälder des Südharzes hinweg.

Der Questenkranz steht im Mittelpunkt eines jährlich zu Pfingsten stattfindenden Spektakels, dem Questenfest.

Der Abstieg ins Dorf schlängelt sich auf dem direkteren Treppenweg talwärts. In jedem Fall ist sportliches Schuhzeug bzw. solides Wanderschuhwerk empfohlen.

ERLEBNISTOUREN – WANDERN

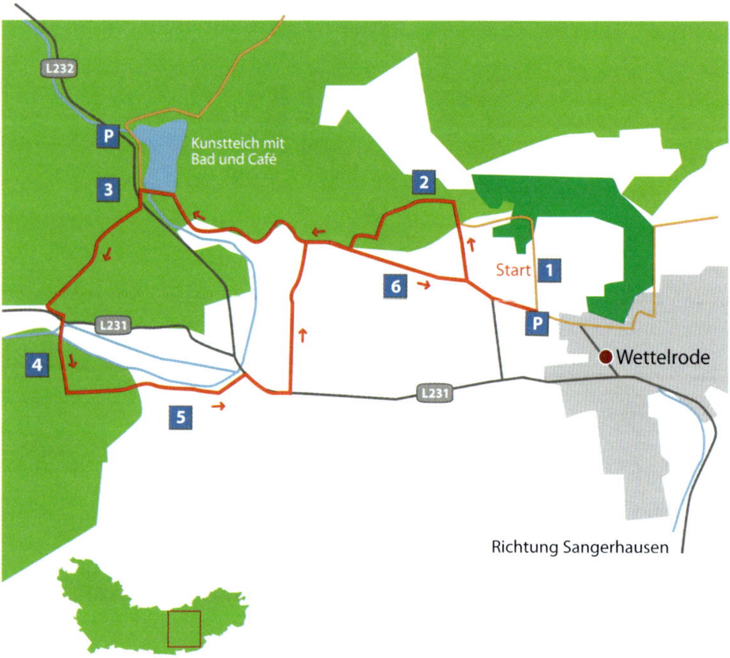

Lage der Tour

4. Historischer Bergbaulehrpfad Wettelrode

Länge: 1,5 bzw. 5 km
Wanderzeit: 0,5–2 Stunden
Schwierigkeitsgrad: leicht
Tourenbeschreibung:

Der Bergbaulehrpfad, der am Bergbaumuseum (1) beginnt, wurde durch den Sangerhäuser Bergarbeiterverein errichtet und wird durch ihn betreut. Der Pfad zeigt auf einer Gesamtlänge von etwa 5 km Zeugen der mehr als 800jährigen Bergbaugeschichte und ist als Rundweg ausgelegt.

Im „Kämpfer Revier“ (2) kann verfolgt werden, wie sich der Abbau in der flach nach Süden einfallenden Flözlagerstätte von über Tage aus in die Tiefe entwickelte. In einem Schürfgraben von 15 m Länge ist das Liegende, auf dem das Kupferschieferflöz lagert, bis zur Tagesoberfläche freigelegt worden.

Das Flöz hat eine Mächtigkeit von 35-40 cm und wurde vermutlich zunächst in einem Streifen von ca. 15 m Breite durch Abtragen bzw. Umschaufeln der Deckschichten gewonnen. Mit zunehmender Teufe mussten dann Schächte von geringer Teufe angelegt werden, um die herum der Abbau erfolgte, dem „Duckelbergbau“. Heute noch zeugen die, dicht an dicht im Wald sichtbaren, Grabespuren, die trichterförmigen „Pingen“ von dieser Arbeit.

Bergbaumuseum Röhrigschacht

Zwei ehemals verfüllte Schächte sind wieder hergestellt worden und zeigen die originale Situation unter Tage. Sie sind über eine Treppe zugänglich. Sichtbar sind hier auch die Reste eines „Wetterofens", mit dessen Kamineffekt damals die Frischluftversorgung für die umliegenden Abbaue verbessert wurde. Der Kupferschiefer wurde zu dieser Zeit bei einer Arbeitshöhe von max. 50 cm in liegender Stellung mit Keilhaue, Schlägel und Eisen herausgebrochen und mit einfachen Mitteln – Holzkübel und Seilhaspel, später auch im „Hunt" mit Rädern – zu Tage gefördert. Nach Besichtigung dieser Exponate kann man zum Bergbaumuseum zurückkehren. Der Besichtigungsweg ist etwa 1500 m lang.

Folgt man aber dem Wanderweg weiter in Richtung Kunstteich (3), so erreicht man am Teich, einer im 18. Jahrhundert entstandenen bergbaulichen Anlage zur Wasserversorgung der „Künste", die Bergbauobjekte des 18. und 19. Jahrhunderts und damit die bis etwa 100 m tiefen Schächte. Man kann die Reste der Kunstgräben zur Wasserversorgung der Schächte ebenso besichtigen wie ein mit diesem Wasser betriebenes Pochwerk. Der Begriff „Kunst" umfasst im vorindustriellen Bergbau alle maschinellen Einrichtungen zur Kraftübertragung für den Betrieb von Pumpen oder Förderanlagen.

Grenzsteine aus den Jahren 1741 bis 1786 markieren die Berggrenze (Amtsgrenze) zwischen dem Sangerhäuser Amtsbezirk (sächsisch) und der Grafschaft Mansfeld. Hier wird eine geologische Besonderheit berührt: Das Kupferschieferflöz tritt in einem kurzen Abschnitt fast senkrecht zu Tage. Der Lehrpfad führt weiter zur offenen Schachtröhre des „Alexander – Schachtes" (4), einem Lichtloch des Gonnaer Stollens, mit ca. 100 m Tiefe. Der Schacht ist in ovaler Form abgeteuft und in Trockenmauerung ausgebaut.

Vorbei an der Halde des „Johann-Schachtes" (5) und des Schachtes „Caroline" (6) führt der Bergbaulehrpfad zurück zum Röhrigschacht, von wo aus die Halden der jüngsten Schächte des Reviers, der Schächte Sangerhausen und Niederröblingen sichtbar sind. Sie produzierten bis 1990 und gehörten zu den modernsten Großschachtanlagen Europas.

Hat man den Röhrigschacht wieder erreicht, sind insgesamt etwa 5 km Wanderweg absolviert worden.

FREIZEIT & ERHOLUNG

Museen und Ausstellungen

Höhle Heimkehle

Die Schauhöhle Heimkehle ist die größte der etwa 200 bekannten Höhlen des Südharzer Karstes. Sie liegt in den Gemarkungen Uftrungen (Sachsen Anhalt), Urbach und Görsbach (Thüringen) ca. 1,5 km von der Gemeinde Uftrungen entfernt. Die Gesamtlänge beträgt etwa 2 km. Der für Besucher zugängliche Teil ist ca. 750 m lang. In der Höhle verläuft die Landesgrenze zwischen Sachsen-Anhalt und Thüringen.

Informationen
Schauhöhle Heimkehle
An der Heimkehle 1, 06536 Südharz OT Uftrungen
Tel. 034653 / 305
www.hoehle-heimkehle.de
Öffnungszeiten
Di–So 9.30–17 Uhr (Juni–Aug)
Mi–So 9.30–17 Uhr (Sep–Mai)

Bergbaumuseum und Schaubergwerk Röhrigschacht Wettelrode

Informationen
Bergbaumuseum und Schaubergwerk Röhrigschacht Wettelrode, Stadt Sangerhausen Lehde, 06526 Sangerhausen OT Wettelrode,
Tel. 03464 / 587816
Öffnungszeiten
Di–So 9.30–17 Uhr (Juni–Aug)
Mi–So 9.30–17 Uhr (Sep–Mai)
Führungen
Voranmeldungen empfehlenswert,
Dauer ca. 75 Minuten
Seilfahrtszeiten
10 Uhr, 11.15 Uhr, 12.30 Uhr, 13.45 Uhr und 15 Uhr

Museum Alte Münze Stolberg

Eines der schönsten Fachwerkhäuse Stolbergs, erbaut durch Bürgermeister Kilian Kessler 1535, beherbergt heute das Heimatmuseum. Schwerpunkt des Museums ist die einzig vollerhaltene historische Münzwerkstatt Deutschlands mit Geräten aus dem 14. bis 18. Jahrhundert.

Informationen
Museum Alte Münze Stolberg
Niedergasse 19, 06536 Gemeinde Südharz
OT Stolberg
Tel. 034654 / 85960
Öffnungszeiten
Fr, Sa, So, Feiertage:
10–12.30 Uhr und 13–17 Uhr

Altes Bürgerhaus Stolberg

Informationen
Rittergasse 14, 06536 Gemeinde Südharz
OT Stolberg
Tel. 034654 / 85955
Di 10–12.30 und 13–16 Uhr
Mi bis So, Feiertage
10–12.30 und 13–17 Uhr

Rüstungs- und Waffenschmiede Stolberg

Informationen
Verein für mittelalterliche Kunst-, Handwerks- und Schmiedetechnik der freien Ritterschaft zu Stolberg,
Rittergasse 11, 06536 Gemeinde Südharz
OT Stolberg
Tel. 0163 / 2980996
Sa, So, Feiertage 10–18 Uhr

Europa-Rosarium Sangerhausen

In den bedeutendsten Rosengarten der Welt mit ca. 250 seltenen Bäumen und Gehölzen auf einer Fläche von 12,5 ha in einer herrlichen Parkanlage kommen mehr als 100.000 Besucher jährlich und erfreuen sich an über 8.300 Rosensorten und -arten.

Informationen

Rosenstadt Sangerhausen GmbH
Gesellschaft für Kultur, Tourismus & Marketing
Am Rosengarten 2a
06526 Sangerhausen
Tel. 03464 / 572522
Fax 03464 / 578739
info@sangerhausen-tourist.de

Schauzeiten

vom 2. April-Wochenende bis Ende Okt geöffnet täglich von 10–18 Uhr;
im Mai und Sep von 8–19 Uhr;
von Juni bis Aug von 8–20 Uhr
Der Park ist ganzjährig, auch im Winter, zugänglich.

Spengler- Museum und Spengler-Haus

Das Spengler-Museum ist seit 1952 dasRegionalmuseum für Sangerhausen und Umgebung. Geologie, Naturkunde, Eiszeit, Ur- und Frühgeschichte und die Stadtgeschichte Sangerhausens sind die Themen des Museums, die in vielen alten und wertvollen Ausstellungstücken, Texten und Bildern präsentiert werden. Die Attraktion des Museums ist das Skelett des Steppenelefanten von Edersleben.

Informationen

Bahnhofstraße 33
06526 Sangerhausen
(Spengler-Museum)
Hospitalstraße 56,
06526 Sangerhausen
(Außenstelle Spengler-Haus)
Tel. 03464 / 573048
Di–So 13–17 Uhr

Museum Königspfalz Tilleda

Sehenswert ist auch das Freilichtmuseum Königspfalz Tilleda, ebenfalls in unmittelbarer Nachbarschaft zum Biosphärenreservat am Fuße des Kyffhäusergebirges gelegen. Es dokumentiert die Geschichte der im Jahre 972 urkundlich erwähnten Königspfalz und vermittelt einen umfassenden Einblick in das mittelalterliche Alltagsleben.

Informationen

Pfingstberg, 06537 Kelbra
Ortsteil Tilleda,
Tel. 034651 / 2923
Öffnungszeiten täglich
April–Okt 10–18 Uhr
Nov–März 10–16 Uhr
Winterpause von Dez–Feb

Besenbinderwerkstatt in Hainrode

Wir gewinnen Einblick in ein traditionsreiches Gewerbe, das einstmals in Hainrode bedeutungsvoll war.

Informationen

Schmiedeplatz
Alte Dorfschmiede,
06536 Gemeinde Südharz OT Hainrode,
Tel. 034651 / 30846
Besichtigung nach Absprache

Schlösser und Burgen

Schloss Stolberg

Das Schloss der Grafen von Stolberg beherrscht das Stadt- und Landschaftsbild weithin und wurde im 16. und 17. Jh. unter Verwendung älterer Teile errichtet, bau- und kunstgeschichtlich bedeutsam. Hier wurde vor 503 Jahren Juliana von Stolberg-Wernigerode (Skulptur auf der Schlossterrasse) geboren, Ahnfrau des Hauses Nassau-Oranien. Beatrix, Königin der Niederlande und Prinzessin von Oranien-Nassau ist eine direkte Nachfahrin. Umbauten erfolgten im 18. und 19. Jahrhundert. Unter der Obhut der Deutschen Stiftung Denkmalschutz laufen seit 2002 umfangreiche Restaurierungsarbeiten.

Informationen

Markt 2, 06536 Gemeinde Südharz OT Stolberg
Tel. 034654 / 454
www.stadt-stolberg.de
Sa, So und Feiertags 11–17 Uhr

Burgruine Questenberg

Die Ruine liegt auf dem Burgberg bei Questenberg, auf der Nordseite des Dorfes Questenberg. Höhenburg, Mitte des 13. Jh. durch die Hohnsteiner Grafen erbaut. Ab dem 15. Jahrhundert nur noch Objekt der Verpfändung, hatte die Questenburg letztmalig im 30-jährigen Krieg eine Besatzung, seither wüst. Sie gilt als eine der am besten erhaltenen und sehenswerten Burgruinen der Region.

Burgruine Altmorungen

Nur wenige Mauerreste künden von dieser Burg, die in der ersten Hälfte des 11. Jh. errichtet worden ist. Ab 1170 gilt sie als Reichsgut des Kaisers Friedrich I. und um 1200 ist die Burg wahrscheinlich zu Gunsten der neuen Morungsburg aufgegeben worden. Sehr wahrscheinlich Geburtsstätte des Minnesängers Heinrich v. Morungen (um 1150–1220)!

Burgruine Neumorungen

Sie war größer als Altmorungen und wurde vermutlich um 1200 errichtet. Die erste urkundliche Erwähnung der Burg erfolgte 1266. Zunächst Reichsburg, kam sie um 1290 in den Besitz eines lokalen Burggrafengeschlechtes. Von da ab häufiger Wechsel der Besitzer. Zur Zeit der Reformation (um 1539) verfiel die Burg. Im Jahr 1635 kam die Burg an den Feldmarschall Ernst Albrecht v. Eberstein, dessen Familie die Burg bis 1945 gehörte. Sehenswert ist der noch teilweise erhaltene Bergfried in schöner Lage.

Burgruine Grillenburg

Östlich Grillenbergs auf dem Schlossberg erhebt sich ein bemerkenswerter kastellartiger Hauptbau mit rondellartigen Ecktürmen aus dem 13. Jahrhundert, historisch und architektonisch eine der interessantesten Burgen der Region, 1583 wird die Burg als „wüst“ erwähnt.

Neue Morungsburg

Kirchen

Die Ortschaften im Biosphärenreservat beheimaten kleine Kirchen, deren Turm oft aus dem Mittelalter stammt, während die Kirchenschiffe meist im 18. Jahrhundert., als die Region durch Bergbau und die Verarbeitung von Metallen wohlhabend war, im Stil der Zeit ausgebaut worden sind.

Stolberg – St. Martini
Die kulturgeschichtlich bedeutsame Kirche weist Stilmerkmale von der romanischen Entstehungszeit über die Spätgotik und dem Barock bis zum Klassizismus auf. Bemerkenswert ist die reichhaltige Innenausstattung, die teilweise in vorreformatorische Zeiten zurück reicht.

Schwenda – St. Cyriaci et St. Nicolai
Das bedeutsame barocke Bauwerk des Stolberger Baumeisters Friedrich Penther aus den Jahren 1736 bis 1738 gilt vielfach als „kleine Schwester" der Dresdner Frauenkirche. Die Innenausstattung ist ebenfalls in barockem Stil; bemerkenswert die Kuppelausmalung sowie der Kanzelaltar von 1695.

Questenberg – St. Mariae Geburt
Die kleine Kirche ist malerisch am Berghang gelegen. Der Chor und das Zellengewölbe sind im gotischen Baustil errichtet, was den Chorraum kultur- und kunstgeschichtlich bedeutsam in der Region macht. Das Langhaus ist im Jahr 1781 neu errichtet worden.

Pölsfeld – St. Moritz
Durch den um 1725 erfolgten Neubau der Kirche ist das Erscheinungsbild einheitlich barock. Von der Innenausstattung sind bemerkenswert: eine Orgel des berühmten Orgelbaumeisters Zacharias Hildebrandt aus dem Jahr 1728, ein Kanzelaltar von 1730 und zwei mittelalterliche Glocken. Die kleine Dorfkirche erstrahlt heute nach ihrer umfassenden Renovierung in neuem Glanz.

Freizeitbäder

Stausee Kelbra
Lange Str. 150, 06537 Kelbra
Tel. 034651 / 582041
www.stausee-kelbra.de

Waldbad Grillenberg
Harzstr.70, 06526 Sangerhausen
Tel. 03464 / 582041

Freibad Berga
Damm 7, 06536 Berga
Tel. 034651 / 5320

Kiesgrube Roßla
Wilhelmstr. 4, OT Roßla, 06536 Südharz
Tel. 034651 / 3890

Kunstteich Wettelrode
Stadt Sangerhausen
Tel. 03464 / 5650
www.kunstteich.de

Freizeitbad Thyragrotte
Stadt Stolberg
Tel. 034654 / 92110
www.stadt-stolberg.de

LEIB & SEELE

Landschafts- und Streuobstpflegeverein Kyffhäusernordrand e.V.
Bereits seit dem frühen Mittelalter wurden zur Versorgung der Königspfalz Tilleda Äpfel, Birnen, Süßkirschen und Pflaumen angebaut. Der Sortengarten Tilleda dient auf 3,4 ha der Bewahrung dieser Vielfalt, die als wertvolle Genressource und als Kulturgut erhalten werden soll. Der Verein bietet in Zusammenarbeit mit der Verwaltung des Biosphärenreservats Seminare zur Sortenbestimmung für Kirschen, Äpfel, Birnen, Pflaumen, Obstbaumschnitt und Standortwahl an. Ein Laden, eine Gaststube und ein Kirschcafe laden mit regionalen Köstlichkeiten zum Stöbern und Verweilen ein.

Informationen
Landschafts- und Streuobstpflegeverein
Kyffhäusernordrand e.V.
06537 Kelbra/OT Tilleda
Tel. 034651 / 90285
Hofladen: Di–So 10–17 Uhr
Kirschkuchenfest – jeden 1. Sonntag im Juli

Mobile Mosterei in Tilleda

Fleischerei Agrargenossenschaft Gonnatal/Leinetal e.G.
Zwischen Pölsfeld und Hainrode, inmitten von Naturschutzgebieten, weiden die Tiere der Genossenschaft auf Grünlandflächen, Halbtrockenrasen und Streuobstwiesen. Weiträumige Koppelhaltung mit häufigem Umtrieb hält den Bestand gesund und das zukünftige Fleisch zart. Die Südharzer Karstlandschaft wird durch den Weidebetrieb gepflegt und erhalten, was sich nicht zuletzt im Wohlbefinden der Tiere widerspiegelt. In der genossenschaftlichen Fleischerei wird das Vieh nach Bedarf geschlachtet und zu Fleisch und Wurst verarbeitet.

Informationen
Fleischerei Agrargenossenschaft
Gonnatal/Leinetal e.G.
Linke Gasse 1, 06526 Sangerhausen,
OT Gonna
Tel. 034654 / 58120

Öffnungszeiten
Di, Do, Fr 9–12 Uhr und 15–18 Uhr,
Sa 8–11 Uhr

Museums- und Traditionsbrauerei Wippra
Seit 1480 wird im nahe gelegenen Städtchen Wippra Bier gebraut und diese über 500 jährige Brautradition lebt in der Museums- und Traditionsbrauerei Wippra fort. Dort produziert man im historischen Sudhaus vollmundige Biersorten wie das Original Wippraer Pils, die stärkeren aromatischen Sorten Wippraer Schwarzbier, Wippraer Bockbier, das Mansfelder Kupferbier und als Krönung den „Wippraer Wipprator", ein Doppelbockbier zu besonderen Anlässen und Edelspezialität des Hauses.

Nur einmal im Jahr entstehen nicht mehr als 1.000 Liter, die hinter den Toren des alten Eiskellers lagern und nur auf Bestellung in Flaschen gefüllt werden. Jedes Flaschenetikett wird mit einer Nummer versehen. Der Wippator (Alkohol: 9,5%, Stammwürze: 20,5%!)

ist nur in der Brauerei selbst zu erhalten. Abgefüllt wird in einer 1 l Siphon Flasche. Die Wippraer Bier gibt es in klassischen Bügelflaschen und nostalgischen Holzkisten zu kaufen. Die Museumsbrauerei bietet auf Anfrage ganzjährig spezielle Führungen, Braukurse und in der Braugastronomie hausgeschlachtete Spezialitäten.

Informationen

Museums- und Traditionsbrauerei Wippra
Bottchenbachstraße 1
06526 Sangerhausen/OT Wippra
Anmeldung unter
Tel. 034775 / 20205
www.wippraer-bier.de

Stolberger Keksfabrik FRIWI Witte

Die Spezialfabrik für Keks, Lebkuchen, Zwieback und Waffeln wurde 1891 von Friedrich Wilhelm Witte gegründet. Im Stammhaus in der Niedergasse (erbaut um 1500) backt man Köstlichkeiten wie den „Sultanzwieback" aus geröstetem Eierbiskuit mit Sultaninen gefüllt, der auch halbseitig mit Schokolade überzogen wird. Oder die „Harzer Perle", ein kugeliges Biskuitgebäck mit Schokoladenüberzug, gefüllt mit Nougatmasse oder den „Hexensplitter", einen Keks aus gerösteten Mandelsplittern mit Schoko-Kuvertüre. Dazu Stollen, Spekulatius und vieles mehr.

Informationen

FRIWI-WERK
Niedergasse, 06536 Gemeinde Südharz, OT Stolberg
Tel. 034654 / 5 02
www.friwi.de (mit online-Shop)

Südharzer Forellenzucht

Edelforelle, Süßwasser- und Seefisch frisch und geräuchert, Räucherfischplatten und gebackene Forellen auf Bestellung.

Informationen

06536 Südharz/OT Wickerode
Tel. 034651 / 2706
Hofladen
Mo–Fr 9.30–18 Uhr,
Sa 9.30–13 Uhr

Wippraer Wildspezialitäten

Frisches und gefrostetes küchenfertiges Wildfleisch, Wildwurstwaren, Wildfertigprodukte

Informationen

Poststr. 31, 06526 Sangerhausen/OT Wippra
Tel. 034775 / 20246
Verkaufsstelle vor Ort
Öffnungszeiten bitte telefonisch erfragen

Ökohof Familie Tuch

Kräutertee, Gewürze, Pflanzenöle und -seifen, Getreide, Mehl, Kräutersalze, Liköre

Vorwerk Heygendorf, 06268 Ziegelroda
Tel. 03466 / 742612
Hofladen ist jeden Samstag von 8–16 Uhr geöffnet und nach Vereinbarung.
www.oekohof-tuch.de

„Echtschaaf" Holzspielzeug

Einzigartiges, handgefertigtes Spielzeug aus einheimischen Hölzern und speichelechten Farben.

Informationen

Andreas Schaaf
Bergstr. 37, 06536 Berga
Tel. 034651 / 53434
Verkauf
jeden Mittwoch von 16–19 Uhr

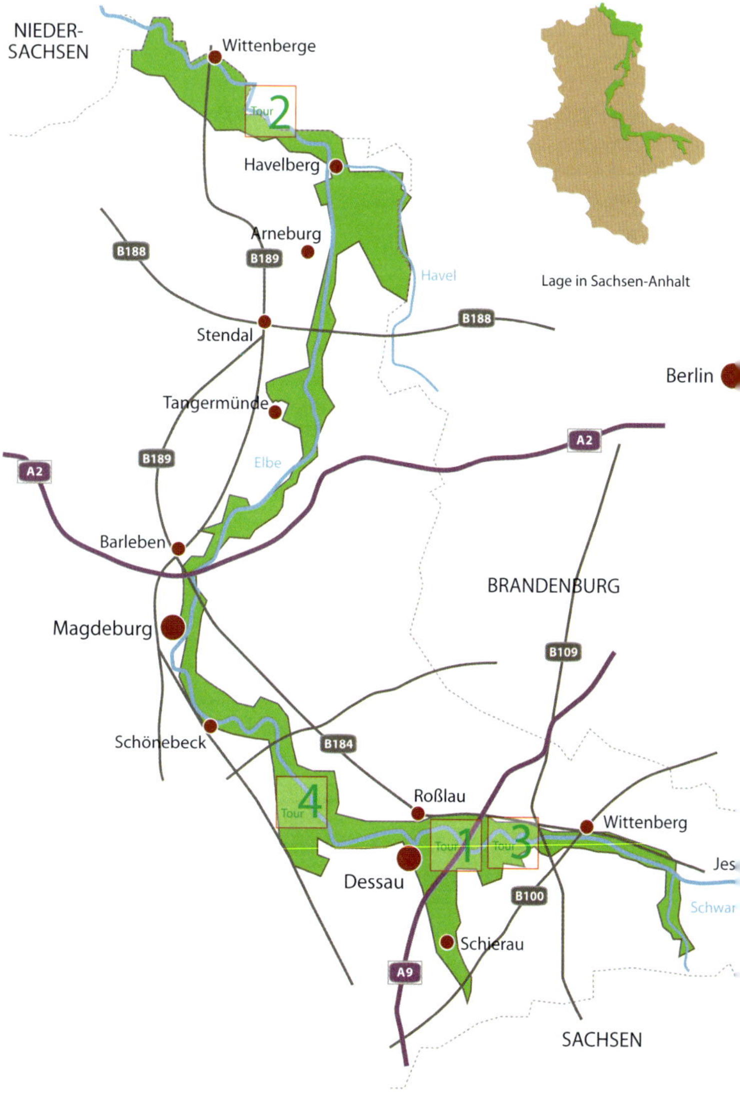

Erlebnistouren

Tour 1: Radwandern –Gartenreichtour Fürst-Franz (TOP-TOUR)

Tour 2: Reiten – Elb-Havel-Trail

Tour 3: Radwandern – Elberadweg von Elster nach Dessau

Tour 4: Wandern – Auenpfad Steckby-Steutz

Biosphärenreservat Mittelelbe

Streuobstwiesen, alte Solitäreichen, das stetige Wechselspiel von Hoch- und Niedrigwasser, aber auch die gestaltete Kulturlandschaft, die an englische Landschaftsgärten erinnert – das Biosphärenreservat Mittelelbe präsentiert sich als perfektes Gebiet für Entdecker. Über rund 126.000 Hektar entlang des gesamten Elbestromes in Sachsen-Anhalt erstreckt sich das Gebiet, rund 303 Flusskilometer. Dazu kommen die Mündungsgebiete der Elbe-Nebenflüsse Schwarze Elster, Mulde, Saale, Tanger und Havel. Dazu ist das Reservat, übrigens eines von inzwischen 560 in über 100 Ländern rund um den Globus, das einzige Biosphärenreservat in Deutschland, in dem eine weitgehend naturnahe mitteleuropäische Stromaue unter internationalen Schutz gestellt wurde. Das zahlt sich aus: Im Reservatsgebiet wachsen seltene Pflanzenarten wie die Sibirische Schwertlilie, brüten bzw. rasten verschiedene Wasservogelarten und in rund 525 Revieren sind etwa 1200 Elbebiber beheimatet.

Den Besuchern erschließt sich das Gebiet mittels ungezählter Radrouten, (darunter Elberadweg - Deutschland beliebtester Radweg, Fernradweg R 1) insgesamt 19 beschilderter Auenpfade quer durch das Biosphärenreservat oder auch durch geführte Boots-Touren.

Kraniche

Bereits seit 1929 geschützt

Historischer Ausgangspunkt des heutigen Reservates ist der Steckby-Lödderitzer Forst, eine naturräumlich äußerst wertvolle Auenlandschaft, die schon im Jahr 1929 als Naturschutzgebiet dem Biber- und Vogelschutz diente. Nach einer Flächenerweiterung im Jahr 1961 erkannte die UNESCO den „Steckby-Lödderitzer Forst" 1979 als eines der beiden ersten Biosphärenreservate Deutschlands an. Im Zuge einer erneuten Flächenerweiterung gehört seit 1988 auch die einzigartige Kulturlandschaft Gartenreich Dessau-Wörlitz zum Biosphärenreservat. Das Gebiet war rund 43.000 Hektar groß. Durch die Erklärung zum Biosphärenreservat Mittelelbe am 20. März 2006 wurde die Gesamtfläche auf nunmehr 125.743 Hektar fast verdreifacht.

Das Schöne und das Nützliche

Das Biosphärenreservat markiert eine Natur- und Kulturlandschaft entlang der Elbe mit intakten Auenstrukturen wie Weich- und Hartholzaue, Flutrinnen, Binnendünen, Wiesengrünland. Außerdem beherbergt es den größten zusammenhängenden Auwaldkomplex Mitteleuropas. Aber auch Siedlung, Industrie, Landwirtschaft und andere Landnutzungsformen haben Raum und Bedeutung im Reservat. Schutz durch Nutzung lautet ein Leitspruch und versinnbildlicht, dass Natur- und Landschaftsschutz auf der einen - und die behutsame Nutzung ihrer Ressourcen auf der anderen Seite in einem Biosphärenreservat kein Widerspruch ist.

Bereits während der Regentschaft des humanistisch gesinnten anhaltischen Fürsten Leopold Friedrich Franz von Anhalt-Dessau entstand in der zweiten Hälfte des 18. Jahrhunderts in der Elbaue

zwischen Dessau und Wörlitz eine sowohl ästhetisch aufgewertete als auch nach sehr praktischen Gesichtspunkten gestaltete Kulturlandschaft nach dem Vorbild englischer Landschaftsgärten und -parks. Diese Anlagen standen nach dem Leitmotiv der Aufklärung jedermann offen und sollten sich ideell wie praktisch auf alle Bereiche des öffentlichen Lebens auswirken, also nach Horaz „Das Schöne mit dem Nützlichen verbinden". Die historische Grundsubstanz der Kulturlandschaft mit Obstbaumalleen, Solitärbäumen, Deichanlagen, Schlössern und Kleinarchitektur ist bis heute erhalten. Ihre Pflege und behutsame Entwicklung ist, gemeinsam mit der Kulturstiftung DessauWörlitz eine der anspruchsvollsten Aufgaben im Biosphärenreservat, denn das Dessau-Wörlitzer Gartenreich ist seit dem Jahr 2000 UNESCO-Weltkulturerbe der Menschheit.

Zitronenfalter

Krabbeln und Fliegen

Ein Eldorado für Schmetterlinge und Käfer ist das Reservat: In der Gruppe der Wirbellosen fallen besonders die mit über 500 Arten nachgewiesenen Schmetterlinge auf. Der Dunkle Wiesenknopf-Ameisenbläuling, der Kleine Maivogel oder der Zitronenfalter erfreuen die Besucher. Ebenso etliche Libellenarten wie die Grüne Mosaikjungfer oder die Große Moosjungfer. Doch die Liste ist noch länger: Unter anderem finden hier der Eremit, der Heldbock oder der bekannte Hirschkäfer, 28 Ameisen- und 50 verschiedene Weichtierarten ebenfalls Lebensraum.

< *Kulturlandschaft*

Viel Leben in der Aue

Im Gebiet des Biosphärenreservates blieben die größten zusammenhängenden Hartholzauenwälder Mitteleuropas erhalten. Die Pflanzen- und Tierwelt ist bis heute den wechselnden Wasserständen angepasst. Überflutungs- und Niedrigwasserperioden sind nicht nur typisch, sie sind Leben spendend für die Aue. In den häufiger und länger überfluteten Weichholzauen dominieren Weiden, die dem strömenden bzw. anstehenden Wasser widerstehen können. In der seltener und kürzer überfluteten Hartholzaue dominieren Stiel-Eichen, Feld-Ulmen und Feld-Ahorn.

Trotz teilweise unmittelbarer Nähe zu Siedlungs- und Industriegebieten besitzen große Teile des Biosphärenreservates eine vielfältige und wertvolle Naturausstattung. Nur etwa drei Prozent der Gesamtfläche sind Totalreservate (Kernzonen), in denen menschliche Einflussnahme nicht stattfindet. Diese Kernzonen des Reservates dürfen nicht betreten werden, um eine möglichst unbeeinflusste Entwicklung der „Auenurwälder" mit ihrer Pflanzen- und Tierwelt zu ermöglichen. Auch zu diesem Zweck sind die Ranger – wie die Mitarbeiter der Naturwacht oft genannt werden – zu Kontrollgängen unterwegs.

In den übrigen Auengebieten ist eine sensible und den Naturschutzzielen angepasste menschliche Nutzung erwünscht.

Durch Deichbau und Urbanisierung wurden die Auen und ihre Wälder in vergangenen Jahrhunderten stark zurückgedrängt, die verbliebenen Auengebiete sind mit dem Biosphärenreservat Mittelelbe gesetzlich geschützt. In mehreren aktuellen Auenmanagementprojekten wird an Elbe und Ha-

< *Margeritenwiese mit Solitäreiche*

vel schrittweise größerer Überflutungsraum geschaffen, Reste alter Auenstrukturen werden renaturiert, aufgeforstet und wieder in rezente, d.h. am Hochwassergeschehen teilnehmende, Aue zurückgeführt.
Der vielgestaltige Lebensraum ermöglicht zahlreichen Pflanzen- und Tierarten Existenz. Insgesamt sind über 1.000 verschiedene Pflanzenarten registriert worden. Die Sibirische Schwertlilie hat hier ebenso ihren Lebensraum wie die Sand-Silberscharte, die Elbe-Klette und mehrere Orchideenarten.

Diese Pflanzenwelt ist geprägt von der Wasser- und Sumpfvegetation der Altwässer, der Ufervegetation der Flüsse sowie den Trocken- und Magerrasen der Dünen.

Ebenso mannigfaltig ist die Tierwelt mit über 40 nachgewiesenen Säugetierarten. Neben dem Elbebiber und dem Fischotter sind auch eine Vielzahl Fledermäuse beheimatet. Die Auenlandschaft ist aber auch ein idealer Lebensraum für die artenreiche Vogelwelt. Neben über 150 Brutvogelarten wie der scheue Kranich, See- und Fischadler oder der Weiß- und Schwarzstorch. finden über 100 weitere Vogelarten hier ein Rast-, Nahrungs- und Überwinterungsgebiet.

Orchideenwiese

Überflutung und Wasserrückzug

Die Elbe im Biosphärenreservat Mittelelbe ist aus verschiedenen historischen Gründen ein weitgehend naturnah erhaltener Strom geblieben und wurde trotz Nutzung als Wasserstraße weder begradigt noch in weiten Teilen kanalisiert, wie es vielen anderen großen mitteleuropäischen Flüssen erging. Allerdings griff der Mensch durch Flussbauwerke in den Verlauf ein, Änderungen des Flussverlaufs durch Hochwasser wie vor hunderten von Jahren finden inzwischen nicht mehr statt. Dort, wo durch Mäandrierung Teile des fließenden Stromes abgetrennt wurden, entstanden Stillgewässer (Altarme). Wird ein Gebiet durch menschliche Einflussnahme auch von der Überflutung abgetrennt, verlandet das Stillgewässer allmählich, die Zusammensetzung der Arten ändert sich, typische Oberflächenstrukturen der Aue verschwinden. Ein solches Elbe-Altwasser, der Kühnauer See, wurde in einem Auenmanagementprojekt über mehrere Jahre erfolgreich saniert, Pflanzen, die hierzulande selten sind, wie die Wassernuss, konnten erfolgreich wieder angesiedelt werden.

Ein weitgehend naturnaher Zustand zeichnet insbesondere die Untere Mulde als Zufluss der Elbe aus. Eine formenreiche Gewässer- und Uferstruktur bietet dort Lebensräume für eine Vielzahl auentypischer Arten, es finden sich Fischarten wie Rapfen, das Fluss- oder Meerneunauge oder Muscheln wie die Maler- und Teichmuschel.

< *Altwasser mit Glänzendem Laichkraut*

Von Luther bis zu chinesischen Impressionen

Nicht nur die Natur ist außergewöhnlich, auch kulturell hat die Region Mittelelbe einiges zu bieten. Das UNESCO-Weltkulturerbe Gartenreich Dessau-Wörlitz wartet mit zahlreichen Sehenswürdigkeiten auf. So entstanden in Oranienbaum lange vor der Dessau-Wörlitzer Kulturlandschaft ein Schloss mit Garten im Stil des holländischen Barock. In einem Teil des Schlossparks findet man sich allerdings in China wieder – ein verträumtes Teehaus und eine fünfgeschossige Backstein-Pagode schaffen eine perfekte Illusion.

Wem der Sinn nach weiteren Schlössern steht, dem seien der Georgengarten mit Schloss Georgium, welches eine bedeutende Gemäldegalerie beherbergt, sowie die Kleinode Schloss Luisium und Schloss Mosigkau ans Herz gelegt. Alle drei genannten Orte befinden sich in der Stadt Dessau-Roßlau.

In unmittelbarer Nähe zum Reservat befinden sich noch zwei weitere Weltkulturerbstätten: die Luthergedenkstätten in Wittenberg und das Dessauer Bauhaus mit den nahe gelegenen Meisterhäusern. Diese Fülle von UNESCO-Stätten auf relativ kleinem Raum ist einmalig in Deutschland.

Sehenswert sind zudem die Kirchen St. Marien und die Walderseer Kirche (zu Dessau), letztere ist der Begräbnisort des Gartenreichschöpfers Leopold Friedrich Franz von Anhalt-Dessau und seiner Frau Louise.

Im Nordteil des Biosphärenreservates lohnt sich der Besuch der romanischen Stiftskirche in Beuster, immerhin der älteste Backsteinbau nördlich der Alpen. Malerisch auf einer Anhöhe gelegen, beherrscht der Dom St. Marien in Havelberg das Bild der Stadt. 1170 geweiht, wurde er später im gotischen Stil umgebaut und ist heute Gastgeber und Kulisse für viele Konzerte.

Unterhalb von Magdeburg befindet sich das Städtchen Schönebeck mit seinem Ortsteil Salzelmen. Er hat reiche geschichtliche Tradition, die auf die Salzgewinnung zurückgeht. Wie viele Orte blühte auch Schönebeck durch die Soleförderung wirtschaftlich auf. Bereits 1250 war die Salzgewinnung Haupterwerbsquelle, erst 1967 wurde die Produktion eingestellt. Der Soleturm aus dem 18. Jahrhundert steht noch im Stadtpark, von dem einstmals 1.837 Meter langen Gradierwerk sind heute noch 300 Meter erhalten.

Wittenberg ist unzweifelhaft verbunden mit dem Namen Martin Luthers. Mit der Gründung der Universität „Leucorea" kamen so bedeutende Männer wie Martin Luther, Philipp Melanchthon und Lucas Cranach in die Stadt. So wurde Wittenberg geistig-kulturelles Zentrum in Mitteldeutschland und die Wiege der Reformation. In der Schlosskirche, bekannt durch die „Thesentür", sind die Grabstätten Luthers und Melanchthons zu besichtigen.

INFORMATIONEN

Biosphärenreservatsverwaltung Mittelelbe
Kapenmühle
Postfach 1382, 06813 Dessau
Oder: Am Kapenschlösschen 1
06785 Oranienbaum
Tel. 034904 / 4210
www.mittelelbe.com
www.gartenreich.net
www.luther-bauhaus-gartenreich.de

INFORMATIONSZENTRUM AUENHAUS

Das Haus gehört zur Biosphärenreservatsverwaltung und wurde im Jahr 2000 als EXPO-Projekt (Korrespondenzregion Anhalt-Bitterfeld-Wittenberg) eröffnet. Schwerpunkt im Auenhaus ist eine ständige Ausstellung zu den Themen des Biosphärenreservat Mittelelbe wie Auenmanagement, Ausdehnung/ Lage des Reservates in Deutschland, Artenschutz, und Umweltbildung. Viele Tierpräparate und Funktionsmodelle (z.B. das Prinzip einer Gierseilfähre) veranschaulichen die Themen der Ausstellung und laden zu Naturentdeckungen ein. Ein liebevoll gestaltetes und gepflegtes Außengelände zitiert Elemente der Flussaue, Gärten, Stillgewässer, auentypische Vegetation. Ein aufgearbeiteter alter Elbe-Kahn dient als „grünes Klassenzimmer" und als Rastplatz.

Informationen
Infozentrum Auenhaus
Tel. 034904 / 406 31, Fax 034904 / 406 20
bioresme@lvwa.sachsen-anhalt.de

Öffnungszeiten
Mai bis Oktober: Mo-Fr 10–17 Uhr, Sa, So, Feiertage: 11–17 Uhr, November bis April: Mo-Fr 10–16 Uhr, und nach Vereinbarung. Eintritt frei.

INFOSTELLE HAVELBERG (BEGUINENHAUS)

Salzmarkt 1, 39539 Havelberg
Tel. 039387 / 20625
bioresfme-infohavelberg@t-online.de

Informationszentrum Auenhaus

BIBERFREIANLAGE NAHE ORANIENBAUM

Die Spuren des Bibers sind in der Landschaft vielerorts zu sehen, das scheue und nachtaktive Nagetier selbst bekommt man allerdings nur recht selten zu Gesicht. In der Biberfreianlage ist es möglich, den Elbebiber (meist eine ganze Biberfamilie) im natürlichen Lebensraum zu beobachten. Ein Sichtfenster an der Wohnburg gestattet auch am Tage interessante Einblicke ins Familienleben der Biber. Die Freianlage von rund 20.000 Quadratmetern entspricht in ihrer Größe etwa einem Biberrevier in freier Natur inklusive zentral gelegener Wasserfläche von rund 650 Quadratmeter Größe. Der Förder- und Landschaftspflegeverein Biosphärenreservat Mittelelbe e.V. betreibt die Anlage in Zusammenarbeit und mit fachlicher Anleitung durch die Reservatsverwaltung.

Informationen

Tel. 0340 / 2206141 oder 034904 / 40615
Fax 034904 / 40620
foelv-biores@t-online.de
www.mittlereelbe-foerderverein.de

Öffnungszeiten

Mai – Oktober: Mo–Fr für Besuchergruppen ab 10 Pers. nach Vereinbarung,
Sa, So, Feiertage: 11–17 Uhr,
November – April: Mo–Fr: für Besuchergruppen nach Vereinbarung
Einzelbesucher können sich bei der nahegelegenen Reservatsverwaltung melden.
Eintritt Freianlage: Erwachsener: 1 Euro, Kind: 0,50 Euro

ZENTRUM FÜR ÖKOLOGIE, NATUR- UND UMWELTSCHUTZ (ZÖNU)

Schwerpunkte des Zentrums sind die ständige Ausstellung zu Natur- und Umweltschutzthemen. Von dort aus werden Führungen und Exkursionen angeboten. Landschaftspflegemaßnahmen und Umweltbildungsprogramme gehören ebenso zum Angebot. Zum Zentrum gehört noch ein Hofladen. Unterkunft und Verpflegung sind möglich.

Informationen

Zentrum für Ökologie,
Natur- und Umweltschutz (ZÖNU)
Querstraße 22
39517 Buch
Tel. 039362 / 81673
Fax 039362 / 81674
zoenu@elbetourist.de
www.elbetourist.de

Öffnungszeiten

ganzjährig Mo–Fr 8–16 Uhr, Mai bis September zusätzlich Sa/So 10–16 Uhr und nach Vereinbarung. Kosten: je nach gebuchter Leistung.

Elbbiber >

UMWELTZENTRUM RONNEY

Umweltbildungsangebote wie zum Beispiel Projekttage, Exkursionen und Führungen sind die Angebote des Umweltzentrums Ronney. Dazu kommt eine ständige Ausstellung zu Natur- und Umweltschutzthemen. Besuchergruppen können hier auch (nach Anmeldung) übernachten und werden verpflegt. Für Behinderte ist das Gelände bedingt barrierefrei.

Informationen
Umweltzentrum Ronney
Ronney Nr. 3
39264 Walternienburg
Öffnungszeiten
April bis September Mo–Fr 9–17.30 Uhr, Sa/So/Feiertage 13.30–17.30 Uhr;
Oktober bis März Mo–Fr 9–16.30 Uhr, Wochenende/Feiertage nach Vereinbarung.

WEINBERGHAUS DESSAU

Das Dessau-Roßlauer Amt für Umwelt und Naturschutz präsentiert im Weinberghaus eine ständige Ausstellung zu Flora und Fauna der Auenlandschaft. Vor allem für Kinder interessant ist das Gelände, denn es wird auf kindgerechtes Erleben und Erfassen von Naturzusammenhängen und Schutzzielen gesetzt. Spiel und sportliche Betätigung werden miteinander verknüpft. Führungen und Exkursionen sind auf Anfrage möglich.

Informationen
Weinberghaus
Amt für Umwelt und Naturschutz
Postfach 1425
06813 Dessau-Roßlau
Tel. 0340 / 2041583
Fax 0340 / 2042983
umweltberatung@dessau-rosslau.de
www.dessau-rosslau.de
Öffnungszeiten
Veranstaltungen nach telefonischer Vereinbarung

KARTEN UND LITERATUR

„Biosphärenreservate in Deutschland – Leitlinien für Schutz, Pflege und Entwicklung", Autoren: Ständige Arbeitsgruppe der Biosphärenreservate in Deutschland, Springer-Verlag Berlin-Heidelberg 1995, ISBN 3-540-58722-5

„Unsere Elbe", Hrsg. Karl Jüngel, Drei Kastanien-Verlag, ISBN: 3-333028-76-0, Eine geschichtliche Darstellung zur Entwicklung der Elbe u.a. als Wasserstraße.;

„Das Gartenreich Dessau-Wörlitz – Kulturlandschaft an Elbe und Mulde", Hrsg: Thomas Weiss, L&H Verlag, ISBN: 978-3-939629-11-5,. Ein informativer Reiseführer mit vielen „Insidertipps" für Gartenreichfreunde und solche, die es werden wollen.

Fahrradkarte Dessau Wittenberg, mit Köthen, Bitterfeld, Bad Düben; Verlag Grünes Herz, ISBN 978-3-86636-074-7

Zeitschrift Naturschutz im Land Sachsen-Anhalt, Sonderheft „25 Jahre Biosphärenreservat an der Mittleren Elbe", 2005, Herausgegeben vom (sachsen-anhaltischen) Landesamt für Umweltschutz, Halle/Saale, ISSN: 0940-6638, Inhalt: 25 Jahre Biosphärenreservat Mittelelbe, Entwicklung des Gebietes, frühere und heutige Schwerpunkte und Aufgaben;
Zeitschrift Naturschutz im Land Sachsen-Anhalt, Sonderheft „30 Jahre Biosphärenreservat Mittelelbe", 2009, Herausgegeben vom (sachsen-anhaltischen) Landesamt für Umweltschutz, Halle/Saale, ISSN: 0940-6638, Inhalt: Forschung und Management im Biosphärenreservat Mittelelbe, u.a. Auswirkungen des Elbehochwassers 2002 auf ausgewählte Artengruppen, Untersuchungen zur Deichrückverlegung im Roßlauer Oberluch.

Das Dessau-Wörlitzer Gartenreich – Landschaft und Geschichte; Autoren: Hansjörg Küster, Ansgar Hoppe, Verlag C. H. Beck, ISBN: 3-406-59859-5.
Mit dem Fürsten und Gartenreichschöpfer Leopold III. Friedrich Franz von Anhalt-Dessau (1740-1817) wurde die Auenlandschaft im Winkel von Elbe und Mulde bei Dessau zu einem einzigartigen Gesamtkunstwerk. Die Autoren beschreiben den „Weg" diese Kunstwerkes von der eiszeitlichen Formung der Landschaft und der natürlichen Urgewalt des Wassers über die schrittweise menschliche Besiedelung, Deichbau und Urbarmachung bis hin zur gezielten ästhetischen Aufwertung der Landschaft. Die war zu Fürstenzeiten ein wahrhaft fortschrittliches Reformprojekt mit einander eng verbundenen wirtschaftlichen, kulturell-/künstlerischen und sozialen Hintergründen.

„Elbtalaue – Landschaft am großen Strom", Autoren: Frank Neuschulz, Werner Plinz, Horst Wilken ISBN: 3-9801641-8-7, Naturreiseführer durch das Biosphärenreservat Flusslandschaft Elbe,

„Freizeitkarte des Landkreises Stendal", 13. Auflage, 2007, Elbe-Havel-Stadtplanverlag GmbH, Magdeburg.
www.stadtplanverlag.de

INFORMATIONEN ZU UNTERKÜNFTEN UND TOUREN

Tourismusverband Sachsen-Anhalt
Danzstraße 1
39104 Magdeburg
Tel. 0391 / 7384300
Fax 0391 / 7384302
info@ltvlsa.de
www.tourismusverband-sachsen-anhalt.de

Tourismus-Marketing-Sachsen-Anhalt
Danzstraße 1
39104 Magdeburg
Tel. 0391 / 56283810
Fax 0391 / 56283811
info@tm-sachsen-anhalt.de
www.tm-sachsen-anhalt.de

ERLEBNISTOUREN – RADWANDERN

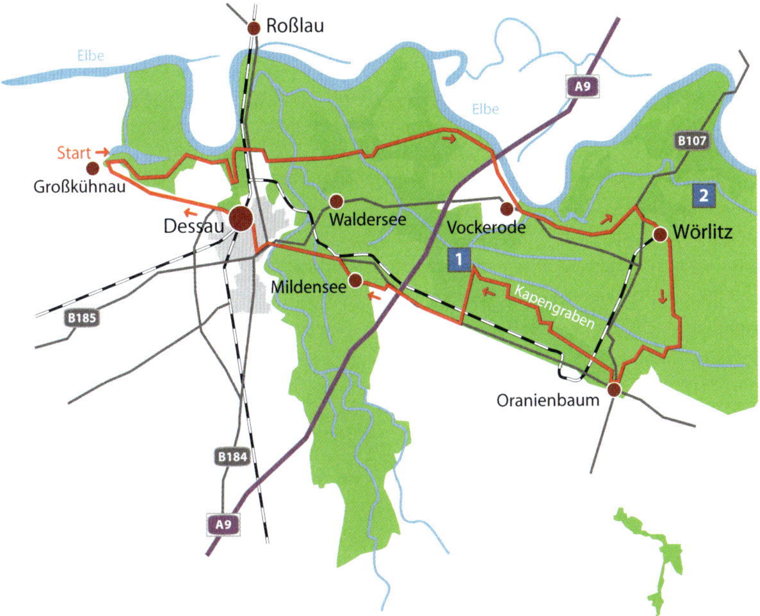

Lage der Tour

TOP-TOUR

1. Gartenreichtour Fürst-Franz

Start: Kirche Dessau-Großkühnau
Weglänge: 60 km
Dauer: 4 Stunden
Schwierigkeit: Für Radfahrer einfach, für Wanderer mittelschwer (3 Tagesetappen)

Tourenbeschreibung:
Seinen Namen verdankt dieser, mit insgesamt rund 60 km Länge eher kleine Radwanderweg, dem Schöpfer des bekannten Gartenreiches Dessau-Wörlitz, Fürst Leopold III. Friedrich Franz von Anhalt-Dessau. Die idyllische Landschaft am Wege mit Alleen, Schlössern, Skulpturen, Streuobstwiesen, Deichanlagen und vielem mehr vermittelt dem Radwanderer den Eindruck eines Parks von unendlicher Weite. So wird jeder Blick zum Augenschmaus. Mit Ausnahme der Ortslagen

Dessau und Wörlitz verläuft die Route weitab des motorisierten Straßenverkehrs. Neben der Natur gibt es allerdings auch einiges andere zu entdecken.

Los geht es an der Kirche Dessau-Großkühnau, am Kühnauer See, von dort aus durch den Landschaftspark „Kühnauer Park" über das Weinberghaus zum Obelisken. Über den Elbpavillon am Leopoldshafen geht es in einer Schleife durch den Beckerbruch. Interessant hier: der Park Georgium mit Schloss und Anhaltischer Gemäldegalerie. Nach der Überquerung der B184 und der Jagdbrücke über die Mulde führt der Weg die Radwanderer weiter auf dem R1 bis zum Sieglitzer Berg. Auf dem Elbwall führt der Weg bis zum Ort Vockerode, dessen unübersehbares Wahrzeichen das ehemalige Kraftwerk ist. Weiter geht's am Fliederwall bis Wörlitz und vorbei am historischen Gasthof „Zum Eichenkranz", zur Einkehr in eines der vielen Wörlitzer Gasthäuser. Vorbei am Münsterberg geht es am Kapengraben entlang zum Kapenschlösschen. Hier lohnt sich der Besuch der nahe gelegenen Biberfreianlage.

Ab hier geht es nun weiter südlich zum Informationszentrum Auenhaus des Biosphärenreservates Mittelelbe. Hier ist auch der Haltepunkt „Biosphärenreservat" der Dessau-Wörlitzer Eisenbahn. Zur „Marscherleichterung" können müde Radler von hier aus per Bahn die Rückreise nach Dessau antreten.

Für die Unermüdlichen geht es weiter Richtung Dessau, wo das ehemalige Residenzschloss an der östlichen Stadteinfahrt einen Besuch lohnt. Durch das Dessauer Stadtgebiet führt die Route zum Ausgangspunkt Kühnauer See und Kirche zurück.

Sehenswürdigkeiten

1. Biberfreianlage

In der Nähe des Kapenschlösschens steht eine Freianlage von rund 20.000 Quadratmetern einer Biberfamilie zur Verfügung, die dort in ihrem natürlichen Lebensraum beobachtet werden können. Siehe Text oben

2. Der Wörlitzer Park

Ein landschaftgestalterisches Gesamtkunstwerk aus malerischer Auenlandschaft, durchzogen von Fließgewässern (Gondel- und Fährfahrten möglich). Üppige Vegetation, Brücken, ein klassizistisches Schloss mit Nebengebäuden, kleine tempelartige Aussichtspunkte, Skulpturen, eine Grotte und verwunschene Pfade, die Spaziergänge beinahe wie traumwandeln erscheinen lassen.

Führung an der Elbe

ERLEBNISTOUREN – REITEN

Lage der Tour

2. Elb-Havel-Trail

Start:
Reiterhof „Trumpf" Hohenberg-Krusemark
Länge: rund 100 km
Dauer: 3 Tage
Schwierigkeitsgrad: mittelschwer
Tourenbeschreibung:
Ein unvergessliches Erlebnis verspricht der Geländeritt durch die Altmarklandschaften, der von April bis November für Gruppen ab vier Reitern angeboten wird. Auf Feldwegen führt der Weg hoch zu Ross die Elbe entlang durch dünn besiedelte Landschaft, an Aussichtstürmen vorbei zu Windmühlen und Kirchen. Beginn der Tour ist der Reiterhof „Trumpf" in Hohenberg-Krusemark. Von dort aus geht der Weg durch die Elbaue in Richtung Altenzaun. Von dort aus reiten die Teilnehmer zum Gutshaus „Büttners Hof" in Sandauerholz, wo sie ihr Nachtquartier nehmen. Am nächsten Tag führt die Tour auf Feldwegen

zur Gierseilfähre Sandau, wo über die Elbe übergesetzt wird. Hier lohnt sich der Blick auf die Stadt Sandau. Über Mahlitz, wo die nächste Einkehrmöglichkeit ist, geht der Ritt nach Neuermark-Lübars. Hier übernachten die Reiter ein zweites Mal. Wiederum wird die Elbe überquert, von wo aus es zur Kleinstadt Arneburg geht. Hier gibt es Naturerlebnis pur im Naturschutzgebiet „Arneburger Hang". Über Wischer erfolgt der Heimweg des Trailritts nach Hohenberg-Krusemark. Trailritt-Teilnehmer sollten unbedingt sattelfest sein und sich in der Pferdepflege auskennen.

Sehenswürdigkeiten

1. Altenzaun

Bei Altenzaun erinnert ein frühgotischer Backsteinbau mit Aussichtsturm an das ehemalige Dorf Käcklitz.

2. Sandau

Die Kirche St. Nikolaus/St. Laurentius gilt als bedeutendstes Bauwerk der Stadt Sandau. Noch heute sind Spuren von Kampfhandlungen aus dem 2. Weltkrieg am Gebäude sichtbar.

3. Neuermark-Lübars

In Neuermark und Klietz können die Dorfkirchen besichtigt werden. Zudem steht in Klietz eine Bockwindmühle.

Trailritt-Reiter in der Altmark

ERLEBNISTOUREN – RADWANDERN

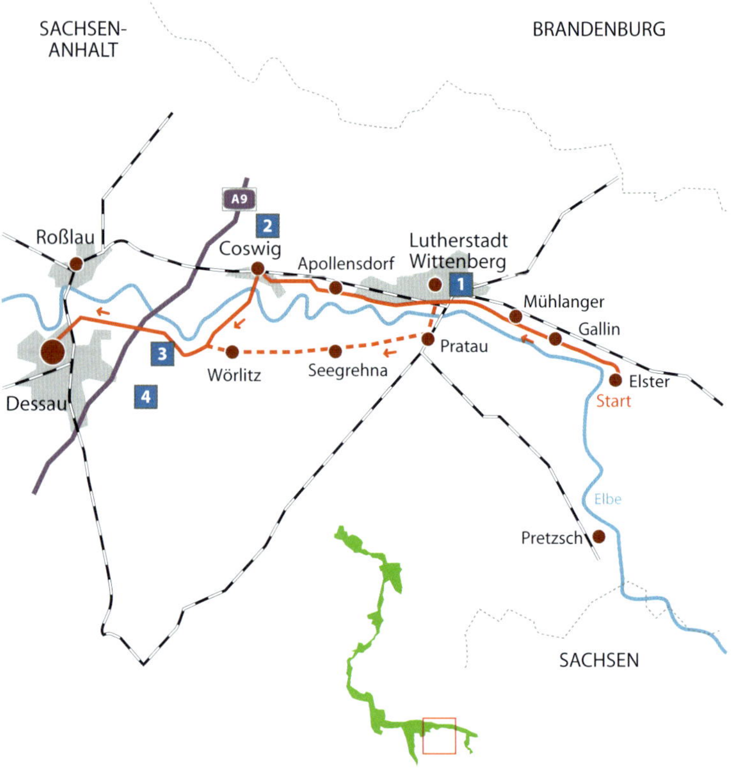

Lage der Tour

3. Elberadweg von Elster nach Dessau

Start: Elster
Länge: 48 Kilometer
Dauer: ca. 4 Stunden
Schwierigkeitsgrad:
einfach bis mittelschwer
Tourenbeschreibung:
Viel Natur, aber auch viel Kultur bietet das Teilstück des großen Elberadweges von Elster nach Dessau-Roßlau. Der Weg führt zuerst nach durch Gallin und Mühlanger nach Wittenberg, wo die Radler eine längere Rast einplanen sollten. Weiter geht es rechtselbisch vorbei an Piesteritz, Apollensdorf und Griebo nach Coswig, wo ebenfalls einige kulturelle Leckerbissen warten, z.B. die Kirche St. Nikolai in Coswig, eine der Radfahrerkirchen in Sachsen-Anhalt. Alternativ ist eine Strecke linkselbisch von Wittenberg, Pratau, Seegrehna in Richtung Wörlitz möglich. Diese Strecke bietet einen interessanten Blick in die Aue. In Coswig wird über die Gierseilfähre übergesetzt, bis Wörlitz erreicht wird.

Der Landschaftspark im englischen Stil und die neugotische Stadtkirche St. Petri sind nur einige der interessanten Anlaufpunkte. Auch Einkehrmöglichkeiten gibt es reichlich. Von Wörlitz aus führt der Weg auf dem Fliederwall vorbei an Vockerode. Dort ist er identisch mit dem Gartenreichtour Fürst-Franz. Er ist gut zu befahren, bietet überwiegend eine gute Asphalt- und Mineralstoffdecke, nur kurze Abschnitte sind gepflastert. Vorbei am Sieglitzer Berg erreichen die Radler dann Vockerode und Oranienbaum, die Biberfreianlage, das Infozentrum Auenhaus und schließlich Dessau.

Sehenswürdigkeiten

1. Wittenberg

die Lutherstadt Wittenberg hat viel zu bieten. Ein Muss sind das Melanchthonhaus, das Lutherhaus, die Cranachhöfe und natürlich die berühmte Schlosskirche, an deren Tür Luther seine Thesen der Reformation heftete. Dazu kommen noch die Stadtkirche mit dem Cranach-Altar und die im Ortsteil Piesteritz gelegene denkmalgeschützte Werksiedlung (EXPO-2000 Projekt).

2. Coswig

In Coswig lohnen der historischer Stadtkern mit Ober- und Unterfischerei, das Renaissance-Rathaus und die Nikolaikirche (Radfahrerkirche) einen Besuch.

3. Vockerode

Das alte Braunkohle-Kraftwerk ist als Industriedenkmal sehr sehenswert, zudem ist es eine ungewöhnliche und spektakuläre Kulisse für Ausstellungen und Theater.

4. Auenhaus und Biberfreianlage

(Siehe oben in den Informationsseiten)

Blick auf die Elbe vom Hochufer bei Griebo

ERLEBNISTOUREN – WANDERN

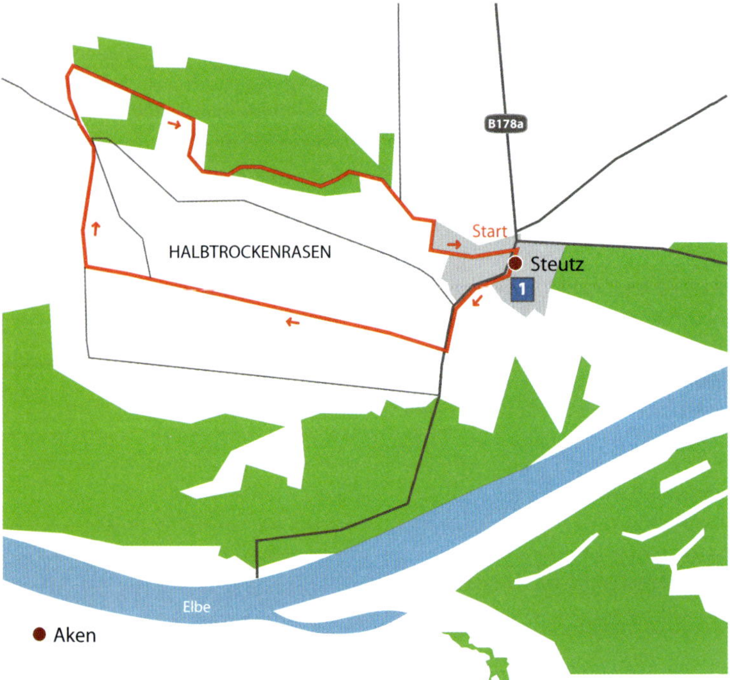

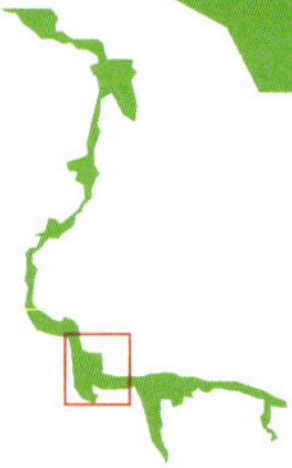

Lage der Tour

4. Auenpfad Steckby-Steutz

Start: Gemeinde Steckby-Steutz
Länge: 7,7 Kilometer
Dauer: 2 bis 3 Stunden
Schwierigkeitsgrad:
einfach bis mittelschwer
Tourenbeschreibung:
Das Gebiet um die Gemeinde Steckby-Steutz am Ursprung des Biosphärenreservates Mittelelbe ist die geschichtliche Wiege des gesamten Biosphärenreservates. Der „Steckby-Lödderitzer–Forst", ein zusammenhängend erhaltener Hartholzauenwald mit großem Artenreichtum an der Elbe, wurde im Jahr 1979 das erste Biosphärenreservat auf deutschem Boden. Eine Eingangstafel weist am Ortsausgang Steutz zur Elbe hin zum Pfad, sie steht direkt an einer Streuobstwiese. Vorbei am Hochufer an der Elbe führt der Weg. Die Niederterras-

sen und Binnendünen markieren das typische Bild der Aue mit vielseitiger Vegetation. Vom Hochufer aus lockt ein traumhafter Elbeblick. Der benachbarte Halbtrockenrasen mit seinem Artenreichtum ist flächiges Naturdenkmal. Im Ort Steutz lohnt sich die Besichtigung der Schauschmiede mit Vorführungen des alten Handwerks. Die Auenpfade verkörpern das Informations- und Leitsystem des Reservates. Insgesamt 19 solcher Auenpfade unterschiedlicher Länge und inhaltlicher Ausrichtung gibt es im Reservatsgebiet.

Sehenswürdigkeiten

1. Schauschmiede Steutz

Das handwerklich schön gefertigte zweigeschossige Gebäude in Steutz fällt sofort ins Auge. Die Bausubstanz der ehemaligen Schmiede ist vom Charakter der früheren Gewerbearchitektur in Backsteinbauweise aus der Zeit um die Jahrhundertwende (19./20. Jh.), geprägt. Die Gemeinde hat dieses Gebäude vor dem Verfall gerettet und eine Schauschmiede eingerichtet. Im Inneren befinden sich neben dem alten Schmiedefeuer und dem Originalamboss mit Rüsterbock ein mechanischer Schmiedehammer, eine Werkbank, Werkzeuge sowie auch eine alte Dreh- und Bohrmaschine mit Flachriementriebwerk. Sehr sehenswert im Zeitalter von Industrieroboter und Digitalisierung.

FREIZEIT & ERHOLUNG

Lehrpark für Tier- und Pflanzenkunde Dessau
Der 11 Hektar große landschaftsgeschützte Tierpark ist Dessaus größtes und beliebtestes städtisches Erholungszentrum, dessen Fauna und Flora jährlich von mehr als 100.000 Gästen besucht wird.
Informationen
Querallee 8
06846 Dessau
Tel. 0340 / 614426
info@tierpark.dessau.de

Alaris Schmetterlingspark
Auf einer Gesamtfläche von über 1.000 Quadratmetern präsentiert der Alaris Schmetterlingspark Wittenberg eine einzigartige Tropenlandschaft mit hunderten frei fliegenden Schmetterlingen aus der ganzen Welt.
Informationen
Alaris Schmetterlingspark
Rothemarkstraße 131
06886 Lutherstadt Wittenberg
Tel. 03491 / 666380
info@schmetterlingspark-wittenberg.de

Köthen – Schloss und Museum
Direkt im Stadtzentrum, nur wenige Minuten zu Fuß vom Marktplatz entfernt, liegt das Köthener Schloss mit dem umgebenden Schlosspark, den Museen und den Sälen des 2008 fertig gestellten Veranstaltungszentrums. Parkplätze und ein Parkhaus befinden sich in der unmittelbaren Umgebung. Der Weg zum Schloss ist innerhalb Köthens gut ausgeschildert.
Informationen
www.bachstadt-koethen.de

Strandbad Adria
Die Dessauer „Adria" ist ein Strandbad mit großem See, Spiel-, Sport- und Liegeflächen. Wasserrutsche und Sprungturm sind ebenfalls vorhanden. Der Campingplatz liegt direkt am See und ist angenehm schattig. Den größten Teil des Platzes nehmen Dauercamper ein. Es finden sich Stellflächen für Zelte, Wohnwagen und Wohnmobile. Außerdem können Finnhütten und Kalmarhäuser gemietet werden.
Informationen
Campingplatz und Strandbad Adria
06842 Dessau-Mildensee
Tel. 0340 / 2160945

Freibad Großkühnau
Das Naturbad Großkühnau bietet ausreichenden Sandstrand und Liegewiesen in guter Qualität. Die Schwimmer des DLRG achten auf die Sicherheit der Badegäste, die am See auch campen können. Für die Kinder steht ein Spielplatz bereit.
Informationen
Freibad Großkühnau
Brambacher Straße 43b
06846 Dessau-Roßlau, Tel. 0340 / 6271

Museum für Naturkunde und Vorgeschichte Dessau
Das Museum präsentiert als naturkundliches Zentrum Anhalts Dauerausstellungen zu den Themen Ökologie, Erdgeschichte sowie Mensch und Umwelt. Das Museum beherbergt wichtige Sammlungen zu den Themen Vorgeschichte, Botanik, Zoologie und Geologie.
Informationen
Askanische Straße 32
06842 Dessau-Roßlau, Tel. 0340 / 214824
www.mv-sachsen-anhalt.de

Regionalmarkt

LEIB & SEELE

Neulandschäferei Axel und Kerstin Schuster
Große Schäferei, die neben Fleisch auch allerlei Fellprodukte anbietet. Geöffnet am Donnerstag von 14–18 Uhr, Freitag von 10–18 Uhr, Samstag von 14–18 Uhr.
Informationen
Ostorfer Straße 2
39615 Beuster
Tel. 039397 / 365
a.u.k.schuster@t-online.de

Land- und Forstwirtschaftliche Betriebsgesellschaft Schloss Storkau mbH
Käserei, Mosterei, Bioladen
Im Park 1
39590 Storkau
Tel. 039321 / 5210

Glinder Ziegenhof
Gitte Kutschbach verkauft in ihrem Ziegenhof diverse Ziegenmilchprodukte, die vor allem für Kuhmilchallergiker geeignet sind. Neben Quark, Weich- und Frischkäsesorten auch Ziegensalami.
Informationen
Dorfstraße 80
39249 Glinde
Tel. 039298 / 3930
glinderziegenhof@aol.com

Hof Rajoch
Fleisch und Wurst vom Hereford-Rind
Informationen
Familie Wick
Rajoch Nr. 7
39240 Lödderitz
Tel. 039295 / 27436
hofrajoch@t-online.de

Teichwirtschaft Deetz
Räucherfisch aus eigener Räucherei, diverse Fischplatten.
Informationen
Hannelore Sachse
Nedlitzer Straße 1, 39264 Deetz
Tel. 039246 / 7634, www.deetz.de

Baumschule Ulrich Wichmann
Laub- und Nadelgehölze, Obstgehölze, Rosen, alte Kartoffel- und Apfelsorten, Beerenobst.
Informationen
Am Klaasberg 4a, 39264 Steckby
Tel. 039244 / 234

Kiekinpott
Spezialgeschäft für regionale Produkte, Stefan Wallwitz, Zerbster Straße 16, 06844 Dessau-Roßlau, Tel. 0340 / 516 96 36 und: Breite 52, 39261 Zerbst, Tel. 03923 / 612770, Angebot: besondere Geschenkideen, Honig, Wurst, Streuobstwiesenprodukte, Liköre, Backwaren, Obst/Gemüse u.a.m.

Das Landei
Spezialgeschäft für regionale Produkte, Gerlinde Bütof, Johannisstraße 15, 06844 Dessau-Roßlau, Tel. 0340 / 5204390, Angebot: Wurst- und Käsespezialitäten, Fisch, Sanddornprodukte, Tees, Nudeln, Weine, Salate, Töpferwaren u.a.m.

Lage in Sachsen

Naturpark Muldenland – alles im Fluss

Direkt vor den Toren der Großstadt Leipzig liegt in südwestlicher Richtung eine vielgestaltige Flusslandschaft – das Muldenland. Die im Vogtland entspringende Zwickauer Mulde, die Freiberger Mulde, die im tschechischen Erzgebirge ihre Quellen hat und, nach dem Zusammenfluss der beiden Flussarme bei Colditz, die Vereinigte Mulde bilden nach der Elbe das zweitgrößte sächsische Fluss-System. Es entwässert eine riesige Fläche von 7.400 Quadratkilometern - nahezu das gesamte Erzgebirge und sein Vorland, Teile des Vogtlandes und der Leipziger Tieflandsbucht. Wegen ihres Gefälles zählt die Mulde zu den schnellsten Flüssen Mitteleuropas.

Seit Jahrtausenden haben Menschen den Fischreichtum und die Kraft des Flusses genutzt und die landschaftlich reizvollen Täler der beiden sich vereinenden Mulden für sich entdeckt. Mit alten Burgen und prächtigen Schlössern, Klöstern und weiten Landschaftsgärten, im Mittelalter geborenen Städten und Dörfern hinterließen sie uns Heutigen ein historisch interessantes Erbe. Einmalig in Deutschland ist die Dichte an Schlössern, Burgen und Herrenhäusern entlang der Mulde und ihrer Zuflüsse.

Bergbau und Industrie, die sich - angewiesen auf das Wasser und seine Kraft - am Fluss entlang entwickelten, veränderten in den vergangenen Jahrhun-

Schiffmühle Höfgen

derten das Gewässer einschneidend. Stauanlagen und Kunstgräben prägen bis heute den Fluss, dessen Verlauf dennoch weitgehend naturbelassen blieb. Seit 20 Jahren erholt er sich zusehends von seiner extremen Belastung durch industrielle und kommunale Abwässer.

Heute sind die Flusstäler und Auen fast durchgehend Flora-Fauna-Habitate und europäische Vogelschutzgebiete. Die angrenzenden Wälder stehen ebenfalls unter Schutz. Die Mulde und ihre Zuflüsse gewinnen ihren Fischreichtum zurück. Zielgerichtet werden die Bedingungen für Wanderfische verbessert. Auch der Lachs soll wieder bis ins Erzgebirgsvorland zum Laichen zurückkehren können. Immerhin war das Einzugsgebiet der Mulden vor der Industrialisierung das bedeutendste Lachslaichrevier Sachsens. Naturschützer wachen über die Lebensräume von Fischotter und Biber, die sich erfreulich vermehren, von Wespenbussard und Seeadler, Schlammpeitzger oder Bachneunauge.

Am Wachtelberg bei Wurzen befindet sich das älteste Pflanzenschutzgebiet in Deutschland. Das letzte sächsische Vorkommen der Echten Kuhschelle (Pulsatilla vulgaris) wurde hier, nach dem Bau eines Bismarckturmes auf der Porphyrkuppe, auf Antrag der Stadtverordneten schon im Jahre 1911 unter Schutz gestellt.

Sachsen trägt gern Purpur

Wo die Mulde den nordwestsächsischen Vulkanitkomplex durchquert, finden sich zudem bedeutende Geotope. Das Muldenland wurde vor 290 Millionen Jahren von gewaltigen Vulkanausbrüchen erschüttert. Das Eruptivgebiet umfasste rund 2.000 Quadratkilometer im heuten Nordwestsachsen. Dem Ausstoß von kieselsäurereichem Magma aus riesigen Vulkanen verdankt die Region einen Geotop von nationalem Rang – den roten Porphyrtuff von Rochlitz. Seine Fachbezeichnung ist Rochlitzer Ignimbrit, ein aus dem lateinischen ignis (Feuer) und nimbus (Wolke) zusammengesetzter Begriff. Die bis zu 1.000 Grad heißen, aufgeschäumten Glutwolken waren schwerer als Luft und bewegten sich am Boden, wo sie sich in großen Decken ablagerten. Der rötlichbraune Stein mit hellen Adern und Einschlüssen ist bis heute ein von Architekten gern genutzter Werkstein. Der schon von den alten Griechen mit dem Namen Porphyr – also Purpur – bezeichnete Stein ziert seit Jahrhunderten Schlösser, Kirchen und wichtige Gebäude. Sachsen trägt gern den Purpur aus dem Muldenland.

Eine Attraktion für Geologen aus ganz Europa waren im 19. Jahrhundert die Gletscherschliffe in den Hohburger Bergen bei Wurzen. Die eiszeitlichen Spuren auf dem Quarzporphyr führten zu einem wissenschaftlichen Paradigmenwechsel und zur Anerkennung der Glazialtheorie, die von der Vergletscherung weiter Teile Mitteleuropas ausgeht. Auch die Gletscherschliffe am Kleinen Berg bei Hohburg sind als nationaler Geotop anerkannt. Der Stein, in dem die Gletscherspuren verewigt sind, macht das Muldenland zu einer steinreichen Gegend. In zahlreichen Steinbrüchen wird bis heute Quarzporphyr gebrochen, der vor allem als Schotter für den Unterbau von Straßen und Schienen aber auch als Werkstein genutzt wird. Quarzporphyr ist auch die Grundlage für die reichen Kaolinvorkommen der Region. Der Rohstoff für die Porzellanherstellung ist ein Verwitterungsprodukt des Quarzporphyrs. Nahe der Stadt Colditz befand sich die Grube, aus der sich Johann Friedrich Böttger für seine Versuche bediente, aus denen schließlich das berühmte Meissener Porzellan entstand.

Wanderweg an der Zschopau

Trebsen Muldenradweg

Einsatz für einen Naturpark

Der Verein Naturpark Muldenland hat es sich seit 2003 zur Aufgabe gemacht, den besonderen Wert dieser Flusslandschaft deutlich zu machen, die in Europa nur noch selten zu finden ist. Er strebt nach der Anerkennung der Region als Naturpark. Dazu fördert er das Naturerleben über vielfältige Angebote zur Umweltbildung. Er setzt sich mit seinen Projekten zum Radwandern am Fluss und zum Wasserwandern für einen sanften, naturverträglichen Tourismus ein. Unter dem Dach des Vereins entwickelt eine Arbeitsgruppe zudem die Voraussetzungen für die Anerkennung der Region des nordwestsächsischen Vulkanitkomplexes mit seinen reichen Porphyrvorkommen zum nationalen Geopark. Schon jetzt kann man gut einen Eindruck von den natur- und geotouristischen Potenzialen bekommen. Empfehlenswert ist das vielfältige Angebot auf dem Rochlitzer Berg und in der Porphyrstadt Rochlitz. Ein Porphyrlehrpfad lädt zu allen Jahreszeiten ein, sich mit dem roten Stein zu befassen. Der geologischen Geschichte ist unter dem Titel „Zeit-Wandel-Stein" eine Ausstellung mit Geoerlebnisgarten im Herrenhaus Röcknitz nahe Wurzen gewidmet. Und hautnah - bis ins Schlafzimmer und die Werkskantine - beleuchtet in Hohburg im Steinarbeiterhaus ein sehr lebendiges Museum mit Technikschau das Leben der Steinarbeiter der Region.

Den erwünschten Cocktail aus Naturidylle und Abenteuer kann sich jeder beim Erkunden der vielgestaltigen Landschaft selbst mixen. Etliche Strecken am Fluss laden zum Wasserwandern ein. Im durchgehend geschützten Flusstal sind Motorboote nicht zugelassen. Wer das Paddel in die Hand nimmt, entdeckt eine traumhafte Flusslandschaft, ein Labsal für die Seele. Er begegnet Eisvogel, Uferschwalbe und Silberreiher und taucht beim Einschwenken in die Altarme in die Stille stehender Gewässer ein, die von Teichmummeln bedeckt und gelber Iris gesäumt sind.

Klettern im Kohlenberg bei Brandis

Auch im Sattel bei einer Radtour über 158 Kilometer den Fluss entlang lässt sich der die Region trefflich erkunden und belohnt mit Naturgenuss und Erholung. Wandern und Radwandern entlang der Mulde können beim zuständigen Tourismusverband auch ohne Gepäck gebucht werden.

Das Muldenland lädt auch zum Reiten und zum Angeln ein, zum Klettern in den Porphyrwänden am Fluss und in aufgelassenen Quarzporphyr-Brüchen. Auch Taucher finden in den Restlöchern des Steinabbaus für ihr Hobby klares, tiefes Wasser. Die Freizeitsportler sorgen in ihren Vereinen gemeinsam mit den Naturschützern für die Reinhaltung der Gewässer und Kletterreviere.

Rochlitzer Berg Gleisbergbruch

Lage in Sachsen

Erlebnistouren

Tour 1: Froschradweg
Tour 2: Radwanderweg „Sorbische Impressionen"
Tour 3: Seeadlerradweg
Tour 4: Naturerlebnispfad „Guttauer Teiche und Olbasee"
Tour 5: Naturerlebnispfad „Landschaftsgeschichte Kreba-Neudorf-Mücka"

Sehenswürdigkeiten

1. Schloß und Park Milkel
2. Schrotholzkapelle Sprey
3. Bärwalder See
4. Tauerwiesenteich
5. Eichberg bei Weißg (Napoleon-Denkmal)
6. Schloß- und Volkspark Uhyst
7. Biosphärenreservatszentrum

Großteich Sdier

UNESCO Biosphärenreservat Oberlausitzer Heide- und Teichlandschaft

Im Nordosten Sachsens, wo man die letzten Ausläufer des Lausitzer Hügellandes hinter sich lässt, beginnt eines der großräumigsten Teichgebiete Deutschlands – die Oberlausitzer Heide- und Teichlandschaft. Dieses auch Teichlausitz oder „Land der tausend Teiche" genannte Gebiet mit über 1.000 angelegten Gewässern reicht von Kamenz im Westen bis zur Neiße im Osten. Wie vor 500 Jahren dienen diese Teiche auch heute noch der Fischzucht und prägen die malerische Landschaft. Bereits 1996 wurde der repräsentativste Teil dieser Region, ein etwa 30.102 Hektar großes Areal, als UNESCO-Biosphärenreservat anerkannt. Es umfasst insgesamt fast 350 Teiche und ist eingebettet in Dünen, Wälder, Feuchtwiesen, Flußauen und Heidegebiete. Zum Schutzgebiet gehören elf Gemeinden mit insgesamt 60 Ortschaften.

Wiesenteich bei Mönau im Herbst

Irrgarten Kleinwelka
In Kleinwelka befindet sich der größte Irrgarten mit dem einzigen Abenteuer- und Rätsellabyrinth der Welt. Wer das Ziel in der Mitte des Heckenlabyrinths erreicht hat, kann sich einen Stempel auf seine Eintrittskarte drucken lassen. Danach haben Abenteurer die Möglichkeit, mit einer Seilbahn über den Irrgarten zu schweben und sich alles von oben anzuschauen. Im anschließenden Abenteuer- und Rätsellabyrinth kann man sein Geschick und die grauen Zellen testen.
Informationen
Am Wasserturm 14
02625 Bautzen
Tel. 035935 / 20575
Fax 035935 / 20578
info@irrgarten-kleinwelka.de
www.irrgarten-kleinwelka.de

Gelebte Geschichte im Sumpfland

Die slawischen Siedler, die 600 nach Christus hierher kamen, nannten das von Sümpfen und Wäldern bedeckte weite Land „Łužica“ (Sumpfland). Daran erinnert die Bezeichnung „Lausitz“. Kultur und Geschichte der Region sind heute eng mit den hier lebenden Sorben verbunden. Dieses kleinste slawische Volk hat sich bis zum jetzigen Zeitpunkt seine Sprache und sein Brauchtum in einer deutschen Umgebung erhalten. Ein deutlich sichtbares Zeichen dafür ist die Bezeichnung von Dörfern und die Beschilderung von Straßen in zwei Sprachen. Die Pflege der sorbischen Sprache und Kultur wird durch sorbische Kindergärten, Schulen, Verlage, das deutsch-sorbische Volkstheater und viele weitere kulturelle Aktivitäten unterstützt. Sorbische Bräuche, wie beispielsweise die Vogelhochzeit oder das Osterreiten, erfreuen sich nach wie vor großer Beliebtheit.

Auwald Guttau

Eldorado für seltene Tiere und Pflanzen

Das Biosphärenreservat ist durch unterschiedlichste Landschaften charakterisiert: Auf engstem Raum wechseln Teiche, Fließgewässer, Moore, Wiesen, Heiden und Wälder einander ab und formen dadurch einen sehenswürdigen, abwechslungsreichen und vielfältigen Lebensraum für Mensch, Tier und Pflanze.

Im Schutzgebiet sind etwa 5.000 verschiedene, teils sehr seltene, geschützte Pflanzen- und Tierarten beheimatet, wie das seltene Moorveilchen, der Fleisch fressende Sonnentau und die Wildgladiole. Auch Fischotter, Elch und Wolf zählen zu den außergewöhnlichen Bewohnern der Region.

Besonders für Vögel ist die Teichlausitz ein idealer Brut- und Rastplatz. So erwartet den Besucher vor allem im Frühjahr und Herbst ein Schauspiel der besonderen Art: Im September und Oktober sowie im April finden sich 20.000 bis 30.000 Wasservögel in den Teichen der Lausitz ein und nutzen diese als Rastplatz auf ihrem Weg in die Sommer- beziehungsweise Winterquartiere. Dann kann man am Himmel faszinierende Formationen großer Vogelschwärme beobachten und besonders in der Dämmerung ist die Luft erfüllt vom Ruf tausender Gänse, die ihren Schlafplatz in den Teichen einnehmen, wie zum Beispiel an den Fischteichen in der Bergbau-Folgelandschaft um Lohsa. Auf angrenzenden, weitläufigen Offenflächen trifft der Wanderer viele weitere Brutvogelarten wie Steinschmätzer, Brachpieper und Wiedehopf.

Moorveilchen

Olbasee

Der Olbasee ist aus einer ehemaligen Kohlengrube entstanden. Bereits 1932 erreichte der See seine heutige Spiegelhöhe. Aus der ehemaligen Kohlengrube entstand ein 50 Hektar großer See, mit einer als Flächendenkmal geschützten Insel, dem „Radisch". Im Jahre 1962 wurde die Olba zum Erholungsgebiet erklärt. Der Olbasee ist ideal für Surfer, Segler, Camper und Badefreunde.

Informationen
Naturcampingplatz am Olbasee Kleinsaubernitz
Olbaweg 16
02694 Guttau
Tel. 035932 / 30232
Fax 035932 / 30886
natur@campingplatz-olbasee.de
www.campingplatz-olbasee.de

Das violette Wohnzimmer des stolzen Seeadlers

Ein vom Aussterben bedrohter Jäger der Lüfte ist im UNESCO Schutzgebiet noch relativ häufig anzutreffen – der majestätische Seeadler. Der Greifvogel mit der imposanten Flügelspannweite von bis zu 2,60 Metern findet im Biosphärenreservat ideale Lebensbedingungen vor und so suchten sich im Frühjahr 2010 allein 17 Seeadlerpaare die Teichlausitz als Brutplatz für ihre Jungvögel aus. Ausgesprochen günstig für die Beobachtung der Seeadler ist die Zeit des Abfischens im Herbst. Dann haben die Seeadler leichte Beute und versammeln sich in größerer Zahl an den Fischteichen.

Ein weiteres Naturschauspiel, vielen bekannt aus der Lüneburger Heide, ist die violettfarbene Heideblüte. Der Besucher im Biosphärenreservat kann sich im Spätsommer an der leuchtenden Farbenpracht erfreuen. Große Heideflächen, vor allem auf ehemaligen Truppenübungsplätzen, stellen Offenland-Biotope dar, in denen seltene, auf diesen besonderen Lebensraum angewiesene Pflanzen- und Tierarten, beheimatet sind. Um einer Wiederbewaldung der Heideflächen entgegenzuwirken, werden tierische Landschaftspfleger wie Elche, Wildpferde und Schafe eingesetzt.

Bruchwald am Altarm der Spree oberhalb Neudorf

Der Anblick von so genannten Ackerwildkräutern, wie Kornblume, Mohn und das Frühlings-Kreuzkraut in den Feldern ist selten geworden - nicht so im Biosphärenreservat. Durch das Projekt „Ackerwildkräuter schützen und erhalten" werden die bedrohten Pflanzenarten besonders geschützt und deren natürliche Verbreitung gefördert. Bei einer frühsommerlichen Radtour durch die ländliche Idylle kann der Radler sich an den roten, blauen oder gelben Inseln in den zahlreichen Feldern erfreuen. Wildkräuter schaffen Lebensräume für die von und mit ihnen lebenden Tieren. Damit liefern sie einen wichtigen Beitrag zur Erhaltung, beziehungsweise Begünstigung von Nützlingen bei der biologischen Bekämpfung von Kulturschädlingen.

Apfelblüte

In sauberen Seen tummeln sich muntere Fische

Eines der bedeutsamsten Gewerbe in der Oberlausitz neben dem Tourismus ist die Fischereiwirtschaft. Der erste urkundliche Nachweis der Anlage von Fischteichen ist bereits aus dem 13. Jahrhundert datiert. Schon im 15. und 16. Jahrhundert stellte die Teichfischerei einen wichtigen Erwerbszweig dar und mit Beginn des 18. Jahrhunderts entwickelte sich daraus eine leistungsfähige Teichwirtschaft. Heute leben nur noch sehr wenige von der Fischerei. Jedes Jahr im Herbst können die Besucher ein Spektakel der besonderen Art erleben: In der Zeit von September bis Anfang November finden die großen Abfischfeste statt. Dann werden die Teiche abgelassen und es beginnt die „Karpfenernte". Auf zahlreichen Abfischfesten können die Besucher hautnah miterleben, wie tausende Karpfen und andere Fische aus den Teichen in ihre Winterquartiere gebracht werden. Bis zum kommenden Frühjahr werden die Fische dann in speziellen Hälteranlagen untergebracht und ab März wieder in die Teiche gesetzt oder sie werden in Fischgeschäften verkauft.

Feuchtheide Wartha

Fieberklee

INFORMATIONEN

UNESCO-BIOSPHÄRENRESERVAT „OBERLAUSITZER HEIDE- UND TEICHLANDSCHAFT"

Informationen
Biosphärenreservatszentrum Wartha
Dorfstr. 29
02694 Guttau, OT Wartha
poststelle.sbs-broht@smul.sachsen.de
www.biosphaerenreservat-oberlausitz.de
Öffentlichkeitsarbeit / Bürgerberatung
Tel. 035932 / 36530
Fax 035932 / 36550
Fachberatungen
Tel. 035932 / 36525
Fax 03593 / 36550
Naturwachtbereich Mitte
Tel. 035932 / 36532

WEITERE INFORMATIONSSTELLEN DES BIOSPHÄRENRESERVATES

Informationen
Außenstelle Friedersdorf
Naturwachtbereich West
Altfriedersdorfer Straße
02999 Lohsa
OT Friedersdorf
Tel. 035724 / 51075

Außenstelle Mücka
Naturwachtbereich Ost
Am Sportplatz 231
02906 Mücka
Tel. 035893 / 50872

NATURSCHUTZSTATION NESCHWITZ

Die Naturschutzstation Neschwitz fand im Mai 1994 in einem der Pavillons der Neschwitz Schloss- und Parkanlage ihr zu Hause. Die umfangreiche Ausstattung der Station mit Labor, Werkstatt und Bibliothek bietet vielfältige Möglichkeiten zur Nutzung. Naturschützer, Praktikanten, Studenten und Schülergruppen lernen hier bei Lehrgängen, Seminaren und praktischen Naturschutzarbeiten, wie unsere Natur funktioniert und wie wir diese Welt schützen können. Ein erfahrenes und gut ausgebildetes Mitarbeiterteam steht Rede und Antwort (Forstingenieure, Teichwirte, Techniker, Forstarbeiter, Ornithologen, Entomologen, Umweltpädagogen und Laborassistenten). Im Fischereihof in Kleinholscha können Besucher hinter die Kulissen schauen. Verletzte Vögel werden in der Pflegestation aufgenommen.

Informationen
Park 1
02699 Neschwitz
Tel. 035933 / 30077
Fax 035933 / 30078
Naturschutzstation-Neschwitz@t-online.de
www.naturschutz-neschwitz.de

UMWELTBILDUNG IN DER TEICHLAUSITZ

Wenn in warmen Julinächten kleine Entdecker den Stimmen der Nacht lauschen und sich auf die Lauer legen, um einen Blick auf die heimlichen Bewohner zu erhaschen, dann finden die alljährlichen Sommercamps im Biosphärenreservat statt. Sie sind die Höhepunkte in einem langen Umweltbildungsjahr. Führungen, Projekttage, praktischer Naturschutz sind seit der Gründung 1994 Teil der unterschiedlichen Angebote, welche alle Altersklassen, vom Kindergarten bis Gymnasium, nutzen können. Die Vermittlung von Fakten und Wissen sowie das spielerische Entdecken und Forschen, wecken bei den Kindern und Jugendlichen Begeisterung und einen verantwortungsbewussten Umgang mit der Natur. Jedoch ist Umweltbildung nicht nur etwas für Kinder, auch Erwachsene können ihren Wissensdurst zu unterschiedlichsten Themen bei Vorträgen und Führungen stillen. Zweimal im Jahr werden bei den „Mückaer Kolloquien" aktuelle Forschungsergebnisse präsentiert und fachliche Diskussionen geführt. Dass die Umweltbildung zu Recht einen hohen Stellenwert in der Arbeit des Biosphärenreservates einnimmt, zeigen die stetig steigenden Veranstaltungs- und Besucherzahlen. Die Umweltbildung ist an den Förderverein für die Natur der Oberlausitzer Heide- und Teichlandschaft angegliedert, und hat 2010 und 2011 einen DEKADE-Preis der Deutschen UNESCO-Kommission für zwei Projekte bekommen.

Informationen
Förderverein für die Natur der OLHT
Alte Schulstraße 8
02694 Guttau
OT Neudorf/Spree
Tel. 035932 / 36707
info@foerderverein-oberlausitz.de
www.foerderverein-oberlausitz.de

SORBISCHE BEWOHNER

Die sorbische Bevölkerung der Oberlausitz trägt zur kulturellen Vielfalt der Region bei. Die einzelnen Trachtengebiete der sorbischen Lausitz bilden die größte geschlossene Trachtenregion in Deutschland. Zahlreiche Bräuche, wie die Vogelhochzeit, das Hexenbrennen oder das Aufstellen und Werfen des Maibaums erfreuen sich in den einzelnen Regionen großer Beliebtheit. Orte des sorbischen Siedlungsgebietes vermitteln mit ihrer besonderen Architektur, mit Museen und Heimatstuben, mit Kirchen und Klöstern einen tiefen Einblick in das frühere Leben der Slawen in Deutschland.

Informationen
Förderverein Sorbischer Kulturtourismus
Friedensstraße 65
02959 Schleife
Tel. 035773 / 76153
skt-domowina@t-online.de
www.tourismus.sorben.com

Sorbisches Museum
Ortenburg 3–5
02625 Bautzen
Tel. 03591 / 42403
Fax 03591 / 42425
www.museum.sorben.com

INFORMATIONEN ZU UNTERKÜNFTEN UND TOUREN

TOURISTINFORMATION „HIRTENTÄSCHEL" IM BIOSPHÄRENRESERVAT

Noch öffnet jeweils dienstags bis sonntags von 10–17 Uhr (April–Oktober) öffnet das „Hirtentäschel" seine Türen für die Besucher. Im Herbst 2011 eröffnet auf dem Gelände des Biosphärenreservatszentrums in Wartha das neue Informationszentrum. Neben der Information der Besucher des Biospährenreservates ist die Nutzung des Gebäudes in Rahmen von Tagungen, Seminare, Umweltbildungsangeboten und Führungen vorgesehen. Im Obergeschoss des Informationszentrums befindet sich eine Ausstellung. In dieser setzt sich der Besucher interaktiv mit der Teichlandschaft als Lebensraum für Tiere und Pflanzen sowie als Lebensstätte für den Menschen auseinander. Dem Besucher wird die Möglichkeit geboten, das Leben und Wirtschaften am und im Teich über ein Jahr hinweg zu erkunden.

Informationen

Auf dem Gelände des Biosphärenreservatszentrums
Dorfstr. 29
02694 Guttau
OT Wartha

Touristische Gebietsgemeinschaft „Heide und Teiche im Bautzener Land e.V."
Gutsstraße 4c
02699 Königswartha
Tel. 035931 / 21220
Hotline 0180 / 5650560
Fax 035931 / 20021
info@oberlausitz-heide.de
www.oberlausitz-heide.de

Marketing-Gesellschaft Oberlausitz-Niederschlesien
Tzschirnerstraße 14a
02625 Bautzen
Tel. 03591 / 48770
Fax 03591 / 487748
info@oberlausitz.com
www.oberlausitz.com

Tourismus GmbH - Land und Leute
Dr.-Wilhelm-Külz-Straße 1
02977 Hoyerswerda
Tel. 03571 / 408030
Fax 03571 / 408031
info@lausitz-tourismus.de
www.lausitz-tourismus.de

Touristische Gebietsgemeinschaft „Lausitzer Seenland" e.V.
Schlossplatz 3
02977 Hoyerswerda
Kontaktperson: Herr Heberle
Tel. 03571 / 457600
Fax 03571 / 457605
tgg@lausitzerseenland.de
www.lausitzerseenland.de

Reisen ohne Handicap „(Un-)behindert Reisen" in Sachsens Oberlausitz

Auf der Internetseite www.reisen-ohne-handicap.de gibt es Tipps für die Reise- und Urlaubsplanung, die einen barrierefreien Aufenthalt in der Oberlausitz erleichtert.

Informationen
Tourist-Information Bautzen
Hauptmarkt 1
02625 Bautzen
Tel. 03591 / 42016
Fax 03591 / 464499
touristinfo@bautzen.de
www.reisen-ohne-handicap.de

Linien und Fahrpläne von Bus und Bahn ZVON – Infotelefon:
Tel. 0800 / 98664636
www.zvon.de

LITERATUR UND KARTENMATERIAL

Bei der Marketing-Gesellschaft Oberlausitz-Niederschlesien sind umfangreiches Informationsmaterial sowie Karten erhältlich, unter anderem:
Broschüre „Radwandern in der Lausitz"
Broschüre „Oberlausitzer Wanderparadies"
Ferienmagazin „Oberlausitz"

Informationen
Tzschirnerstraße 14a
02625 Bautzen
Tel. 03591 / 48770
Fax 03591 / 487748
info@oberlausitz.com
www.oberlausitz.de

ERLEBNISTOUR RADWANDERN

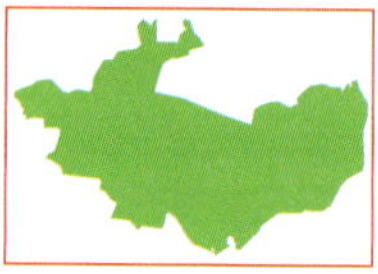

Lage der Tour

1. Froschradweg

Länge: 260 Kilometer
Schwierigkeitsgrad: leicht
Wegzeichen: Frosch
Tourenbeschreibung:
Der Froschradweg bietet auf einem etwa 260 Kilometer langen Rundkurs die Möglichkeit, die Oberlausitzer Heide- und Teichlandschaft kennen zu lernen. Neben Naturschönheiten des Biosphärenreservates bietet der Froschradweg noch vieles mehr: den Rhododendronpark in Kromlau und als UNESCO-Weltkulturerbe den Fürst-Pückler-Park in Bad Muskau, alte Schlösser mit sehenswerten Ausstellungen in Hoyerswerda und Neschwitz, malerische Dörfer und Kleinstädte. Erfrischung an heißen Sommertagen findet der Radler in den Badeseen mit gepflegten Freizeitanlagen und gut ausgestattete Campingplätze ermöglichen einen längeren Aufenthalt in natürlicher Umgebung. Liebhaber alter Eisenbahnen können sich im nordöstlichen Teil der Route eine genussvolle Ruhepause gönnen, wo die „Waldeisenbahn Muskau" zwischen Weißwasser, Kromlau, bzw. Bad Muskau zur gemütlichen Erlebnisfahrt durch die Heidelandschaft einlädt. Die Route ist

durchgehend mit dem Frosch-Logo ausgeschildert. Die zu bewältigenden Steigungen halten sich in Grenzen. Der Ausbau des Weges ist gut bis sehr gut und teilweise dem Thema entsprechend Natur belassen.

Sehenswürdigkeiten:

1. Grüngräbchen
Rhododendrongärtnerei Seidel
(1744 vom Hofgärtner Seidel angelegt)

2. Bernsdorf
Tiergehege, Gondelteich, Dubring:
Dubringer Moor (Wandermöglichkeit)

3. Wittichenau
historischer Stadtkern,
Barockkirche, Lausitzer Grubenbahn,
Waldbad Knappensee

4. Knappenrode
Bergbaumuseum

5. Dörgenhausen
Bockwindmühle

6. Hoyerswerda
historischer Altstadtkern, Stadtschloss von 1592 mit Museum (u.a. sorbische Volkskunst und Baugeschichte der Neustadt) Neustadt (verschiedene Epochen des industriellen Wohnbaus in der DDR), Computermuseum, Zoo, Burg, Einblick in die Tagebaulandschaft (Braunkohle)

7. Rohne
Sorbische Heimatstube, Schleife: sorbisches Kulturzentrum

8. Kromlau
englischer Landschaftspark (19. Jh.)
Endpunkt der Muskauer Waldeisenbahn
Bad

9. Muskau
Fürst-Pückler-Park , Altes Schloss mit Stadt- und Parkmuseum, Neues Schloss (Orangerie, Tropenhaus), Muskauer Waldeisenbahn Weißwasser, Glasmuseum, Wasserturm, Tierpark Schrotholzhaussiedlung „Ehrlichthof Rietschen", Aussichtspunkte Braunkohlebergbau Pechern, Fachwerkkirche

10. Rothenburg
Marktplatz, Stadtpark, Heimatmuseum

11. Niesky
(gegründet durch die Herrnhuter Brüdergemeine) Zinzendorfplatz, Museum, Holzhauspfad (Musterbauten des Architekten Wachsmann), Heimatstube Kosel, Erlebnisbad

12. Stausee Quitzdorf
Baden und Wassersport

13. Thräna
Wildgehege

14. Kleinsaubernitz
Olbasee (ehemalige Braunkohlegrube),
Guttauer Teiche

15. Neschwitz
Barockschloss (Naturschutzstation, Naturlehrpfad, Vogelwarte, Parkanlagen, Galerie)

16. Ralbitz
denkmalgeschützter Friedhof

17. Deutschbaselitz
Naturlehrpfad

18. Kamenz
Altstadt, Lessingmuseum,
Hutberg (Parkanlage mit Freilichtbühne)

19. Biehla/Weißig
Teichgebiet mit Fischzucht

Informationen
www.radwandern-oberlausitz.de
www.lausitz-rad.de

ERLEBNISTOUR RADWANDERN

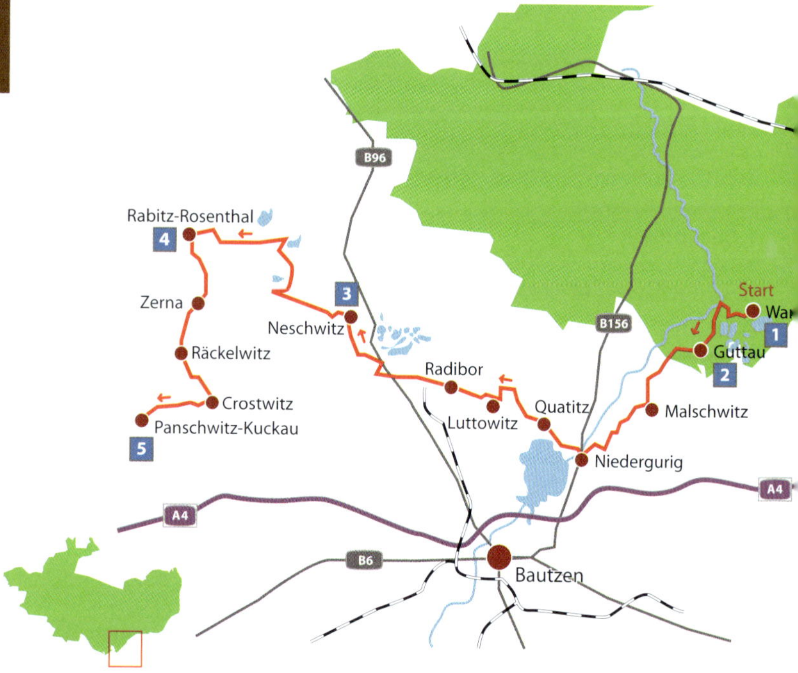

2. Radwanderweg „Sorbische Impressionen"

Länge: 60 Kilometer
Schwierigkeitsgrad: leicht
Wegzeichen: Sorbisches Lindenblatt
Tourenbeschreibung:
Die Radwanderroute durch die sorbische Lausitz entlang gekennzeichneter Radwege führt vorbei an Sehenswertem und Wissenswertem über das slawische Volk der Sorben. Das Kloster St. Marienstern mit seiner Schatzkammer, der sorbische Friedhof in Ralbitz und die Wallfahrtskirche in Rosenthal sind Stationen, an denen unbedingt eine Rast eingeplant werden sollte. (Tel. 03571 / 408030).

Sehenswürdigkeiten:
1. Wartha
Dorfschulmuseum „K.A.Kocor"
2. Biosphärenreservatszentrum Wartha
Fischereimuseum, Teichlehrpfad „Guttauer Teiche"
3. Malschwitz-Niedergurig
Teichweg, Rieseneiche, Sorbisches Luther-Denkmal auf d. Gottlobsberg
4. Radibor
Kathol. Kirche, Sakrales Museum, Landwirt. Museum
5. Quoos
Bockwindmühle

6. Kleinholscha
Gutshof, Fischereihof
7. Neschwitz
Barockschloss mit Park, Naturschutzstation, Sächsische Vogelschutzwarte, Heimatmuseum
8. Eutrich
Krabat-Haus
9. Ralbitz
Kirche mit denkmalgeschütztem katholischen Friedhof
10. Räckelwitz
Kapelle im Beuroner Stil, Malteserstift
11. Crostwitz
Ehrenmal
12. Panschwitz-Kuckau
Zisterzienserinnen Kloster St. Marienstern mit Klostergarten und Park „Lippe"
13. Weißenberg
Museum „Alte Pfefferküchlerei", Rathaus
14. Gröditz
Gröditzer Skala
15. Nechern
Riegelmühle,
Martin-Nowak-Neumann-Haus
16. Wurschen
Schloss
17. Belgern
Schanzberg, Koselmühle
Informationen
www.radwandern-oberlausitz.de

ERLEBNISTOUR RADWANDERN

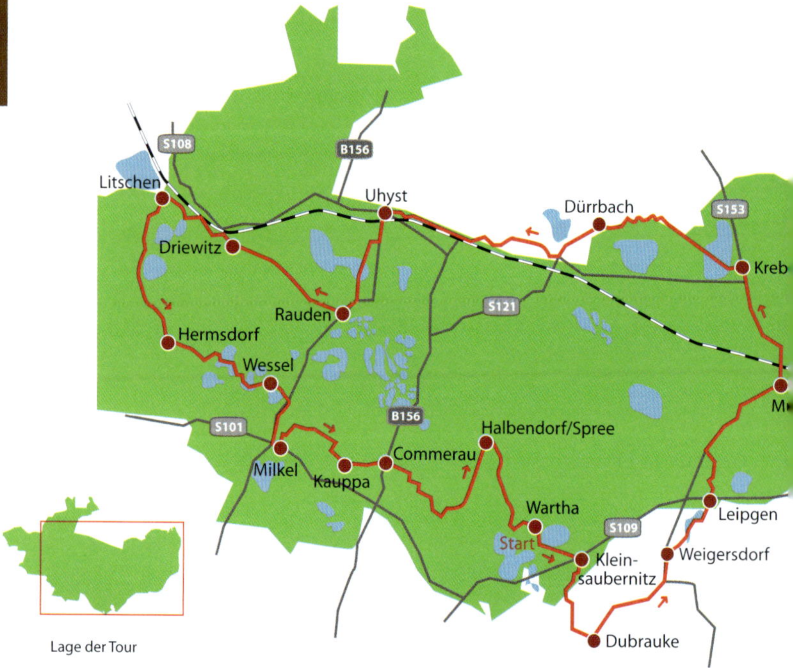

3. Seeadlerradweg

Strecke: Wartha, (Olbasee), Kleinsaubernitz, Dubrauke, Weigersdorf, Leipgen, Oelsa, Förstgen, (Tauerwiesenteich), Mücka, Kreba-Neudorf, Dürrbach, (Bärwalder See), Uhyst, Rauden, Driewitz, Litschen, Friedersdorf, Kolbitz, Weißig, Hermsdorf, Wessel, Milkel, Jetscheba, Kauppa, Commerau, Göbeln, Halbendorf/Spree, Spreewiese, Klix, Brösa, Lömischau, Wartha
Länge: 80 Kilometer
Schwierigkeitsgrad: leicht
Wegzeichen: Seeadler

Tourenbeschreibung:
Wer im Biosphärenreservat keinen Seeadler entdeckt, hat entweder großes Pech oder ist nicht aufmerksam genug. Die Greifvögel mit der imposanten Flügelspannweite von bis zu 2,60 Metern fühlen sich in dem UNESCO-Schutzgebiet ausgesprochen wohl. Auf 80 Kilometern Länge verbindet der Radweg die 14 Biosphärenreservatsgemeinden miteinander. Auf Schautafeln wird über Seeadler, deren Lebensräume und andere Besonderheiten der Landschaft informiert. Zudem finden Radler Aussichtstürme, Beobachtungsplattformen und Picknickplätze.

Froschkraut

Sehenswürdigkeiten:

1. Wartha
Verwaltungssitz des Biosphärenreservates „Oberlausitzer Heide- und und Teichlandschaft", Abstecher zum Naturlehrpfad „Guttauer Teiche und Olbasee", sorbisches Schulmuseum, Biosphärenreservatszentrum, Olbasee (Bademöglichkeit)

2. Leipgen
Teichwirtschaft Weigersdorf (Direktvermarkter), Altteich (Bademöglichkeit)

3. Mücka
Fachwerkhaus Alte Försterei, Abstecher zum Naturerlebnispfad „Landschaftsentwicklung"

4. Kreba-Neudorf
Bauernhof Ladusch und Teichwirtschaft (beide Direktvermarkter), Schloss mit Schlosspark, Kirche mit Pfarrhaus

5. Uhyst
Barockschloss mit Schlosspark, Volkspark, Alte Schleiferei, barocke Kirche, Dannenberghaus, Teichwirtschaft Uhyst (Direktvermarkter), Wildfarm, Fischtreppe

6. Litschen
geologischer Lehrpfad

7. Friedersdorf
Informationsstelle des Biosphärenreservates, Schau- und Lehrgelände

8. Weißig
Fledermausschloss, Napoleondenkmal am Eichberg

9. Milkel
Barockschloss mit Park, erste englische Lehrhufschmiede, Fischtreppe

10. Kauppa
Rittergutsanlage, Alte Schmiede

11. Halbendorf
Waldschulheim

12. Spreewiese
Schloss

13. Klix
Fachwerkhäuser, ev. Kirche

Informationen
www.biosphärenreservat-oberlausitz.de

ERLEBNISTOUR WANDERN

4. Naturerlebnispfad „Guttauer Teiche und Olbasee“

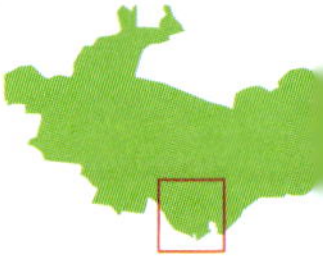

Lage der Tour

Länge: 8 Kilometer
Schwierigkeitsgrad: leicht

Tourenbeschreibung:
Die Guttauer Teiche und den Olbasee findet der Wanderer etwa zwölf Kilometer nordöstlich der Stadt Bautzen. Auf dem etwa acht Kilometer langen Naturerlebnispfad gibt es ausreichend Gelegenheit zur stillen Naturbeobachtung. Über Stege oder entlang von Wegen werden verschiedenste Lebensräume und die charakteristischen Pflanzen- und Tierarten vorgestellt. Dem Fischer darf bei seiner Arbeit an den Teichen über die Schulter geschaut werden. Die über 30 Stationen laden zum Klettern, Spielen, Schauen, Riechen und Fühlen ein, unterstützen durch interaktive Elemente die Wahrnehmung der Natur. Ob Steckwürfel zusammengefügt und mit den Augen einer Libelle geschaut, rufende Amphibien erlauscht oder dem aufregenden Zug der Vögel auf ihrem weiten Weg gefolgt, viel Neues ist zu entdecken und Bekanntes wieder zu finden. Führungen können telefonisch gebucht werden.

Sehenswürdigkeiten:

1. Wartha

Fischereimuseum Guttau, Schulmuseum „Korla Awgust Kocor"

2. Guttau

Das 1999 eröffnete Informationszentrum Sächsische Teichwirtschaft, gibt Einblicke in die Besonderheiten und die Struktur der sächsischen Teichwirtschaft.

Informationen

www.biosphaerenreservat-oberlausitz.de
Tel. 035932 / 31183 oder 035932 / 3650

Goldteich

ERLEBNISTOUR WANDERN

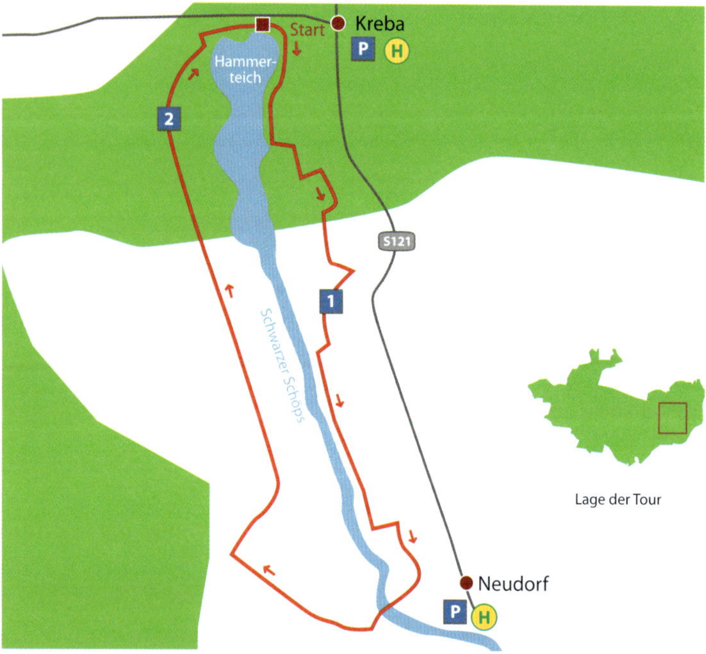

5. Naturerlebnispfad „Landschaftsgeschichte Kreba-Neudorf-Mücka"

Länge: 8,5 Kilometer, oder Teilstrecken von 2,4 km, 2,7 km oder 3,4 km
Schwierigkeitsgrad: leicht

Nördlicher Rundweg
(umfasst zwei Teilstrecken)
Strecke 1:
Der 2,4 km lange Erlenweg: Er führt rechtsseitig des „Schwarzen Schöps" von Kreba nach Neudorf (bzw. in umgekehrter Richtung). Zu erleben sind die charakteristischen Lebensraumkomplexe der Aue sowie Ökologie und Entwicklung des „Schwarzen Schöps".

Strecke 2:
Der 2,7 km lange Eichenweg: Er führt linksseitig des „Schwarzen Schöps" von Neudorf nach Kreba (bzw. in umgekehrter Richtung). Vermittelt werden vorrangig Informationen zu Waldbiotopen, zur Waldnutzung bzw. zur Forstwirtschaft.
Südlicher Rundweg
Der 3,4 km lange Kiefernweg, der auch ins Dünengebiet vor Mücka führt, berührt sowohl Auen- als auch Waldbereiche. Vermittelt werden die Themen Wald und Düne sowie Gewässer und Auen. Besonderer Schwerpunkt wurde dabei auf den zeitlichen Aspekt dieser Landschaftsentwicklung gelegt, der sehr anschaulich dargestellt wird.

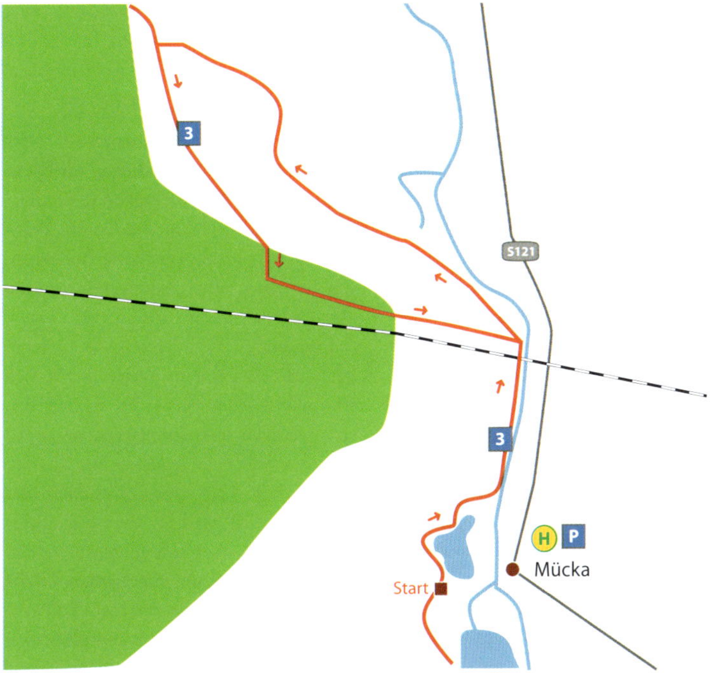

Tourenbeschreibung

Der Wanderer bewegt sich auf den geheimnisvollen Spuren der Vergangenheit. Wie sah die Landschaft zu Zeiten aus, als das Mammut noch hier lebte? Und sicher wird jedes Entdeckerherz höher schlagen, wenn man hier in einer Ausgrabungsstätte Überreste dieses Großsäugers finden kann. Der Naturerlebnispfad befindet sich im östlichen Teil des Biosphärenreservates und ist mit dem Zug von Hoyerswerda und Niesky oder mit dem Bus von Bautzen oder Niesky aus erreichbar. Über eine Strecke von etwa 8,5 Kilometern wird in spielerischer Form eindrucksvoll vermittelt, wie natürliche Vorgänge der Landschaftsentwicklung, zusammen mit historischer Landnutzung die Entstehung der verschiedensten Lebensräume bewirkte. Hier kann man Rätsel der Flussentwicklung lösen und erfährt Wissenswertes über die Entstehung der Binnendünen, bringt den Eisenhammer zum Klingen und kann das Leben in einem alten Stamm beobachten oder die Frage klären, wie eigentlich Holzkohle entsteht. Mehrere thematische Rundwege erlauben einerseits Einblicke in die charakteristischen Biotope der Aue, es werden andererseits Informationen zu Waldbiotopen und zur Waldnutzung gegeben und in einem weiteren Rundweg die Themen Wald, Düne und Böden berührt. Schließlich kann sich der Wanderer auf holprigen Pfaden und einer Hängebrücke über ein stilles Altwasser im Balancieren üben. Wer nicht diese große Runde wandern möchte, kann sich zwischen einem nördlichen Rundweg (5,1 km) und einem südlichen Rundweg (3,4 km) entscheiden

Informationen

www.biosphaerenreservat-oberlausitz.de

FREIZEIT UND ERHOLUNG

Mekka für Radfahrer

Auf schönen und informativen Naturerlebnispfaden kann der Radfahrer viel Wissenswertes über die Teichlandschaft und ihre Besonderheiten erfahren. Ein Radwegenetz von 3.000 Kilometern, fast durchgehend beschildert und zu 90 Prozent ausgebaut, durchzieht die Region. Neben einer Vielzahl kleinerer Touren kann entlang der fünf großen, zum Teil überregionalen Strecken geradelt werden. Ein Service für Urlauber: „Oberlausitz per Rad". Problemlos kann der Radler jederzeit bei allen zertifizierten Partnern Fahrräder mieten und sie dort oder bei einem anderen Partner, wieder abgeben. Diese Flexibilität durch den Hol- und Bringservice beziehungsweise den Gepäcktransfer ist nur einer der zahlreichen Vorteile, die die Oberlausitz für den Urlauber und Freizeitradler anbietet.

Informationen

Tzschirnerstraße 14a, 02625 Bautzen
Tel. 03591 / 48770, Fax 03591 / 487748
info@oberlausitz.com
www.radwandern-oberlausitz.de

Kranich Balz

Wanderparadies Oberlausitz

Per pedes lässt sich dieses idyllische Fleckchen Erde hervorragend erkunden. Mit einem 5.000 Kilometer langen Wanderwegenetz bieten sich beste Bedingungen für einen abwechslungsreichen und aktiven Aufenthalt - lohnende Tagestouren finden Wanderfreunde zu jeder Jahreszeit. Bei klarem Wetter bietet sich eine wunderbare Fernsicht, die auf den verschiedenen Aussichtstürmen noch eindrucksvoller zu erleben ist. In den gemütlichen Gasthäusern entlang der Wanderrouten wird für die nötige Stärkung gesorgt. Wer sich nicht alleine auf eine Tour durch die glitzernden Teiche machen möchte, kann sich einer Führung durch die Naturwacht des Biosphärenreservates oder durch ausgebildete Naturführer anschließen. Im umfangreichen Jahresprogramm ist für jeden Geschmack etwas dabei. Die Angebotspalette reicht von Themenführungen unter anderem zu Weißstorch und Libellen bis hin zu Fledermausexkursionen bei Nacht.

Informationen

www.biosphaerenreservat-oberlausitz.de
www.oberlausitzer-wanderstiefel.de

Anglerfreuden

Abseits vom Straßenlärm bieten in der Oberlausitz zahlreiche Seen, Teiche und Flüsse ruhige Plätze mit idealen Möglichkeiten für Angler. Allein in der Oberlausitzer Heide- und Teichlandschaft existiert ein Besatz mit mehr als 30 Fischarten, die bekanntesten sind Karpfen, Hecht, Barsch, Plötze und Schleie. Voraussetzung für jeden Angler ist ein gültiger Fischereischein und ein für den jeweiligen Bereich ausgestellter Erlaubnisschein (Angelkarte). Kinder und Jugendliche erhalten vom 10. bis 16. Lebensjahr ohne Prüfung einen Jugendfischereischein, der zum Kauf eines Erlaubnisscheines berechtigt. Sie dürfen nur in Begleitung eines volljährigen Fischereischeininhabers angeln. Ausländische Gäste erhalten ihren Fischereischein nach Vorlage ihrer Fischerei- oder Fanglizenz bzw. des Mitgliedsbuches ihres Fischerei- und Angelvereins.

Informationen

Fischereibehörde
Gutsstraße 1
02699 Königswartha
Tel. 035931 / 29610
www.landwirtschaft.sachsen.de

Waldbad Niesendorf

Mitten im Heidewald finden Schwimmfreunde dieses schöne Natur belassene Bad mit einer Wasserfläche von etwa sechs Hektar. Der See entstand aus einer stillgelegten Kiesgrube. Mit Volleyballplatz, Kegelbahn und Spielplatz kommen Camper und Badegäste auf ihre Kosten.

Informationen

Campingplatz Waldbad Niesendorf
02699 Königswartha
Tel. / Fax 035931 / 20538
info@campingplatz-niesendorf.de
www.campingplatz-niesendorf.de

Badesee „Blaue Adria"

Das Erholungsgebiet „Blaue Adria" liegt in einem Heidedorf am Rande des Naturschutzgebietes Oberlausitzer Heide- und Teichlandschaft. Der Badesee entstand aus einer ehemaligen Kaolingrube. Das Wasser ist sauber, azurblau und man sagt ihm eine heilende Wirkung nach. Der familiär geführte Campingplatz ist ganzjährig, sowohl für Sommercamper als auch für die Freunde des Wintercamping geöffnet.

Informationen

Tel. 035934 / 4632
Fax 035934 / 77464
Mobil 0171 / 7553124
service@Blaueadria.de
www.Blaueadria.de

Segelflugplatz Klix

Auf dem Segelflugplatz in Klix können Abenteurer von Anfang April bis Ende September Rundflüge mit einem Segel- oder Motorflugzeug buchen, um das Heide- und Teichgebiet aus der Vogelperspektive zu erleben.

Informationen

Am Flugplatz 5
02694 Großdubrau
Tel. 035932 / 30281
Fax 035932 / 31333
info@aeroteam.de
www.aeroteam.de

ERLEBNISTOUREN – WEITERE HIGHLIGHTS

Technisches Museum „Margarethenhütte“

Vor 150 Jahren entstand in Großdubrau die „Margarethenhütte“. Als eine der ältesten Porzellanfabriken Deutschlands stellte sie Hochspannungs-Isolatoren her. Heute ist diese Fabrik als technisches Museum jeden ersten Sonntag im Monat (Mai bis Oktober) zu besichtigen. Besucher können sich die verschiedenen Arten und Entwicklungsstufen von Elektroporzellan und anderen keramischen Produkte ansehen. Führungen können telefonisch gebucht werden.

Informationen
Hermann-Schomburg-Straße 6
02694 Großdubrau
Tel. / Fax 035934 / 66564
museum.mhuette@freenet.de
www.museum-mhuette.de

Erlichthofsiedlung

Am Ortsrand von Rietschen erfährt der Besucher im Museumsdorf Erlichthofsiedlung, wie das Leben in der Oberlausitz vor vielen Jahrhunderten aussah. Dort sind 16 urige, mehr als 300 Jahre alte, originale Holzhäuser zu besichtigen, die einst das Bild der Region prägten. In den Neunziger Jahren wurden die denkmalgeschützten Gebäude aus Dörfern, die dem Braunkohleabbau weichen mussten, umgesetzt. Behutsam wurden die alten Bauten abgetragen und fanden am Erlichtteich – originalgetreu wieder aufgebaut – eine neue Heimat. Jedes Gebäude wird unterschiedlich genutzt, hier werden traditionelle Handwerkstechniken gezeigt.

Informationen
Am Erlichthof 15
02956 Rietschen
Tel. 03576 / 207435
Fax 03576 / 7211983
lpv.lausitz@freenet.de
www.erlichthofsiedlung.de

Miniaturenpark Kleinwelka

Der Miniaturenpark hat sich seit seiner Eröffnung im Jahr 1998 zu einer wichtigen touristischen Sehenswürdigkeit der Region entwickelt. Die 6.000 Quadratmeter große Anlage mit über 600 Figuren in 90 Szenen wurde von Tom Glöß geschaffen. Die meisten Holzfiguren hat er selbst gedrechselt. Viele der Szenen zeigen das ländliche Leben in der Oberlausitz. Ein wichtiger Teil des Parks ist das so genannte Klein-Ossi-Land, in dem verschiedene Szenen aus dem DDR-Alltag dargestellt sind, zum Beispiel ein Konsum und ein FKK-Strand. Zu sehen ist unter anderem eine DDR-Grenzanlage. Drei Objekte des Miniaturenparkes befinden sich im Guinness-Buch der Rekorde: das kleinste sorbische Osterei sowie das kleinste und das größte Räuchermännchen der Welt.

Informationen
02625 Bautzen
OT Kleinwelka
Tel. 035935 / 23310
Fax 035935 / 23311
info@miniaturenpark.de
www.miniaturenpark.de

LEIB & SEELE

Schulmuseum Wartha

Das Schulmuseum „Korla Awgust Kocor", benannt nach dem Komponisten und Lehrer, der von 1842 bis 1852 an der Schule Wartha als Lehrer wirkte, wurde 1998 eröffnet. Der 100. Jahrestag der Einweihung der neuen Schule war dazu der Anlass. Bis 1951 wurde in der Schule unterrichtet. Träger des Museums ist heute der Heimatverein „Radiška", der mit Ausstellungen, einem Informationszentrum und seinem Archiv Schulgeschichte lebendig werden lässt. Der Besucher erfährt, wie unsere Ahnen die Schulbank gedrückt haben.

Informationen
Dorfstraße 30
OT Wartha
02694 Guttau
Tel. 035932 / 33775
www.schulmuseum-wartha.de

Biosphärenwirte

Im Schutzgebiet finden Besucher ausgezeichnete Gastgeber. Das Biosphärenreservat zeichnet Beherbergungs- und Gastronomiebetriebe sowie Anbieter von Ferienwohnungen aus, die in besonderer Weise zur Förderung regionaler Wirtschaftkreisläufe, zur Schonung der Umwelt und zur Erhaltung der Kulturlandschaft beitragen. Derzeit tragen 16 Gastgeber, vom idyllischen Landhotel bis zum Naturcampingplatz und der Ferienwohnung, diese Auszeichnung. Alle Biosphärenwirte sind auch ohne Auto, zum Beispiel mit dem Fahrrad über den Spree- oder Froschradweg erreichbar.

Informationen
www.biosphaerenreservat-oberlausitz.de

Moorveilchen

Lausitzer Fischwochen

Der Herbst ist für die Lausitzer Teichwirte die aufregendste Zeit, es wird abgefischt! Jährlich von Mitte September bis Ende Oktober finden die „Lausitzer Fischwochen“ statt. Dabei können Besucher die bekannten Abfisch-Feste der Teichwirtschaften mit einer Fülle von Programmangeboten erleben. Neben den traditionellen Fischzügen, die bereits früh am Morgen beginnen, laden Naturmärkte zum Kauf regionaler Produkte ein, können frisch zubereitete Köstlichkeiten wie Fischsuppe oder Räucherfisch probiert werden. Außerdem werden geführte Rad- und Wandertouren durch die Kulturlandschaft entlang der idyllischen Teiche angeboten. Auf die Gäste warten spezielle Buchungsangebote, wie zum Beispiel ein „Kulinarisch-Sportliches Wochenende“. Ausgewählte Gasthäuser bieten während der „Lausitzer Fischwochen“ Köstliches aus frischen heimischen Fischen in vielerlei Variation an.

Informationen

Tzschirnerstraße 14a, 02625 Bautzen
Tel. 03591 / 48770, Fax 03591 / 487748
www.lausitzer-fischwochen.de

Naturmärkte

Besondere Höhepunkte im Biosphärenreservat sind die zweimal jährlich stattfindenden Naturmärkte. Die weit über die Grenzen Ostsachsen hinaus bekannten Märkte werden seit 1998 auf dem Gelände des Biosphärenreservatszentrums in Wartha am Olbasee (Gemeinde Guttau) durchgeführt. Auf den Naturmärkten bieten Erzeuger und Produzenten ihre im Biosphärenreservat bzw. in der Region hergestellten Waren an. Dazu zählen unter anderem Fleischwaren, Obst und Gemüse, Honig, Baumschulerzeugnisse und Pflanzen, Töpferwaren, Kräuter, Naturbaustoffe, Mineralien und Getränke. Außerdem zeigen Handwerker wie z.B. Zimmerleute, Schmiede, Korb- und Stuhlflechter, Seiler, Weber, Spinner und Filzer ihr Können. Sorbische und deutsche Kulturdarbietungen sind mittlerweile fester Bestandteil der Naturmärkte geworden.

Informationen

Dorfstr. 29, 02694 Guttau, OT Wartha
Tel. 035932 / 3650, Fax 035932 / 36550
poststelle.sbs-broht@smul.sachsen.de
www.biosphaerenreservat-oberlausitz.de

Oberlausitzer Genussfestival

Die vielfältige Küche der Oberlausitz mit ihren sächsischen, schlesischen, sorbischen und böhmischen Wurzeln wird seit Jahrhunderten dank vieler engagierter Gastronomen gepflegt und weiterentwickelt – die Gastgeber stehen für eine hohe Qualität der regional typischen Gerichte sowie in der Bedienung und im Service. Kulinarischer Höhepunkt ist das „Oberlausitzer Genussfestival". Es findet jährlich im Sommer in ausgewählten Gaststätten der Region statt und bietet den Gästen aus Nah und Fern Gelegenheit, handwerklich zubereitete regionaltypische Gerichte aus heimischen Zutaten zu genießen. In Anlehnung an die Qualitätskriterien von Slowfood sind die Hauptkriterien für die teilnehmenden Gastronomiebetriebe das Anbieten von mindestens drei typischen regionalen Gerichten, welche aus Rohstoffen regionaler Erzeuger frisch zubereitet werden. Getränke bieten regionale Hersteller an und auch die Dekoration der Tische und des Hauses erfolgt mit Produkten von Handwerkern der Region.

Informationen

Tzschirnerstraße 14a
02625 Bautzen
Tel. 03591 / 48770
Fax 03591 / 487748
info@oberlausitz.com
www.oberlausitz.com

Museum Alte Pfefferküchlerei

Die „Alte Pfefferküchlerei" in Weißenberg ist der europaweit älteste und einzige in seiner ursprünglichen Form museal genutzte Handwerksbetrieb eines Pfefferküchlers. Das Museum vermittelt Eltern und Kindern Interessantes zu der Produktionsgeschichte der Pfefferkuchen. Seit 1650 wurden in dem Städtchen Pfefferkuchen in dem denkmalgeschützten Gebäude hergestellt. Bemerkenswert: Das Handwerk wurde 300 Jahre lang von der selben Familie ausgeführt, der Familie Bräuer-Opitz. Die Pfefferküchlerei ging dann später im Jahr 1937 in den Besitz der Stadt Weißenberg über. In den Ferien werden regelmäßig Backveranstaltungen durchgeführt. Zudem gibt es viele Sonderveranstaltungen.

Informationen

A.-Bebel-Platz 3 (Markt)
02627 Weißenberg
Tel. 035876 / 40429
museum@stadt-weissenberg.de
www.museum.stadt-weissenberg.de

< *Abfischen*

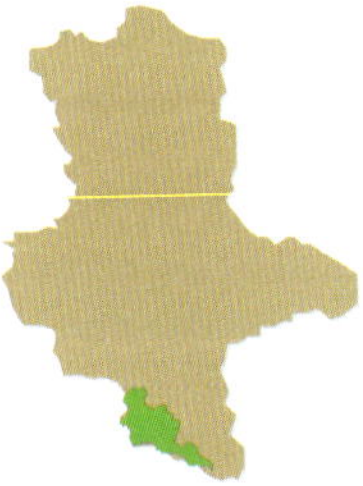

Lage in Sachsen-Anhalt

Erlebnistouren

Tour 1: Wandern – Saale – Weinwanderweg (TOP-TOUR)

Tour 2: Radwandern - Elster-Radweg

Tour 3: Radwandern – Unstrutradweg

Tour 4: Radwandern- Himmelsscheiben-Radweg

Naturpark Saale-Unstrut-Triasland

Sie standen nicht ohne Grund Pate für den Namen des Naturparks: Denn vor allem die Flüsse Saale und Unstrut formten die Landschaft der Region. Die aus nordwestlicher Richtung her schlängelnde Unstrut sowie die aus dem Süden zufließende Saale bilden reizvolle Täler und vereinen sich schließlich nahe Naumburg.

Auf einer Fläche von rund 103.737 ha erstreckt sich der Naturpark Saale-Unstrut-Triasland im Süden von Sachsen-Anhalt und ragt bis in das Thüringische hinein.

Die Saale-Unstrut-Region gehört zweifellos zu den schönsten Landstrichen in Mitteldeutschland. Mehr als die Hälfte des Gebietes steht unter Landschaftsschutz, dazu kommen Naturschutz- und FFH-Gebiete (Flora-Fauna-Habitate). In unterschiedlichsten Lebensräumen haben viele seltene Tier- und Pflanzenarten, wie zum Beispiel Orchideen ihr Zuhause. Der Vielfalt der Natur entspricht der kulturelle Reichtum. Zahlreiche Burgen und Schlösser an Saale, Unstrut und Elster sowie bedeutende Bauwerke, wie z. B. der Naumburger Dom mit seinen berühmten Stifterfiguren Uta und Ekkehard, erzählen von der Geschichte dieser Region. Einzigartig ist der archäologische Fund der „Himmelsscheibe von Nebra“ als älteste konkrete Himmelsdarstellung der Menschheit vor etwa 3.600 Jahren. Seit 2007 lädt das Erlebniscenter am Mittelberg den Besucher in die faszinierende Welt der Himmelsscheibe ein. Eine weitere archäologische Sensation ist die Rekonstruktion des ältesten Sonnenobservatoriums der Welt in Goseck bei Weißenfels.

Erlebbar ist der Naturpark in nahezu jeder Bewegungsform. Ob zu Fuß, per Rad, mit dem Auto, dem Boot oder aus der Luft – gut ausgebaute Rad- und Wanderwege durchziehen wie pulsierende Lebensadern das gesamte Gebiet. Vom Flugplatz Laucha-Dorndorf aus lässt sich das Gebiet sogar mit dem Segelflugzeug und dem Gleitschirm erkunden.

Naturparklandschaft – Blick auf Freyburg mit der Neuenburg

Von der Trias geprägt

Geologische Formationen, vor Urzeiten während der Trias entstanden, bilden im Naturpark ökologisch wertvolle Naturräume, die in Deutschland einzigartig sind. Die gewaltigen Muschelkalk- und Buntsandsteinplatten der Trias erlebt der Besucher heute als Wechsel von sanften, hügeligen oder ebenen Plateauflächen. Saale, Unstrut und die Nebenbäche haben zudem zum Teil tiefe Täler in die Landschaft geschnitten sowie Flussniederungen und Überschwemmungsgebiete gebildet. Streuobstwiesen, wertvolle Biotope und steil terrassierte Weinberge mit romantischen Weinberghäuschen runden das typische Bild ab.

Besonderes Augenmerk wird deshalb auf die Erschließung der geologischen Potenziale gerichtet. Der Geopark Triasland hat dafür spezielle Angebote entwickelt.

Informationen
www.triasworld.de

Naturschutzgebiet Steinklöbe zwischen Nebra und Memleben

In Vino Veritas

Der Weinbau an Saale und Unstrut blickt auf eine mehr als 1.000-jährige Geschichte zurück, urkundlich nachweisbar ist er ab dem Jahre 998. Eine Urkunde von Kaiser Otto III., in welcher eine Schenkung von sieben Dörfern an das Kloster Memleben beurkundet wird, erwähnt ausgedehnte Weinländereien. Diese von Dr. Coburger ermittelte Ersterwähnung gilt als Geburt des hiesigen Weinbaus.

Bis Mitte des 16. Jahrhunderts vergrößerte sich so das Anbaugebiet auf vermutlich bis zu 10.000 Hektar. Zentren des damaligen Weinhandels waren Erfurt, die Bischofsstadt Naumburg und Jena. Einen ersten Einbruch erlebte das Geschäft bereits zu Beginn des Dreißigjährigen Krieges. Ende des 19. Jahrhunderts sorgten die aus Amerika eingeschleppten Krankheitserreger Falscher Mehltau und Echter Mehltau sowie die Reblaus für große Schäden im Weinanbau. 1876 entdeckten Winzer den Schädling zum ersten Mal in Reben bei Freyburg. Um 1900 erreichte der Anbau an Saale und Unstrut mit 31 Hektar Rebflächen einen Tiefpunkt. Im 20. Jahrhundert erholten sich die Bestände wieder. Heute zählt die Saale-Unstrut-Region mit 705 Hektar Fläche zwar zu den kleinen Weinanbaugebieten, dafür ist es aber das nördlichste Qualitätsweinanbaugebiet Europas mit rund 50 Rebsorten, von Acolon bis Zweigelt. Darunter befinden sich auch manche Raritäten, die nicht sehr häufig im deutschen Weinanbau vorkommen wie Gutedel oder der rote André, den es nur an Saale-Unstrut gibt. Nur das günstige trocken-warme Klima ermöglicht überhaupt den Anbau, der fast an der geographischen Anbaugrenze für Reben stattfindet.

Die „Toskana des Nordens", wie das Saale-Unstrut-Gebiet auch genannt wird, hat für jeden Geschmack etwas dabei. Die regionalen und überregionalen Tourismusrouten „Weinstraße" und „Straße der Romanik" bieten vielfältige Möglichkeiten, interessante Geschichte(n) und den Weinbau individuell kennenzulernen. Der wohl schönste Weg, den Saale-Unstrut-Wein und die Region kennenzulernen, ist ein Besuch im Herzoglichen Weinberg, in der Winzervereinigung, dem Landesweingut oder bei einem der vielen Privatwinzer, die im Sommerhalbjahr in ihre Straußwirtschaften zum Kosten und Verweilen einladen.

Weinberghäuser aus drei Jahrhunderten Weinanbau-Geschichte gibt es im Naturpark zu entdecken. Das Haus im Besucherweinberg „Herzoglicher Weinberg" stammt aus dem 18. Jahrhundert und ist im Stil des Rokoko eingerichtet.

Herzoglicher Weinberg (Schauweinberg)

Weinbau aus Sicht der biologischen Vielfalt

Durch die exponierte Lage an den Süd- und Südwesthängen an Saale und Unstrut ergeben sich auf den terrassierten Weinbergen spezielle Lebensbedingungen für Pflanzen und Tiere. Ob Trockenmauern, Rebflächen oder Gebüsch – die verschiedenen kleinen Lebensräume beherbergen eine Vielzahl von Pflanzen und Tieren, die sich in trockenen und warmen Biotopen wohl fühlen. So leben in den Weinbergen des Naturparks beispielsweise Zauneidechsen. Scharfer Mauerpfeffer und die Astlose Graslilie sind an den Trockenmauern zu finden. Der Erhalt der besonderen Weinbaukulturlandschaft gehört auch zu den wichtigen Zielen im Naturschutz. Seit 1992 bewirtschaftet der Naturpark Saale-Unstrut-Triasland eine eigene Rebfläche, den „Herzoglichen Weinberg" in Freyburg. Neben Weißburgunderreben sind auf dem Weinberg auch kleine Terrassen mit seltenen, nicht mehr im Anbau befindlichen Rebsorten zu finden. Denn auch die Rettung alter Rebsorten hat sich der Naturpark zur Aufgabe gemacht. In den Jahren 1995 bis 1997 wurden deshalb in der Region Rebstöcke gesucht, kartiert und erfasst, die aus der Zeit vor dem Reblausbefall im 19. Jahrhundert stammen. Meist handelte es sich dabei um Solitärstöcke, die an Hauswänden oder in aufgelassenen Weinbergen überlebt hatten. Auf dem Kathertschen Weinberg bei Karsdorf machten die Mitarbeiter des Naturparks sogar einen besonderen Fund. Der Rebbestand und die Anbauweise hatten sich seit ca. 1870 kaum verändert. Die wohl älteste Rebanlage Deutschlands dürfte sich dort erhalten haben. Einige der Sorten sind zwischenzeitlich auf dem „Herzoglichen Weinberg" Freyburg angepflanzt worden.

Schwalbenschwanz

Eisvogel

INFORMATIONEN

Naturpark „Saale-Unstrut-Triasland" e.V.
Unter der Altenburg 1
06642 Nebra/Unstrut
Tel. 034461 / 22086
Fax 034461 / 22026
info@naturpark-saale-unstrut.de
www.naturpark-saale-unstrut.de

Saale-Unstrut-Tourismus e.V.
Lindenring 34
06618 Naumburg
Tel. 03445 / 233790
Fax 03445 / 233798
info@saale-unstrut-tourismus.de
www.saale-unstrut-tourismus.de

Stadt Naumburg Kultur und Tourismus
Markt 12
06618 Naumburg
Tel. 03445 / 273125
Fax 03445 / 273128
tourismus@naumburg.de
www.naumburg-tourismus.de

Freyburger Fremdenverkehrsverein
Markt 2
06632 Freyburg
Tel. 034464 / 27260
Fax 034464 / 27376
Freyburger-Fremdenverkehr@t-online.de
www.freyburg-tourismus.de

Stadtinformation Bad Kösen
Naumburger Straße 13 b
06628 Bad Kösen
Tel. 034463 / 28289
Touristinfo-bad-koesen@t-online.de

Gästeinformation Bad Sulza
Kurpark 2
99518 Bad Sulza
Tel. 036461 / 82110 und 036461 / 82111
info@bad-sulza.de
www.bad-sulza.de

Tourist-Information im Haus des Gastes
Bad Bibra
Bürgergarten 1
06647 Bad Bibra
Tel. 034465 / 70190
tourist-info@vgem-finne.de
www.vgem-finne.de

Fremdenverkehrsverein "
Weißenfelser Land" e.V.
Markt 27
06667 Weißenfels
Tel. 03443 / 303070
Fax 03443 / 239472
info@weissenfelstourist.de
www.weissenfelstourist.de

Stadtinformation Querfurt
Markt 14
06268 Querfurt
Tel. 034771 / 23799
Fax 034771 / 23798
stadtinformation@querfurt.de
www.querfurt.de

Schönburg
In der Burganlage
06618 Schönburg
Tel. 03445 / 750218
Fax 03445 / 750219
www.schoenburg.de

Marina Mücheln GmbH
Hafenplatz 6-7
06249 Mücheln
Tel. 0172 / 3470444
weiss@marina-muecheln.de
www.marina-muecheln.de

Bienenlehrgarten Nebra
Unter der Altenburg 1
06642 Nebra
Tel. 034461 / 23109
falko.breuer@t-online.de
www.bienenlehrgarten.de

KARTEN UND LITERATUR

„Wander- und Radwanderkarten der Tourismusregion Saale-Unstrut"
Darstellung der Wander- und Radwege im Bereich des Naturparks mit Bildern und textlichen Erläuterungen zu Sehenswürdigkeiten im Bereich Natur, Kultur, Geschichte, Geologie.
Vierteiliges Kartenset, Maßstab: 1:40.000; 2005; Herausgeber: Naturpark „Saale-Unstrut-Triasland" Betriebsgesellschaft mbH, ISBN 3-9810237-0-6 Preis 6,50 €

„Der Wanderatlas - Natur erleben" Geschichte entdecken
Gebundene 56 seitige Broschüre mit Karten und ausführlicher Beschreibung der Sehenswürdigkeiten im Bereich Natur, Kultur, Geschichte, Geologie.
Herausgeber: Naturpark „Saale-Unstrut-Triasland"; 1997; ISBN 3-9806006-3-7
Preis 5,50 €

„Der Wasserwanderführer - Untere Unstrut"
2-teiliges Set; Kilometrierung und Flussbeschreibung für Wasserwanderer mit Informationen zu Schleusenzeiten, Campinglätzen /Pensionen, Rastpunkten , Ausleihstationen
Herausgeber: Naturpark „Saale-Unstrut-Triasland" Betriebsgesellschaft mbH; 2011, ISBN 978-3-9809355-1-7, Preis 6,50 €

„Der Wasserwanderführer - Mittlere Saale"
20 Seiten Zickzackfaltung, A5; Kilometrierung und Flussbeschreibung im Naturpark von Camburg bis Weißenfels.
Herausgeber: Naturpark „Saale-Unstrut-Triasland" Betriebsgesellschaft mbH; 2007; ISBN 978-3-9810237-1-8, Preis 3,00 €

„Das Saale-Unstrut-Triasland – Eine geologische Schatzkammer in der Mitte Deutschlands"
28-seitige Broschüre A5, Beschreibung der Geologie (Trias) in Text und Bild im Bereich des Naturparks mit 12 Exkursionsrouten.
Herausgeber: Naturpark „Saale-Unstrut-Triasland"; 2004; ISBN 3-9809355-0-7 (Schutzgebühr 1 €) + „ Die Unstrut -Route"

„ Die Unstrut –Route: Geologische Streifzüge zwischen Roßleben und Naumburg/ Saale." 30 Seiten, A 5; Herausgeber: Burgenlandkreis, 2010

Geologische Streifzüge zwischen Roßleben und Naumburg/ Saale. 30 Seiten, A 5
Herausgeber: Burgenlandkreis, 2010

„Der Naturpark Saale- Unstrut- Triasland"
24- seitige Broschüre über den Naturpark, A 5; Informationen zum Naturpark zu den Themen geologische Entstehung, GeoPark, Pflanzen- und Tierwelt, Weinbau, geschichtlicher Raum, touristische Säulen; reich bebildert.
Herausgeber: Naturpark „Saale- Unstrut-Triasland" e.V. 2009

Naturpark DVD
Der Naturpark „Saale- Unstrut- Triasland"
20- minütige Darstellung des Naturparks zu den Themen: Geschichte und Natur; Natur- und Aktiv; Wein und Genuss; Gesundheit und Wellness; Geiseltalsee; Droyßiger- Zeitzer Forst; Geopark
Herausgeber: Naturpark „Saale- Unstrut-Triasland" e.V. 2009, 8,00€

ERLEBNISTOUREN – WANDERN

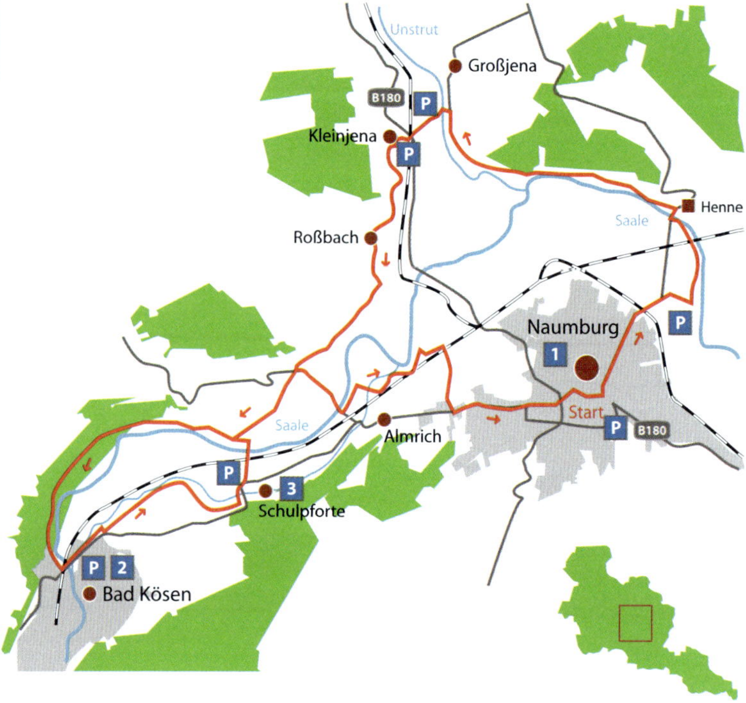

Lage der Tour

TOP-TOUR

1. Saale- Weinwanderweg

Strecke: Naumburg – Henne – Großjena – Kleinjena – Roßbach – Bad Kösen-Schulpforte- Almrich -Naumburg

Länge: ca. 25 Kilometer

Dauer: 3–4 Stunden

Schwierigkeitsgrad: leicht, naturnaher und asphaltierter Ausbau; für Familien geeignet

Tourenbeschreibung:

Naumburg liegt im Zentrum des Weinanbaugebietes Saale-Unstrut. Auf ca. 705 ha Anbaufläche gedeihen hier feinfruchtige Weine, die überwiegend trocken ausgebaut werden. Nicht nur der Weinbau mit seinen Terrassenweinbergen bestimmt das Bild von Naumburg. Burgen thronen hoch über den Flusstälern. In Naumburgs Umgebung finden Sie die größte Dichte an bemerkenswerten Baudenkmälern, die zur „Straße der Romanik" gehören.

Der Rundwanderweg führt durch eine von Weinbergen mit romantischen Weinbergshäuschen geprägte Landschaft. Mehr als 15 Winzerhöfe oder Straußwirtschaften laden zu genießen der heimischen

Der Naumburger Dom

Weine ein. Der Wegverlauf folgt teilweise dem Saale- Radweg, der durchgängig mit dem Rad befahren werden kann.

Für Wanderer besteht die Möglichkeit, über den Höhenwanderweg die herrliche Aussicht über das Saaletal zu bewundern.t

Sehenswürdigkeiten

1. Naumburg

„Eine Stifterfigur mit drei Buchstaben". Diese Person wird fast in allen Kreuzworträtseln gesucht. Und in Naumburg ist sie zu Hause, als lebensgroße Figur neben ihrem Gemahl Markgraf Ekkehard II im weltberühmten Dom St. Peter und Paul. Die Stadtkirche St. Wenzel, das Marientor, das Nietzsche-Haus und vieles mehr bietet die Stadt auf einem Stadtspaziergang. Zahlreiche gastronomische Einrichtungen ermöglichen Rast in einfachem oder stilvollem Ambiente.

Zwei besondere Highlights in Naumburg sind das alljährlich im Juni stattfindende Hussitenkirschfest und im August das Weinfest. Die Weinstraße berührt die lebendige Stadt und folgt der Saale und deren Rebhängen.

Unter dem Titel „Der Naumburger Meister – Bildhauer und Architekt im Europa der Kathedralen" findet vom 29. Juni bis zum 2. November 2011 in Naumburg die Landesausstellung des Landes Sachsen-Anhalt statt. Sie wird unter der Trägerschaft der Stadt Naumburg und der Vereinigten Domstifter zu Merseburg und Naumburg und des Kollegialstifts Zeitz durchgeführt und steht unter der Schirmherrschaft der Bundeskanzlerin der Bundesrepublik Deutschland, Dr. Angela Merkel, und des Präsidenten der Republik Frankreich, Nicolas Sarkozy.

2. Großjena

Max Klinger – Haus und Weinberg: Hoch über den Ufern der Unstrut, in herrlicher Lage in mitten der Weinberge befindet sich der letzte Wohnsitz des berühmten Leipziger Malers, Grafikers und Bildhauers Max Klinger. Besichtigung der Dauerausstellung.

3. Steinernes Bilderbuch bei Großjena

Erleben Sie auf einer Länge von ca. 150 m ein Sandsteinrelief aus der Barockzeit mit Szenen aus der biblischen Geschichte zum Thema Wein und Jagd.

4. Bad Kösen
Kurort, Gradierwerk, zeigt Soleförderung (von April bis Herbst in Betrieb)
5. Schulpforta
Der Ort Schulpforta bei Bad Kösen liegt in einer schönen Landschaft umgeben von Weinbergen. Das Kloster Pforta aus dem Jahr 1137 gehörte zu den reichsten Klöstern. In der Kirche ist das romanische Triumphkreuz aus dem 13. Jahrhundert zu sehen. Die Landesschule Pforta ist ein traditionelles Internatsgymnasium.
Tipp:
Saale-Radwanderweg
Der überregionale Saale-Radwanderweg beginnt in Zell im Fichtelgebirge, windet sich entlang der Saale durch Thüringen und in Sachsen-Anhalt auch durch den Naturpark „Saale- Unstrut- Triasland" und endet in Barby an der Elbe. Er ist einer der anspruchsvollsten Fluss-Radwege Deutschlands. In seinem Oberlauf ist er durch viele Anstiege gekennzeichnet – vor allem im Bereich der Saaletalsperren, wo ein wassernahes Radeln nicht möglich ist. Ab Saalfeld kann er auch Familien mit Kindern empfohlen werden.
Empfehlenswert ist der Abschnitt von Jena bis Wettin, den Sie in 2 Tagesetappen erleben können. Städte wie Jena, Halle und Naumburg sowie die vielen Burgen und Schlösser am Wegesrand erzählen ruhmreiche Geschichten. Das nördlichste Weinanbaugebiet Saale-Unstrut oder das längste Gradierwerk befinden sich entlang des Flusses.
www.saale-radwanderweg.de
In Kleinheringen ist der Abzweig zum Ilmtal-Radweg möglich. Empfehlenswert als kulturelle Besonderheit, ist die Tour zwischen Weimar und Bad Sulza auf Goethes Spuren „Von Gartenhaus zu Gartenhaus" und die „Feininger – Route" bei Weimar.
www.ilmtal-radwanderweg.de

Museum Max Klinger – Haus Großjena

ERLEBNISTOUREN – RADWANDERN

Die Haynsburg

2. Elster – Radweg

Strecke: (von der WeißenElster zur Saale) Gera – Zeitz – Haynsburg – Wetterzeube – Weißenborn – Waldau – Osterfeld – Mertendorf – Wethau - Naumburg
Länge: ca. 80 Kilometer
Schwierigkeitsgrad: naturnaher und asphaltierter Ausbau, ab Wetterzeube teilweise starke Steigung, Kombination Saale-, Wethau- und Elstertal, durch Steigung teilweise herrlicher Ausblick

Tourenbeschreibung:
Von der Quelle der Weißen Elster bei Asch (CZ) durch Sachsen und Thüringen bis zur Mündung in die Saale bei Halle (Sachsen-Anhalt) gibt es viel zu entdecken. Die 250 km Radweg zeichnen sich durch einen abwechslungsreichen Streckenverlauf aus. Der Oberlauf ist durch sportlich anspruchsvolle Abschnitte geprägt und eignet sich daher besonders für erfahrene Tourenradler. Genussvoll und familienfreundlich radelt es sich im Streckenabschnitt ab Wünschendorf bei Gera.
www.elsterradweg.de

Tipp:
Saale-Unstrut-Elster Radacht
Eine Radroute von 180 km, welche die Vernetzung von überregionalen Radwegen (Saale-, Unstrut-, Elster-, Ilmtalradweg) zum Ziel hat, ist die Saale-Unstrut-Elster Radacht.
Sie beschreibt auf der Karte eine liegende Acht und erstreckt sich somit über den gesamten Burgenlandkreis. Sie bindet im thüringischen Bad Sulza an den Ilmtalradwanderweg an.

Geiseltalseerundweg:
Der Geiseltalsee-Rundweg verbindet am künftig größten künstlichen See Deutschlands die schönsten Aussichtspunkte miteinander und führt ebenso durch eine landschaftlich reizvolle Region. Von den drei 14 m hohen Aussichtstürmen hat man einen einzigartigen Rundblick auf den See und die angrenzenden Ortschaften. Auf einer Strecke von rund 30 km kann der Geiseltalsee umrundet werden.

Der Geiseltalsee – Marina Mücheln

ERLEBNISTOUREN – RADWANDERN

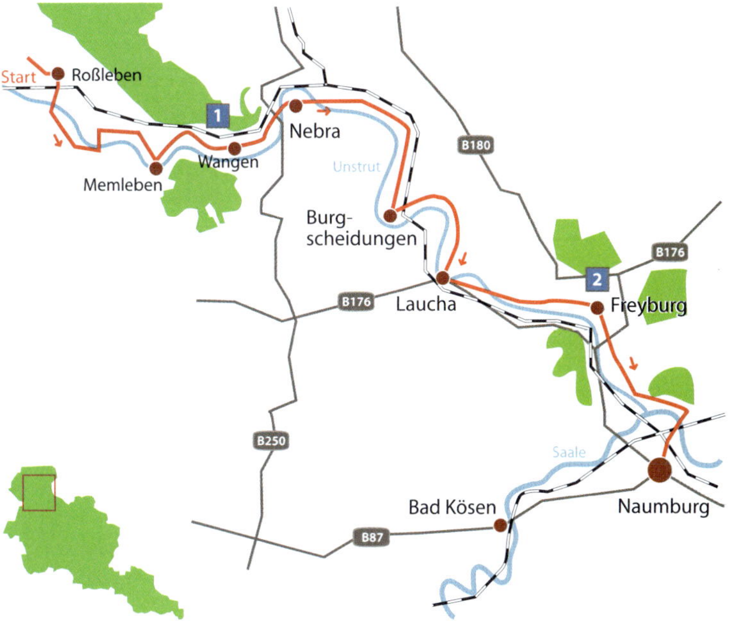

Lage der Tour

3. Unstrutradweg (200 km; Thüringen/ Sachsen- Anhalt)

Strecke: Roßleben – Memleben – Kleinwangen – Nebra – Freyburg - Naumburg
Länge: ca. 55 Kilometer im Naturpark
Schwierigkeitsgrad: naturnaher und asphaltierter Ausbau, leicht
Tourenbeschreibung:
Der Unstrut-Radweg begleitet die Unstrut auf ihrem ca. 200 Kilometer langen Lauf von der Quelle im Eichsfeld durch das Thüringer Kernland, die Kyffhäuserregion und das südliche Sachsen-Anhalt bis zur Mündung in die Saale im Blütengrund bei Naumburg. Die Route führt durch abwechslungsreiche Landschaften. Sehenswert am Rande des Weges sind alte Burgen, bedeutende Kirchen und Klöster, historische Museen, schöne Parks und einige Wassermühlen. Attraktionen wie das Erlebniszentrum Arche Nebra am Fundort der Himmelsscheibe, Stationen der „Straße der Romanik" (Kloster- und Kaiserpfalz Memleben, Schloß Neuenburg in Freyburg, Naumburger Dom), der „Gartenträume" Sachsen-Anhalt (Schloß Burgscheidungen) sowie die Modellbahnanlage Wiehe können besichtigt werden.
www.unstrutradweg.de

Tipp:
Wasserwanderung

Wasserwanderer werden sich in den Naturschönheiten der urwüchsigen Flusslandschaften von Saale und Unstrut, die hier und da Ausblicke auf Weinberge, schroffe Kalksteinfelsen und stolze Burgen hoch über dem Ufer freigeben, wohlfühlen. Lohnende Halbtages- und Tagestouren mit dem Kanu oder Schlauchboot führen Sie auf der Saale flussabwärts von Camburg nach Bad Kösen, Naumburg oder Schönburg. Wer diese Strecke fahren möchte, sollte fahrtechnisch gewandt sein. Die Saale hat stellenweise starke Strömung. Auf der Unstrut empfiehlt sich die Fahrt von Straußfurt bis zur Mündung in die Saale. Wer keine Lust darauf verspürt, die Boote über Land zu umtragen, sollte die Schleusenzeiten beachten.
www.saale-unstrut-tourismus.de

Paddler und Gänse

ERLEBNISTOUREN – RADWANDERN

4. Himmelsscheiben- Radweg (73 km)

Strecke: Nebra – Wangen – „Arche Nebra" – Mittelberg – Ziegelrodaer Forst – Hermannseck – Leimbach – Querfurt – Obhausen – Kuckenburg – Esperstedt – Schraplau – Röblingen am See- Aseleben – Seeburg – Radweg Saale-Harz – Halle (Saale)

Länge: ca. 73 Kilometer

Schwierigkeitsgrad: naturnaher Ausbau, verkehrsarme Straßen, mittelschwer

Tourenbeschreibung:

Der Himmelsscheiben- Radweg verbindet den Fundort der einzigartigen „Himmelsscheibe von Nebra", den Mittelberg bei Wangen, mit dem Ausstellungsort, dem Landesmuseum für Vorgeschichte in Halle/Saale. Durch die Verbindungen mit dem Unstrut- Radweg und Saale-Radweg ergibt sich ein Rundkurs von ca. 180 km. So können nicht nur archäologische bedeutsamen Orte und Funde erschlossen werden, sondern auch die kulturellen Höhepunkte besucht werden, in Verbindung mit dem Genuss der lieblichen Landschaft im Naturpark.

Der Himmelscheiben -Radweg wird noch weiter ausgebaut, weil er leider noch nicht durchgängig befahrbar ist, aber gut ausgeschildert.

Burg Querfurt – größte Burganlage Mitteldeutschlands

Quellenfest in Bad Bibra

FREIZEIT & ERHOLUNG

Für Ihre Radtouren stehen Ihnen mehrere Radverleiher zur Verfügung. Geführte Touren zu unterschiedlichen Themen, ob per Wasser, per Rad oder zu Fuß sind durch verschiedene Anbieter möglich.

Wasserwanderer ohne Ausstattung erhalten diese in mehreren Kanustationen, die meist mit einem Zeltplatz und Anlegemöglichkeiten verbunden sind. Für Wellnessangebote sorgen speziell die Orte Bad Bibra, Bad Kösen und Bad Sulza, welche das Bäderdreieck der Saale-Unstrut Region bilden. In Bad Kösen und Bad Sulza findet der Gast moderne Kur- und Rehakliniken, Bad Bibra entwickelt sich zum Kneipp-Kurort.

Gleich zwei Klettervarianten bietet der Naturpark Saale-Unstrut Triasland. In Vitzenburg einen Hochseilgarten und in Naumburg einen Kletterwald.

Für Familien mit Kindern ist dies gleichermaßen interessant wie für Erwachsene. Weitere spezielle Angebote für Familien finden Sie in der Mowi World Wiehe, der beliebten Modellbahnschau, in Eckartsberga mit Irrgarten, Minigolfanlage, Sommerrodelbahn und Miniaturen –Park. In Memleben mit dem Erlebnistierpark und der gegenüberliegenden Kloster- und Kaiserpfalz Memleben mit einem museumspädagogischen Konzept, in der Kinderkemenate der Neuenburg Freyburg und am größten See Sachsen-Anhalts, dem Geiseltalsee. Rund um den See gibt es ein ausgedehntes Rad- und Wanderwegenetz mit zahlreichen Rast- und Aussichtspunkten. Diese Wege führen teilweise entlang der ehemaligen Salzstraße und des St. Jakobus-Pilgerweges. Schifffahrten mit Linienschiffen und Fahrgastbetrieb auf Saale und Unstrut laden ebenfalls herzlich ein.

Freizeitbäder

Freizeitbad „Bulabana" in Naumburg
Flemminger Weg 156
06618 Naumburg
Tel. 03445 / 77990
www.bulabana-naumburg.de

Terrassenschwimmbad Nebra
Altenburgstraße 1
06642 Nebra
Tel. 034461 / 22117

Erlebnisbad Balison Bad Bibra
Am Schwimmbad
06647 Bad Bibra
Tel. 034465 / 6050
www.balison.de

Freyburger Schwimmbad
Schweigenbergstraße
06632 Freyburg
Tel. 034464 / 27394
www.freyburger-schwimmbad.de

Freibad Bad Sulza
Am Gradierwerk
99516 Bad Sulza
Tel. 036461 / 8 79 41
www.bad-sulza.de

Toskana Therme Bad Sulza
Klinikzentrum
99516 Bad Sulza
Tel. 036461 / 92000
www.toskanaworld.net

Naturschwimmbad Osterfeld
Corseburger Weg
06721 Osterfeld
Tel. 034422 / 41444

LEIB & SEELE

Direktvermarkter
Gemeinschaft der Direktvermarkter in der Elster-Saale-Unstrut-Region
Informationen
Straße nach Trebnitz 12
06682 Teuchern
Tel. 034443 / 6133
Fax 034443 / 61350
www.direktvermarkter-elster-saale-unstrut.de

Anliegen der Gemeinschaft ist es, „Frische, Vielfalt und Qualität" zu präsentieren und die Bevölkerung für den Kauf einheimischer Produkte zu gewinnen. Eine Möglichkeit zur Präsentation und zum Verkauf ihrer Produkte bilden Verkaufsmessen und Bauernmärkte, die zusätzlich zu den Wochenmärkten stattfinden und nur zum Verkauf der landwirtschaftlichen und landwirtschaftsnahen Erzeugnisse dienen.

„Gastlich Saale-Unstrut" heißt unser regionales Qualitätssiegel.Dieses Kulinarium „Gastlich Saale-Unstrut" setzt gehobene Qualitätsstandards. Sie präsentieren nicht nur eine schmackhafte Küche in einem stilvollen Ambiente, sondern bieten besondere regionale Spezialitäten und Leckerbissen, gepaart mit einer Auswahl an vielseitigen Saale-Unstrut Weinen und Sekten. Nach bestandener Prüfung durch eine fachkundige Jury wird an die ausgewählten hiesigen Hotels, Restaurants und Direktvermarkter das Prädikat „Gastlich Saale-Unstrut" verliehen.
Informationen
www.saale-unstrut-tourismus.de

Blick über Freyburg

Lage in Sachsen

Erlebnistouren

Tour 1: Der Malerweg Elbsandsteingebirge

Panorama Blick auf den Zschirnstein vom Pfaffenstein

Nationalpark Sächsische Schweiz

Bizarre Felsformationen, eine relativ naturbelassene Landschaft, extreme klimatische Unterschiede und ein imposanter Fluss – das Elbsandsteingebirge in Sachsen ist eine raue Schönheit, in die sich die Menschen erst spät verliebten. Über viele Jahrhunderte erlebten sie das Gebiet eher als abschreckend und sogar als bedrohlich. Bis zum Ende des 18. Jahrhunderts gab es für den schwer zugänglichen und dementsprechend wirtschaftlich uninteressanten Landstrich noch nicht einmal einen Namen. Erst mit der Romantik kamen Maler, Musiker und Schriftsteller in die Gegend. Sie erlagen der rauen Schönheit des Elbsandsteingebirges und priesen in ihren Werken die landschaftliche Pracht. Seither entwickelt sich die Region zu einem Touristenmagnet. Den Namen „Sächsische Schweiz“ prägten übrigens Schweizer Maler, die das Elbsandsteingebirge in der Romantik erkundeten.

Schrammsteine

Natur – Natur sein lassen

Die Menschen hinterließen seit dem 13. Jahrhundert Spuren in der Sächsischen Schweiz: Sie betrieben Land- und Forstwirtschaft, holten Baumaterial aus Steinbrüchen, regulierten die Elbe oder legten Straßen- und Schienennetze an. Schon seit der Mitte des vorigen Jahrhunderts gibt es Bestrebungen, die einmalige Schönheit der Natur stärker zu bewahren. Seit 1990 schützt der Nationalpark Sächsische Schweiz ein 93,5 Quadratkilometer großes Areal rechts der Elbe. Die weitgehend geschlossene Fels-Wald-Landschaft bietet einen hohen Anteil an naturnahen Lebensräumen für Pflanzen, Tiere und Insekten. Der Nationalpark ist in das Landschaftsschutzgebiet Sächsische Schweiz eingebettet, das bereits 1956 ausgewiesen wurde. Dieses Gebiet, das sich hauptsächlich links der Elbe erstreckt, ist durch natürliche Einflüsse ebenso geprägt wie durch den Menschen. Wald, offenes Land und Siedlungen wechseln sich ab. Ziel ist es hier, durch traditionelle

Bad Schandau in der Abenddämmerung

sowie nachhaltige Nutzung und Pflege die typische Natur und Landschaft zu erhalten. Dagegen gilt im Nationalpark der Grundsatz: Natur – Natur sein lassen. Menschliche Einflüsse sollen minimiert werden. Auf Landnutzung wird ganz verzichtet. Dieses Naturschutz-Prinzip setzt sich jenseits der Grenze in der Tschechischen Republik fort. Auch der dort unmittelbar angrenzende Nationalpark Böhmische Schweiz ist von einem Landschaftsschutzgebiet umgeben. Gemeinsam schützen die vier Gebiete einen grenzübergreifenden Naturraum von 710 Quadratkilometern.

Schroffe Felstürme und schwindelerregende Abgründe

Wer das Gebiet des Nationalparks Sächsische Schweiz live erlebt, ist fasziniert von der atemberaubenden Kulisse: Schroffe Felstürme, wuchtige Tafelberge, schwindelerregende Abgründe und Schluchten bestimmen das Panorama des Elbsandsteingebirges. Allerdings führt die Bezeichnung „Gebirge" in die Irre. Denn in Wirklichkeit handelt es sich um den Grund eines bereits 100 Millionen Jahre alten Kreidemeeres. Als das Wasser abfloss, blieben bis zu 600 Meter mächtige Sandschichten zurück. Diese wurden über Jahrmillionen durch Witterungseinflüsse stark zerklüftet. Aber auch die Elbe und die Nebenflüsse bahnten sich ihre Wege und hinterließen Spuren. Das Ergebnis ist eine bizarre Ruinenlandschaft, die langsam durch Witterungseinflüsse zu Sand zerfällt. Für Besucher gibt es auf Wanderungen durch den Nationalpark Sächsische Schweiz beeindruckende Formen

Wabenverwitterungen sind im Elbsandsteingebirge keine Seltenheit. Sie entstehen durch chemische Einwirkungen: An der Gesteinsoberfläche werden Salze ausgeschieden. Dabei bilden sich Kristalle, die den Stein sprengen. Gleichzeitig bewirkt Kieselsäure, dass sich der Felsen verfestigt. Durch die beiden entgegengesetzten Vorgänge entsteht die typische Wabenstruktur.

zu entdecken: Löcher im Sandstein, die ein Gesicht ergeben, abstrakte Ornamente, geschwungene Linien in der Felswand oder wabenähnliche Strukturen. Sie sind Ergebnisse andauernder Verwitterungsprozesse. Aber auch die unterschiedlichen Zusammensetzungen des Sandsteins spielen beim „Verfall" eine Rolle. So ist der Sandstein im Süden des Gebietes grob, im Norden dagegen feinkörnig. Die Quarzkörner werden durch verschiedene Bindemittel zusammengehalten. Regen, Wind oder chemische Prozesse lösen die Körner jedoch heraus. So entstehen beispielsweise Felsöffnungen, die sich vergrößern, oder wabenähnliche Gebilde. Anreicherungen von Mineralien wie Eisen oder auf der Oberfläche wachsende Moose und Flechten verleihen den bizarren Strukturen zudem Farbe.

Lilienstein im Winter

Das Klima steht Kopf

Die Elbe hat sich tief in die Felsenwelt der Sächsischen Schweiz eingeschnitten und einen Canon gebildet. Auf engstem Raum ergeben sich so Höhenunterschiede von bis zu 450 Metern. Doch damit nicht genug der Besonderheiten: Denn im Vergleich zu richtigen Gebirgslandschaften stehen im Elbsandsteingebirge das Klima und dementsprechend auch die Vegetationsstufen Kopf. So ist es im Sommer in den Schluchten feucht-kalt. Nur für wenige Stunden dringt die Sonne bis zum Grund. In den höheren Lagen herrschen dagegen warm bis heiße und trockene Bedingungen. Die Temperaturen können dort in den Sommermonaten auf bis zu 60 Grad Celsius klettern. Im Winter wird es dagegen sehr kalt. Die Pflanzen und Tiere haben sich den speziellen klimatischen Bedingungen des Elbsandsteingebirges angepasst: Gebirgsbewohner leben in den Gründen und Flachländer in den höheren Lagen. In den kargen Zonen zwischen Wald und Fels wachsen zudem geringwüchsige Kiefern. Ein Bild, das Bergsteiger eher aus dem Hochgebirge der Alpen kennen.

Morgendliches Panorama an der Elbe bei Königstein

Reichtum an Flechten, Moosen und Farnen

Die Felsen, Schluchten, Kiefern- und Buchenwälder und Flüsse bieten seltenen und teilweise auch hochspezialisierten Pflanzen und Tieren Lebensräume. Die feuchten Schluchten beeindrucken mit einem Reichtum an Flechten, Moosen und Farnen. In der Sächsischen Schweiz konnten bisher 367 Flechtenarten identifiziert werden. Wahrscheinlich gibt es aber noch zahlreiche weitere Arten zu entdecken. Flechten bestehen aus Pilzen und Algen, die in Symbiose, in einer engen Gemeinschaft, leben. In den Tälern verleiht die häufig vorkommende gelbe Schwefelflechte schattigen Felsen eine außergewöhnliche Farbe. Typisch ist auch die boreale Flechte, die nur in der Sächsischen Schweiz und dem Zittauer Gebirge an sonnigen Standorten anzutreffen ist. Die Wolfsflechte kommt in Deutschland sogar nur an einem einzigen Ort vor: der hinteren Sächsischen Schweiz. In den Tälern und Schluchten konnten außerdem mehr als 452 Moosarten nachgewiesen werden. Sogar arktisch-alpine Silikatmoose, die sonst nur in höheren Gebirgslagen vorkommen, sind hier zu finden. Ebenfalls bemerkenswert sind die Vorkommen des seltenen Lebermooses, von montan-alpinen Arten und von atlantischen Moosen. Auch die zahlreichen Farnarten bestimmen das eigentümliche Bild der Sächsischen Schweiz. Kein anderes Mittelgebirge Deutschlands erreicht eine solche Artenvielfalt. Besonders häufig kommt der Breitblättrige Dornfarn vor, der durch seine blaugrüne Farbe auffällt. Charakteristisch für die Region sind auch der Wald-Frauenfarn, der Buchenfarn und der Eichenfarn. Aber auch in den höheren Lagen der Sächsischen Schweiz hat die Flora Prachtvolles zu bieten: Auf den Basaltbergen gedeihen in den Buchenwäldern viele Frühjahrsblüher wie Buschwindröschen, Neunblättriger Zahnwurz oder Hohler Lerchensporn.

Refugium für eine artenreiche Tierwelt

Die Tierwelt der Sächsischen Schweiz ist ebenfalls artenreich: Die trocken-warmen Riff-Kiefernwälder mit ihren Heidelandschaften bieten unter anderem Lebensraum für höhlenbewohnende Spechte und Eulen. Mehr als 250 Vogelarten sind im Elbsandsteingebirge gezählt worden. Knapp 120 brüten auch im Gebiet. Etwa 25 Arten bauen ihre Nester in Sandsteinfelsen. Mit etwas Glück können Besucher Wanderfalken beobachten, die ihren Verbreitungsschwerpunkt in der Sächsischen Schweiz haben. Aber auch der Uhu, der Sperlingskauz und der scheue Schwarzstorch sind hier Zuhause. Zu den Wald- und Felsenbewohnern zählen neben Wildschweinen, Rothirschen, Rehen, Füchsen, Mardern und Dachsen auch vor 100 Jahren eingebürgerte Gemsen und Mufflons. Durch das Elbtal flattern lautlos nach Einbruch der Dämmerung Fledermäuse. Und im Grenzgebiet zwischen Sachsen und Tschechien sind sogar vereinzelt Luchse gesichtet worden. Nach Jahrzehnten der Verschmutzung mit Schwermetallen und anderen Chemikalien hat sich die Elbe als Lebensraum für Fische und Tiere sehr gut erholt. Heute schwimmen in dem Strom sogar wieder kleine Bestände des Atlantischen Lachses der in den Nebenflüssen seine Laichgruppen baut. Außerdem gibt es in der Elbe und den Nebenflüssen wieder Fischarten wie Bachneunauge, Bitterling, Forelle, Quappe und die sehr seltene Groppe zu entdecken. Zu den Ufer- und Auenbewohnern gehören Wasseramseln, Lurche und Feuersalamander. Auch Seeadler ziehen ihre Kreise über das Elbtal und Biber haben am Elbstrom ihren Lebensraum. Selbst der in Europa vom Aussterben bedrohte Fischotter hat sich an den Bächen im Nationalpark Sächsische Schweiz wieder eingelebt.

Majestätisch windet sich die Elbe um den Lilienstein, den König der Tafelberge. Die imponierendste Aussicht auf den Nationalpark Sächsische Schweiz bietet die Bastei. Sie befindet sich 190 Meter über der Elbe.

INFORMATIONEN

Nationalparkzentrum Sächsische Schweiz
Sächsische Landesstiftung
Natur und Umwelt
Das Besucherzentrum informiert auf mehreren Ausstellungsetagen über die besonderen Anliegen des Nationalparks und die Nationalparkregion. Geboten werden Multivisionen, interaktive Modelle und 3D-Präsentationen in drei Sprachen (deutsch, englisch und tschechisch). Darüber hinaus gibt es ein breit gefächertes Veranstaltungsprogramm. Das Restaurant des Hauses bietet regionale Spezialitäten.
Informationen
Dresdner Straße 2 B
01814 Bad Schandau
Tel. 035022 / 50240
Fax 035022 / 50235
nationalparkzentrum@lanu.de
www.saechsische-landesstiftung.de

STAATSBETRIEB SACHSENFORST – NATIONALPARKVERWALTUNG SÄCHSISCHE SCHWEIZ

Die Nationalparkverwaltung ist das staatliche Kompetenz- und Dienstleistungsunternehmen für Naturschutz und Landschaftspflege in der Nationalparkregion (Nationalpark und Landschaftsschutzgebiet) Sächsische Schweiz. Die Verwaltung befindet sich in Bad Schandau und damit im Herzen der Nationalparkregion. Die Verwaltung gehört zu den größten Arbeitgebern in der Region.
Informationen
An der Elbe 4
01814 Bad Schandau
Tel. 035022 / 900600
Fax 035022 / 900666
www.nationalpark-saechsische-schweiz.de

NATIONALPARK-BILDUNGSSTÄTTE SELLNITZ

Der ausgebaute ehemalige Bauernhof auf der Sellnitz am Lilienstein dient als Stützpunkt bei Wanderungen mit Schulklassen. Inhaltlicher Schwerpunkt der Bildungsstätte ist der Bereich „Naturerfahrung im Nationalpark". Das Freigelände im Umfeld bietet zahlreiche Aktionsmöglichkeiten.

NATIONALPARK-INFORMATIONSSTELLE SCHWEIZERHAUS

Im historischen Teil des Hotels auf der Bastei, dem „Schweizerhaus", erfahren Besucher in einer Ausstellung, wie Künstler die Sächsische Schweiz entdeckt, gesehen und dargestellt haben. Auch Informationen zum Malerweg und zur Geschichte des Tourismus im Basteigebiet werden geboten.
Informationen
Schweizerhaus Bastei
01847 Lohmen-Bastei

NATIONALPARK-INFORMATIONSSTELLE „AMSELFALLBAUDE"

Ausstellungsraum in der historischen Baude (mit Gastwirtschaft) im Amselgrund zwischen Rathen und Rathewalde (vorderer Nationalparkteil). Besucher können sich über den Nationalpark und Tier- und Pflanzenwelt im Schluchtwald informieren.

NATIONALPARK-INFORMATIONSSTELLE „EISHAUS"

Separates, kleines Haus neben der Berggaststätte Großer Winterberg (hinterer Nationalparkteil). Themen sind die Naturausstattung des Winterberggebiets und die touristische Erschließung des Großen Winterbergs.

NATIONALPARK- INFORMATIONSSTELLE „ZEUGHAUS"

In der ehemaligen Revierförsterei befindet sich eine Ausstellung zur historischen Jagdnutzung sowie zur Zonierung des Nationalparks mit dem Schwerpunkt der Kernzone und der dort geltenden besonderen Regelungen für Besucher.

FORSTHISTORISCHES FREIGELÄNDE „WALDHUSCHE"

Das Freigelände befindet sich in Hinterhermsdorf und bietet fünf interessante Rundgänge für Jung und Alt. Besucher erfahren Wissenswertes über die Arbeit der Menschen im Wald. Auch Begriffe wie Lohrinde oder Husche werden erklärt. Praktischer Anschauungsunterricht und spezielle kostenlose Führungen der Nationalparkverwaltung gehören ebenso zum Programm.

BLOCKHAUS BRAND

Das historische Blockhaus bei der berühmten Brandaussicht wurde 2006 renoviert und als Informationsstelle des Nationalparks Sächsische Schweiz eingerichtet. Aktuelle Faltblätter und Informationen zu Veranstaltungen im Nationalpark Sächsische Schweiz liegen im Blockhaus aus. Es ist nur zu Fuß zu erreichen – am besten von Hohnstein aus.
Informationen
Blockhaus Brand
Brandstraße
01844 Hohnstein
Tel. 035975 / 84425

NATIONALPARK – INFORMATIONSSTELLE „BEIZE

Ehemaliges Waldarbeiterhaus im Ortsteil Beize in Hinterhermsdorf. Informationen zu historischer Waldarbeit, aktiven Waldumbau im Nationalpark und weitere Nationalparkaufgaben. Gleichzeitig ist das Haus Stützpunkt der Nationalparkwacht. Führungen für kleinere Gruppen und Schulklassen sind unter Absprache möglich.
Informationen
Beize 8
01848 Hinterhermsdorf

NATURSCHUTZWARTE IM NATIONALPARK

Die Naturschutzwarte, auch Ranger genannt, sind die Ansprechpartner für die Besucher des Nationalparks und auch für die Bewohner der Region. Die Einhaltung der gesetzlichen Vorschriften gehören ebenso zu den Aufgaben der Naturschutzwarte wie Artenschutzprojekte. Außerdem halten sie ökologische Veränderungen in der Natur fest. Die Mitarbeiter der Nationalparkwacht sind geprüfte Natur- und Landschaftspfleger. Da die Naturschutzwarte hoheitliche Aufgaben im Nationalpark wahrnehmen, sind sie auch berechtigt, Verfahren gegen Ordnungswidrigkeiten einzuleiten. Denn für den Nationalpark gelten besondere Regeln. So dürfen Wanderer und Radfahrer nicht die Wege verlassen. Naturschutzwarte leiten außerdem Exkursionen an. Die Mitarbeiter pflegen außerdem einen engen Kontakt zu den Schulen der Region, wo sie Projekttage, Wandertage, Waldjugendspiele oder Juniorranger-Programme anbieten.
Weitere Informationen
www.nationalpark-saechsische-schweiz.de

ZERTIFIZIERTE NATIONALPARKFÜHRER

Neben den Naturschutzwarten leiten auch 32 zertifizierte „Nationalparkführer Sächsische Schweiz" Besucher durch den Nationalpark und das Landschaftsschutzgebiet Sächsische Schweiz. Die Wander-, Rad- und Klettertouren der Nationalparkführer stellen eine Ergänzung des Angebots der hauptamtlichen Naturschutzwarte und der Umweltpädagogen der Nationalparkverwaltung dar. Auf Wunsch erstellen die Nationalparkführer auch individuelle Touren für Besuchergruppen.

Die Zertifikate der Führer sind auf ein Jahr befristet. Sie bescheinigen, dass die Besitzer an einer erfolgreichen Fortbildung teilgenommen haben. Die Führer berichten auf den Touren Wissenswertes über die Entstehung des Nationalparks, Geologie, Flora und Fauna sowie zur Geschichte und Kultur des Elbsandsteingebirges. Darüber hinaus informieren sie auch über den Sinn und die Ziele des Nationalparks und des Landschaftsschutzgebietes.
Weitere Informationen
www.nationalparkfuehrer-saechsische-schweiz.de
www.nationalpark-saechsische-schweiz.de

INFORMATIONEN ZU UNTERKÜNFTEN UND TOUREN

Tourismusverband
Sächsische Schweiz e.V.
Bahnhofstr. 21
01796 Pirna
Tel. 03501 / 470147
Fax 03501 / 470148
info@saechsische-schweiz.de
www.saechsische-schweiz.de

Karten und Literatur
Topografische Wanderkarte der Nationalparkregionen in der Sächsisch-Böhmischen Schweiz, 1:25.000, inklusive Begleitheft, ISBN 3-89679-361-6, erhältlich beim Buchhändler, im Nationalparkzentrum in Bad Schandau und beim Landesvermessungsamt Sachsen

Broschüre: Elbsandsteingebirge – Landschaft im Meer geboren, Geologische Wanderungen, ISBN 3-89679-361-6

Broschüre: Der historische Malerweg, Auf den Spuren der Maler, ISBN 3-929048-25-6

Rölke, Peter Dr., Wanderführer Sächsische Schweiz, Band 1, 23 Wanderungen zwischen Bad Schandau und Hinterhermsdorf, Berg&Naturverlag Rölke, ISBN 3-934514-08-1

Rölke, Peter Dr., Wanderführer Sächsische Schweiz, Band 2, 25 Wanderungen in die Felsenlandschaft zwischen Bastei, Polenztal und Elbe, Berg&Naturverlag Rölke, ISBN 3-934514-09-X

Rölke, Peter Dr., Wanderführer Böhmische Schweiz, Wandervorschläge für das Gebiet zwischen den Tyssaer Wänden, Hohem Schneeberg, Prebischtor, Dittersbacher Felsen und Khaatal, Berg&Naturverlag Rölke, ISBN 3-934514-07-3

ERLEBNISTOUREN-WANDERN

Lage der Tour

TOP-TOUR

1. Der Malerweg Elbsandsteingebirge

Toptour:
Der Malerweg Elbsandsteingebirge
Tourlänge: 12 km
Dauer: 8 Tage
Weitere Informationen
Tourismusverband Sächsische Schweiz
Tel. 03501 / 470147
www.malerweg.de oder
www.nationalpark-saechsischeschweiz.de

Tourenbeschreibung:
Der Malerweg führt Wanderer über eine Strecke von insgesamt 112 Kilometern durch das Elbsandsteingebirge. 68 Kilometer erstrecken sich auf der rechten Elbseite und damit größtenteils durch das Gebiet des Nationalparks. Auf diesem Abschnitt können Wanderer die wilde Schönheit des Elbsandsteingebirges mit ihren schroffen Felsen und tiefen Schluchten auf sich wirken lassen. Über die restlichen 44 Kilometer des Maler-

wegs gelangen Natur-Liebhaber auf die linke Elbseite. Hier können Wanderer den Blick über eine offene Landschaft schweifen lassen, bevor es oberhalb der Elbe in Richtung Pirna geht. Die Tour durch die Sächsische Schweiz verläuft auch über Treppen und Stiegen. Wanderer sollten vor allem im Schrammsteingebiet schwindelfrei und trittsicher sein. Außerdem muss im Vergleich zur Tour im flachen Gelände mit längeren Gehzeiten gerechnet werden. Der Malerweg ist komplett ausgeschildert. An Gabelungen sind Wegweiser mit einem gelben Schriftzug und einem schwarzen „M" auf weißen Grund angebracht. Der Malerweg kann in acht Etappen unterteilt werden.

Etappe 1

Etappe 1
Strecke: Stadt Pirna/Liebethal – Liebethaler Grund/Daubemühle – Mühlsdorf/Alte Lohmener Straße – Abzweig Dobra – Querweg/Lohmen/Brückwaldweg/Schleifgrund/Uttewalder Grund – Wehlener Grund – Stadt Wehlen
Länge: 11,5 Kilometer
Dauer : ca. 4 Stunden
Schwierigkeitsgrad: mittel, 135 Höhenmeter
Sehenswürdigkeiten:
Liebethaler Grund
Tor zur Sächsischen Schweiz. Malerisches Tal, das durch den Bachverlauf der Wesenitz geprägt wurde, In der Nähe der Lochmühle befindet sich das Richard-Wagner-Denkmal (1933 anlässlich des 50. Todestags aufgestellt).
Lohmen
Das Schloss auf dem schroffen Felsen hoch über der Wesenitz inspirierte bereits viele Maler. Eine weitere, oft gemalte Sehenswürdigkeit: Lohmener Klamm.
Uttewalder Grund
Hier herrscht ein typisches Kellerklima, in dem zahlreiche Farnarten gedeihen. Viele Künstler der Romantik verewigten das Uttewalder Felsentor – die bekannteste Felsformation der Schlucht. Am Uttewalder Grund beginnt das Gebiet des Nationalparks Sächsische Schweiz.
Wehlen
Idyllisch gelegenes Elbstädtchen und Ziel der ersten Etappe. Der Malerweg führt in Wehlen über die Ruinen einer kleinen Burg, die vor 200 Jahren noch weitgehend erhalten war. Zur Belohnung gibt es einen reizvollen Elbtalblick.

Etappe 2

Etappe 2
Strecke: Stadt Wehlen – Schwarzbergweg – Steinerner Tisch/Fremdenweg/Bastei/Basteiweg – Kurort Rathen/Amselsee – Amselgrund/Amselfall/Rathewalde – Querweg – Straße zur Hocksteinschänke – Hocksteinparkplatz – Hocksteinweg/Hockstein/Wolfsschlucht/Polenztal – Schindergraben – Hohnstein
Länge: 13,5 Kilometer
Dauer : ca. 6 Stunden
Schwierigkeitsgrad: anspruchsvoll, 632 Höhenmeter
Sehenswürdigkeiten:
Elbtal
Früher wanderten Naturliebhaber durchs Elbtal nach Rathen. Heute führt der Ma-

lerweg über den Schwarzbergweg und am Steinernen Tisch vorbei zur Bastei. Die Aussicht vom Schwarzberg bietet einen imposanten Blick auf das Elbtal.

Bastei

Sie ist der berühmteste Ort der Sächsischen Schweiz mit Weitblick. 193 Meter über der Elbe können Wanderer bei gutem Wetter bis zum böhmischen Rosenberg schauen. Auch ein Besuch der Felsenburg Neurathen lohnt sich.

Kurort Rathen

Der kleine Ort liegt direkt an der Elbe. Hier gibt es Einkehr- und Rastmöglichkeiten. Nach dem Abstieg ans Elbufer können Wanderer das Felsenpanorama aus der Froschperspektive bewundern. Die Felsenbühne Rathen gehört zu den schönsten Naturbühnen Europas.

Amselgrund

Der Amselgrund führt wieder hinauf auf die Felsen. Am Amselfall bietet es sich an, eine Rast einzulegen. Am Grünbach gibt es einen typischen Schluchtwald und vielleicht auch eine Wasseramsel zu entdecken.

Hockstein

Der zuvor unzugängliche Hockstein wurde 1821 in den Malerweg aufgenommen. Mit 291 Metern bietet er einen grandiosen Blick in das tiefer liegende Polenztal. Auf dem Hockstein befinden sich Reste einer mittelalterlichen Wehranlage. Die Steinbrücke gehört zu den ersten touristischen Bauwerken der Sächsischen Schweiz.

Hohnstein

Das Fachwerkstädtchen Hohnstein liegt mitten in der Felslandschaft. Die Burg ist das Wahrzeichen der Stadt. Die Entwürfe für die Stadtkirche stammen vom Erbauer der Dresdner Frauenkirche, Georg Bähr.

Etappe 3

Etappe 3

Strecke: Hohnstein – Halbenweg/Räumichtweg – Brandstraße/Brandaussicht/Brandstufen – Tiefer Grund in Richtung Hohnstein/Dorfgrund/Waitzdorf – Waitzdorfer Rundweg – Mühlweg – Kohlichtgraben/Kohlmühle – Sebnitztal/Schwarzbachmündung/Mühlenweg – Altendorf

Länge: 11,7 Kilometer

Dauer : ca. 6 Stunden

Schwierigkeitsgrad: mittel, 412 Höhenmeter

Sehenswürdigkeiten:

Gautschgrotte

Neben dem Wanderweg befindet sich etwas versteckt die Gautschgrotte. Sie wird von einer 18 Meter hohen Felswand umrahmt. Im Winter bildet herabtropfendes Wasser an den Rändern mysteriöse Eisgestalten.

Brand

Der „Balkon der Sächsischen Schweiz" erhebt sich 170 Meter über dem Polenztal. Vom Brand können Wanderer die Landschaft des Elbsandsteingebirges genießen. Der faszinierende Aussichtspunkt zog bereits früh Naturliebhaber an. Vom unmittelbar in der Nachbarschaft gelegenen Aussichtspunkt Hafersäcke, können Besucher Details in der Felsenlandschaft erkunden.

Ochelwände

Steil bergab und steil bergauf ist die Strecke zwischen dem Brand und dem kleinen Ort Waitzdorf. Denn auf dem Weg muss der tiefe Grund gequert werden. Für die Anstrengung gibt es eine Belohnung: der malerische Ort Waitzdorf mit seinen vielen Umgebindehäusern und der imponierenden Ochelaussicht.

Altendorf
Um ins Kirnitzschtal zu kommen, müssen Wanderer Umwege in Kauf nehmen. Zum Ausgleich gibt es bei Altendorf einen fantastischen Blick auf die Schrammsteine.

Etappe 4

Etappe 4
Strecke: Altendorf – Dorfbachklamm – Flößersteig/Ostrauer Mühle – Mühlweg/Bauweg – Elbleitenweg/Schrammtor – Promenade/Jägersteig/Gratweg/Schrammsteinweg/Zurücksteig – Schrammsteinweg/Kleiner Dom/Sandloch – Zeughausweg/Unterer Affensteinweg/Dietrichsgrund – Beuthenfall/Lichtenhainer Wasserfall/Kuhstallstraße – Kuhstall- Neumannmühle
Länge: 17,6 Kilometer
Dauer : ca. 7 Stunden
Schwierigkeitsgrad: anspruchsvoll, 464 Höhenmeter
Sehenswürdigkeiten:
Schrammsteine
Sie sind das Herzstück der Sächsischen Schweiz. Die Schrammsteine erheben sich zwischen Schmilka und Bad Schandau. Die Tour führt die Wanderer durch das Schrammtor hinauf auf den Gratweg über zerklüftete Felsen. Achtung: Wanderer sollten schwindelfrei und trittsicher sein.
Affensteine
Die grandiosen, schlanken Felstürme bieten einen interessanten Ausblick. Allerdings gehört dieser Abschnitt selbst für passionierte Wanderer zu den anspruchsvollen Etappen. Die Brosinnadel – ein hochaufragender, spitzer Fels – ist das Wahrzeichen der Felsformation.
Kirnitzschtal
Eines der bekanntesten und schönsten Täler des Elbsandsteingebirges. Neben einem naturnahen Wildbach Kirnitzsch gibt es eine vielfältige Flora und Fauna zu entdecken. Sandstein und Granit verleihen dem Tal einen einmaligen Charakter. Auch interessant: zahlreiche historische Mühlen.
Kuhstall
Größte Felsenhöhle des Elbsandsteingebirges. Der Felsbogen hat eine Höhe von 11 Metern, ist 17 Meter breit und 24 Meter tief. Raubritter der Burg Wildenstein sollen gestohlenes Vieh dort versteckt haben. Andere Erzählungen berichten, Bauern hätten während des Dreißigjährigen Krieges die Höhle genutzt.

Etappe 5

Etappe 5
Strecke: Neumannmühle – Buschmühle – Arnstein – Neuer Weg/Kleinstein/Straße in Richtung Räumichtmühle – Mühlschlüchte/Großes Pohlshorn/Dreisteigensteig/Flügel E/Zeughaus – Wolfsschlüchte/Rosssteig/Katzenstein/Fremdenweg/Großer Winterberg – Bergsteig – Schmilka
Länge: 13,6 Kilometer
Dauer : ca. 7 Stunden
Schwierigkeitsgrad: anspruchsvoll, 625 Höhenmeter
Sehenswürdigkeiten:
Arnstein/Kleinstein
Im Mittelalter stand hier eine Felsenburg, die dem Arnstein immer noch etwas Geheimnisvolles verleiht. Von Arnstein aus blicken Wanderer auf Waldwildnis. Die Geologie der Region kann in der Kleinsteinhöhle erforscht werden.

Pohlshorn
Ausblick auf den Großen Zschand. Unterhalb rauscht die Kirnitzsch.
Großer Zschand
Trockenes Seitental des Kirnitzschtals. Das Besondere: Es verläuft durch ein zerklüftetes Felsengebiet mit teils sehr engen Seitenschluchten.
Großer Winterberg
Mit 556 Metern ist er der größte Berg auf der rechten Elbseite. Die Kuppe ist durch einen markanten Basaltgang geprägt. Auf dem Gipfel befindet sich ein historisches Hotel mit Aussichtsturm. Sehenswert ist die Aussicht vom nahen Kipphorn über das Elbtal – ein von Malern gern festgehaltenes Panorama.
Schmilka
Nach dem steilen Abstieg erreichen Wanderer den Ort, der direkt an der tschechischen Grenze und am Ufer der Elbe liegt. Besucher verlassen kurz vor Schmilka das Gebiet des Nationalparks und gelangen auf der linken Elbseite in das Landschaftsschutzgebiet Sächsische Schweiz.

Etappe 6

Etappe 6
Strecke: Schmilka – Elbfähre – S-Bahn-Haltepunkt Schmilka-Hirschmühle – Aschersteig – Schöna/Wolfsberg – Reinhardtsdorf – Krippenberg – Püschelweg – Elysweg/Krippenbach/Koppelsbergweg – Liethenbach/Liethenhäuser – Alter Schulweg/Kleinhennersdorf – Alter Schulweg/Suppelsgrundweg – Papststein – Kurort Gohrisch (Muselweg)
Länge: 16,5 Kilometer
Dauer: ca. 7 Stunden
Schwierigkeitsgrad: anspruchsvoll, 602 Höhenmeter

Sehenswürdigkeiten:
Schöna (Kaiserkrone)
Das Dorf liegt im Schatten von Zirkelstein und Kaiserkrone. Der Zirkelstein ist der kleinste Tafelberg der Sächsischen Schweiz. Wer ihn besteigt, hat eine herrliche Aussicht bis in die Böhmische Schweiz. Aber auch die Besteigung der Kaiserkrone ist lohnenswert.
Wolfsberg
Wanderer sind hier schon eine Weile auf dem Caspar-David-Friedrich-Weg unterwegs. Das Panorama erinnert an das berühmte Werk „Wanderer überm Nebelmeer". Empfehlenswerter Abstecher ist der Friedrich-Rundweg.
Krippen
Der Ausblick bei Krippen auf die Elbe ist ebenfalls berühmt, weil er immer wieder Maler inspirierte. Im „Kellerhaus"-Museum können Wanderer Wissenswertes über die Anfänge der Papierindustrie erfahren.
Kleinhennersdorf
Wer die Anhöhe erreicht, hat einen freien Blick auf die Schrammsteine. Auch die Höhlen am Kleinhennersdorfer Stein sind sehenswert. Die Lichterhöhle ist mit 20 Metern Länge die größte.
Papststein/Gohrisch
Die benachbarten Tafelberge waren früher eine Einheit. Durch Erosion wurden sie getrennt. Beide sind lohnenswerte Aussichtsberge.
Kurort Gohrisch (Muselweg)
Über den vom Malerweg abzweigenden Muselweg gelangen Wanderer zum Luftkurort Gohrisch. Das Städtchen ist wegen seines reizarmen Klimas beliebt. Auch interessant: das Grenzstein-Lapidarium.

Etappe 7

Etappe 7
Strecke: Kurort Gohrisch (Muselweg) – Jagdsteig/Königsweg/Alter Schulweg – Pfaffendorf – Pfaffensteinweg/Nadelöhr/Pfaffenstein/Klammweg – Weg zum Quirl – Pfaffendorf-Sportplatz – Pfaffenberg/Königstein – Latzweg/Festung Königstein – Eselswiese/Mittelbrücke – Kanonenweg – Thürmsdorf – Schloss/Mausoleum – Eulensteine – Weißig
Länge: 15,5 Kilometer
Dauer: ca. 6 Stunden
Schwierigkeitsgrad: anspruchsvoll, 462 Höhenmeter
Sehenswürdigkeiten:
Pfaffendorf
Ortsteil von Königstein, der seinen Namen den Königsteiner Pfaffen verdankt. Sehenswert sind die zahlreichen Dreiseitenhöfe, die ein Fachwerkobergeschoss haben.
Pfaffenstein
Er wird auch als Sächsische Schweiz im Kleinen bezeichnet. Auf kleiner Fläche sind alle charakteristischen Merkmale des Elbsandsteingebirges zu finden: Tafelberg, Schluchten, Stiegen, Höhlen etc. An der Südseite des Plateaus gibt es die Barbarine, die berühmte Felsnadel, zu sehen.
Quirl
Er ist kleiner als die anderen Tafelberge, hat aber das größte Gipfelplateau mit Aussicht auf die Festung Königstein zu bieten. Das Gebiet ist außerdem wegen der vielen Höhlen bekannt.
Stadt Königstein
1379 wurde Königstein zum ersten Mal erwähnt. Sehenswert: die verwinkelten Gässchen, die St. Marien Kirche aus dem 18. Jahrhundert und die kursächsische Postdistanzsäule von 1727.
Festung Königstein
Die ursprüngliche Burg wurde erstmals 1241 urkundlich erwähnt. Im 16. Jahrhundert wurde sie zu einer riesigen Festung umgebaut und beherbergte in Kriegszeiten den Staatsschatz. Viele Maler verewigten sie in ihren Werken.
Thürmsdorf
Das Thürmsdorfer Schloss ist umgeben von einer unter Denkmalschutz stehenden Parkanlage. Darüber hinaus können Wanderer den Pehnafall, den längsten Wasserfall der Sächsischen Schweiz, und das Mausoleum von Biedermann bewundern.
Weißig
Das Örtchen liegt am Fuße des Rauensteins. Er ist der niedrigste und nördlichste Tafelberg der Sächsischen Schweiz. Von der Südostspitze können Wanderer bis zu Bastei, Lilienstein, Zirkelstein und Böhmische Schweiz schauen.

Etappe 8

Etappe 8
Strecke: Weißig, Rauenstein/Gratweg/Wehlen-Pötzscha – Naundorf – Königsnase/S-Bahn-Haltepunkt Obervogelsang – Elberadweg – Canalettoweg – Pirna
Länge: 12 Kilometer
Dauer: ca. 5 Stunden
Schwierigkeitsgrad: mittel, 225 Höhenmeter
Sehenswürdigkeiten:
Weißig, Rauenstein/Gratweg/Wehlen-Pötzscha – Naundorf – Königsnase/S-Bahn-Haltepunkt Obervogelsang – Elberadweg – Canalettoweg – Pirna

Wandern in der „Sächsischen Schweiz“

Im Nationalpark „Sächsische Schweiz“ stehen mehr als 400 Kilometer markierte und meist gut ausgebaute Wanderwege zur Auswahl. Auf den Strecken erreichen Wanderer die schönsten Ausflugsziele und imposantesten Aussichtspunkte der Region. Historische Berggaststätten laden auf den Touren durch das Elbsandsteingebirge zu einer kleinen Rast ein. Die Wanderwege sind durch verschiedenfarbige Wegweiser markiert. So steht die Farbe Blau für überregionale, Rot für regionale und Grün sowie Gelb für örtliche Wanderwege. Im Nationalpark herrscht ein Wegegebot, insbesondere in der Kernzone dürfen demnach nur die gekennzeichneten Wege benutzt werden.

Wanderer, die abseits des „Malerweges“ auch durch das Gebiet des „Nationalparks Böhmischen Schweiz“ auf tschechischer Seite gehen, sollten auf jeden Fall ihren Personalausweis im Gepäck haben. Vier Grenzübergänge zwischen Sachsen und Tschechien sind in den Nationalparken für Wanderer und teilweise Radfahrer geöffnet. Eine Karte mit Grenzübergängen in der „Sächsisch-Böhmischen Schweiz“ und weitere Informationen zum Wandern in den Nationalparken gibt es unter www.nationalpark-saechsische-schweiz.de

Radtouren im Nationalpark

Der Nationalpark Sächsische Schweiz liegt in seiner vollen Länge an der Elbe und damit auch am Elbradweg. Ergänzend können Fahrradfahrer auf Wanderwegen, die als Radrouten ausgeschildert sind, das Gebiet des Nationalparks durchstreifen. 50 Kilometer Wald- und Forstwege sind für Radler freigegeben. Sie haben eine sehr glatte Oberfläche, sind aber meist nicht asphaltiert, zum Teil recht schmal und weisen auch ordentliche Steigungen auf. In Gefälleabschnitten müssen Radler zudem mit tieferen Bodenwellen oder querliegenden Hölzern rechnen, die als Wasserabläufe angelegt wurden. Außerdem: Auf den gekennzeichneten Wanderwegen haben Wanderer auch uneingeschränkt „Vorfahrt". Radrouten sind mit einem grünen Wegweiser und gelber Schrift „Radroute" sowie einem Fahrrad-Logo ausgewiesen. Radrouten dürfen natürlich auch von Mountainbikern benutzt werden. Alle anderen Wege im Nationalpark sind jedoch den Wanderern vorbehalten und für Radfahrer tabu. Weiter Informationen und Karten zum Herunterladen gibt es unter www.nationalpark-saechsische-schweiz.de

Bergsport im Elbsandsteingebirge

Im Elbsandsteingebirge steht die Wiege des Klettersports oder des Sportkletterns wie es heute eine weite Verbreitung genießt. Schon vor über hundert Jahren wurden die ersten Felsen erklommen. Aber ebenso früh erkannten die Kletterer in Abstimmung mit den damaligen Forstbehörden auch, dass der Sandstein ihrer Kletterfelsen empfindlicher ist, als andere Gesteine. Sie entwickelten die Sächsischen Kletterregeln, die vor allem den Schutz der Felsen zum Ziel haben und in Ihrer Weiterentwicklung bis heute gelten. Diese Kletterregeln sind eine Grundlage, dass das Klettern im Nationalpark möglich ist. Andererseits ist das Klettern im Elbsandstein dadurch auch anspruchsvoller als in anderen Klettergebieten. Einzelheiten bis hin zu einzelnen Klettergebieten und Informationen zu zeitlichen Sperrungen finden interessierte Kletterer unter www.nationalpark-saechsische-schweiz.de oder unter www.bergsteigerbund.de

Wasserwandern auf der Elbe

Die Elbe ist Deutschlands zweitlängster Fluss. Auf einer Strecke von 33 Kilometern hat sie einen bis zu 300 Meter tiefen Canyon im Elbsandsteingebirge geschaffen. Die Landschaft des Elbsandsteingebirges bietet nicht nur aus den Höhenlagen einzigartige Ausblicke. Auch vom Fluss aus, können Naturliebhaber die einzigartige Kulisse genießen. Wer an einer Wasserwanderung auf der Elbe teilnehmen möchte, hat die Auswahl zwischen einem Dutzend Anlegemöglichkeiten und Bootsverleihen. Eine Übersicht mit weiterführenden Links gibt es unter www.saechsische-schweiz.de

FREIZEIT UND ERHOLUNG

Mit dem historischen Raddampfer über die Elbe

Sei 1837 können Besucher der Sächsischen Schweiz auch per Dampfschiff das Panorama des Elbsandsteingebirges bewundern. Zwischen Meißen und Decin verkehren immer noch regelmäßige Linien- und Sonderschiffe. Die Sächsische Dampfschifffahrt verfügt sogar über die älteste und größte Raddampferflotte der Welt. Die neun historischen Raddampfer sind zwischen 77 und 127 Jahre alt. Die Fahrt mit den Schmuckstücken gehört nach wie vor zu absoluten Höhepunkten eines Besuchs in der Sächsischen Schweiz.

Informationen
Sächsische Dampfschiffahrts GmbH & Co.
Conti Elbschiffahrts KG
Hertha-Lindner-Straße 10
01067 Dresden
Tel. 0351 / 866090
Fax 0351 / 8660988
info@saechsische-dampfschiffahrt.de
www.saechsische-dampfschiffahrt.de/

Kirnitzschtalbahn – ein technisches Denkmal

Seit 1898 verbindet die historische elektrische Straßenbahn den Kurort Bad Schandau mit dem Lichtenhainer Wasserfall. Ihr Weg führt auf einer etwa acht Kilometer langen und naturbelassenen Strecke durch das wildromantische und felsige Kirnitzschtal im Nationalpark Sächsische Schweiz. Vier Trieb- und sechs Beiwagen mit einer Spurbreite von einem Meter sind in Betrieb. Sie wurden 1960 gebaut.

Informationen
Kirnitzschtalbahn
Oberelbische Verkehrsgesellschaft
Kirnitzschtalstraße
01814 Bad Schandau
Tel. 035022 / 42370
Fax 035022 / 42333

Weitere Informationen
Tourismusverband Sächsische Schweiz e.V.
Bahnhofstr. 21
01796 Pirna
Tel. 03501 / 470147
Fax 03501 / 470148
info@sax-ch.de
www.saechsische-schweiz.de

Felsenbühne Rathen

Sie liegt mitten im romantischen Wehlgrund im Nationalpark Sächsische Schweiz und gilt als eine der schönsten Naturtheater Europas: die Felsenbühne Rathen. Seit 1954 wird sie von den Landesbühnen Sachsen bespielt. Zum Repertoire gehören Inszenierungen aus den Bereichen Musiktheater und Schauspiel. Gespielt werden Dramen, Komödien oder Kinderstücke. Im Spielplan vertreten sind neben Karl-May-Stücken auch Operetten und Opern wie beispielsweise „Der Freischütz“ das Carl Maria von Weber in Sächsischen-Schweiz komponiert hat.

Informationen
Felsenbühne Rathen
Landesbühnen Sachsen
Amselgrund
01824 Kurort Rathen
Tel. 035024 / 7770
Fax 035024 / 77735
www.felsenbuehne-rathen.de

Festung Königstein
Gewaltig thront die Festung Königstein über dem Elbsandsteingebirge. Während der vergangenen 750 Jahre wurde die ehemalige mittelalterliche Burg zu einer stattlichen Festungsanlage ausgebaut. Neben unterirdischen Befestigungsanlagen gibt es auf dem 9,5 Hektar großen Felsplateau mehr als 30 Bauwerke. Besonders beeindruckend sind: das Brunnenhaus mit dem 152,5 Meter tiefen Brunnen und der restaurierten Fördertechnik von 1912, die Garnisonskirche und die Friedrichsburg mit der Maschinentafel „Tischlein-deck-dich".

Informationen
Festung Königstein
01824 Königstein
Tel. 035021 / 64607
Fax 035021 / 64609
info@festung-koenigstein.de
www.festung-koenigstein.de

Burg Stolpen
Die Stolpener Basalt-Burg zählt zu den Naturdenkmalen Sachsens. Bischöfe und Kurfürsten prägten die Gestalt der Anlage über die Jahrhunderte. Der Sage nach, hat Burg Stolpen eine wüste Vergangenheit. Von Kampf, Folter, Not und Tod vieler Gefangener erzählen dumpfe Verliese, verschlungene Kellergänge und Folterkammern. Eine berühmte Insassin war die Gräfin Cosel, die Mätresse von August dem Starken. Sie verbrachte 49 Jahre ihres Lebens als Gefangene in der Burg.

Informationen
Burg Stolpen
Schlossstraße 10
01833 Stolpen
Tel. 035973 / 23410
Fax 035973 / 23419
burg.stolpen@t-online.de
www.burg-stolpen.de

Klettergarten im Outdoor Inside
Für kleine Besucher des Elbsandsteingebirges, die große Bergsteiger nachahmen wollen, gibt es in Königstein das Outdoor Inside. Wettergeschützt können sich Kinder ab acht Jahren und Erwachsene im Hochseilgarten oder an einer Kletterwand austoben. Darüber hinaus stehen zwei Klettertürme mit verschiedenen Schwierigkeitsgarden zur Verfügung. Der Anbieter, Kanu-Aktiv-Tours, organisiert außerdem Bootstouren.

Informationen
Kanu Aktiv Tours
Hochseilgarten & Bootsverleih
Schandauer Str. 17-19 (Elbpromenade)
01824 Königstein
Tel. 035021 / 599960
Fax 035021 / 599969
info@kanu-aktiv-tours.de
www.kanu-aktiv-tours.de

LEIB & SEELE

Toskana-Therme Bad Schandau
In den Toskana-Thermen können Wanderer und Besucher des Elbsandsteingebirges nach langen Touren durch die Natur relaxen. Neben Innen- und Außenschwimmbecken gibt es Whirlpools, einen großzügigen Saunabereich, medizinische Behandlungen und Wellnessangebote wie Thalasso, Ayurveda, Rosenblätterbäder oder Schokoladenmassagen. Das Highlight: „Liquid Sound": Dabei wird Baden zu einem besonderen Licht- und Klangerlebnis.
Informationen
Toskana Therme Bad Schandau
Rudolf-Sendig-Straße 8a
01814 Bad Schandau
Tel. 035022 / 54610, Fax 035022 / 54611
badschandau@toskana-therme.de
www.toskanaworld.net

Geibeltbad Pirna
Natürlich können Besucher des Geibeltbads Pirna normal im Schwimmbecken ihre Runden drehen oder im Whirlpool relaxen. Wer möchte, kann aber auch eine Reise in den Orient unternehmen. Denn in der Saunalandschaft gibt es ein türkisches Hamam-Bad. Feuchtwarme Dämpfe stimulieren dabei Haut und Atemwege. Im Rasul können Besucher die wohltuende Wirkung von Algen-, Heilschlamm- oder Heilkreide-Packungen ausprobieren. Und im Tepidarium heißt es: abwechselnd ins Feuerbad oder Kaltwasserbecken eintauchen.
Informationen
Das Geibeltbad Pirna
Rottwerndorfer Straße 56c, 01796 Pirna
Tel. 03501 / 710900
geibeltbad@stadtwerke-pirna.com
www.geibeltbad-pirna.de

Direktvermarkter

Demeterhof Steinert
Erzeuger und Vermarkter von Milch, Käse und Kartoffeln mit eigenem Hofladen
Informationen
Bockmühlenstr. 48
01848 Hohnstein OT Cunnersdorf

Agrarproduktion Am Bärenstein e.G.
Direktvermarkter von Rind – und Schweinefleisch mit eigener Schlachtung und drei Läden.
Informationen
Hauptgeschäft
Hauptstr. 100
01796 Struppen
Tel. 035020 / 77719
www.Landschlachthof.de

Der Ziegelscheuneladen
Kontor für regionale Besonderheiten Bad Schandau.
Informationen
Poststr. 7
01814 Bad Schandau
Tel. 035022 / 91879
www.ziegelscheune-krippen.de/laden.html

Ziegenhof Lauterbach
Dorftsr.110
01833 Stolpen OT Lauterbach
Tel. 035973 / 295120
ziegenhof-lauterbach@gmx.net

Gasthäuser mit regionaler Küche

Ziegelscheune Krippen
Elbweg 22
01814 Bad Schandau OT Krippen
Tel. 035028 / 80437
Fax 035028 / 85869
www.ziegelscheune.de

Hotel Forsthaus Kirnitzschtal
Kirnitschtalstr. 5
01855 Kirnitzschtal Bad Schandau
Tel. 035022/58 40
Fax 035022/58 4188
forsthaus@weka-hotels.de
www.weka-hotels.de

Landgasthaus Schwarzbachtal
Niederdorfstr.3
01848 Hohnstein OT Lohsdorf
Tel. 035975 / 80345
Fax 035975 / 84492
Schwarzbachtal@freenet.de
www.Schwarzbachtal.de

Berghotel & Restaurant Großer Winterberg
Auf dem Winterberg 1
01814 Bad Schandau
Tel. 035022 / 40050
Fax 035022 / 43576
hotelgwb@aol.com
www.grosserwinterberg.de
www.Elbsandstein.de

Schlemmen, Schlafen und Mobil in der Nationalparkregion
Nationalpark Partner
Nationalparkpartner sind Botschafter für den Schutz und Erhalt ihres Schutzgebietes, nach strengen Qualitätskriterien ausgezeichnet, engagieren sie sich für den Natur- und Umweltschutz und sind dank regelmäßiger Schulungen kompetente Ansprechpartner in ihrer Heimatregion.

29 Partner der Nationalparkregion aus den Bereichen Beherbergung und Gastronomie, Bahn, Bus und Elbefähren garantieren Ihnen Qualitäts- und Umweltstandards auf hohem Niveau.
Informationen
www.nationalpark-saechsische-schweiz.de

Erlebnistouren

Tour 1: Fuß- und Radwandern – Saaleradwanderweg (TOP-TOUR)
Tour 2: Wandern – Rundwanderung durch das Schlenze- und Fleischbachtal
Tour 3: Wandern – Naturparkwanderweg
Tour 4: Wandern – Wanderweg Bergbau - Geologie

Naturpark Unteres Saaletal

Eine einzigartige Landschaft bietet der Naturpark „Unteres Saaletal", der sich von Halle bis Nienburg zu beiden Seiten der Saale auf einer Fläche von über 40.000 Hektar erstreckt. Insgesamt neun Städte und Gemeinden Sachsen-Anhalts haben Anteil an der Fläche des Naturparks. Der landschaftliche Reiz der Region basiert vor allem auf seinen abwechslungsreichen geologischen Verhältnissen. Unterschiedlichste Gesteinsarten, die eine erdgeschichtliche Zeitspanne von rund 300 Millionen Jahren repräsentieren, haben nicht nur zur Entstehung kontrastreicher Geländeformen geführt, sondern auch die Bodenbildung sowie die Vielfältigkeit von Flora und Fauna maßgeblich beeinflusst. Das Saaletal durchschneidet zwischen Halle und Bernburg im markanten Wechsel von Durchbruchsstrecken und breiten Auen von Südost nach Nordwest die Hallesche Porphyrkuppenlandschaft, die Hochflächen des Mansfelder Landes, der Halle-Hettstedter Gebirgsbrücke und der Ausläufer des Nordöstlichen Harzvorlandes. Der Wechsel der verschiedenen Festgesteine und eiszeitlichen Ablagerungen bilden zusammen mit dem durch Niederschlagsarmut gekennzeichneten Klima die Voraussetzung für die Vielfalt an Lebensräumen. Der Naturpark bietet Ruhe und Entspannung, aber auch eine Vielzahl touristischer Ziele, in denen das Wirken der Menschen über eine lange Zeitspanne deutlich wird. Schon in der damaligen DDR war man sich der Wichtigkeit dieses Kulturraumes bewusst und wies das Gebiet wegen seiner landschaftlichen Schönheiten und Naturschätze bereits 1961 als Landschaftsschutzgebiet aus. Es sollte aber noch Jahrzehnte dauern, bis aus dem Schutzgebiet ein Naturpark wurde. Nach den ersten freien Landtagswahlen trat eine Initiativgruppe mit der Idee eines Naturparkes an die neue Regierung heran. Doch erst 2005 waren alle formalen Hürden genommen. Wegen ihrer reichen Naturausstattung sind viele Einzelflächen seit Jahren als Naturschutzgebiete und Flächennaturdenkmale unter Schutz gestellt. Außerdem sind mehr als 30 archäologische Fundstellen zu finden.

Saalealtarm bei Nienburg

Steinkohle und Solequellen

Geotop Weiße Wand
Die Weiße Wand in Dobis ist ein Stein gewordenes Dokument des Wechsels der Klima- und Ablagerungsbedingungen der unterschiedlichen Gesteinsschichten. Sie liegen allerdings nicht horizontal, sondern wurden in eine Schräglage von rund 50 Grad aufgeschleppt. Zu beobachten sind Porphyrkonglomerat, Grauliegendes, Sanderz, Kupferschiefer und Zechsteinkalk. Seit 1976 steht dieses außergewöhnliche Flächendenkmal unter Schutz.

Zweimal war das Gebiet des Naturparkes mit Inlandeis bedeckt, was wesentliche Züge der heutigen Landschaft prägte. Das allmählich abfließende Wasser schnitt in das noch von den eiszeitlichen Sedimenten überdeckte Gebirge und ließ das Flusstal mit steilen Hängen und Felsen entstehen. Die ältesten Gesteine des Naturparks sind im Durchbruchstal zwischen Friedeburg und Könnern zu erkennen. Die oft vegetationslosen roten Sandsteine, Konglomerate und Schiefertone dieses Talabschnitts, werden als Mansfelder Schichten bezeichnet. Steinkohlenflöze bei Wettin sorgten im 18. Jahrhundert für einen intensiven Bergbau. Sandsteine, Konglomerate, der als Baustoff oder Werkstein begehrte Porphyr, Kupferschiefer und Kalkstein sind im unteren Saaletal ebenfalls auf relativ kleinem Raum anzutreffen. In der letzten Kaltzeit, der Weichselkaltzeit, erreichte das Eis das Saalegebiet nicht mehr. Das Ausblasen feiner Sedimente aus den weiten Flussniederungen und ihre Ablagerung auf den Hochflächen führten zur Entstehung des Lösses. Auf ihm entwickelte sich in dem niederschlagsarmen Gebiet der fruchtbare Schwarzerdeboden. In den Lössgebieten begann schon seit der Jungsteinzeit eine bäuerliche Besiedlung. Die Solequellen bei Halle begründeten den wirtschaftlichen Aufstieg der Stadt und ihre Blüte im Mittelalter.

Weiße Wand in Dobis

Kneippanlage Kloschwitz

Lebensraum für Tiere

Einer Vielzahl von Tieren bietet der Naturpark einen Lebensraum. Neben den bekannten Arten wie Reh, Wildschwein oder Dachs finden sich in der reichen Kulturlandschaft aber auch unauffälligere Arten: So beispielsweise drei vom Aussterben bedrohte Fledermausarten wie die Mopsfledermaus, das Mausohr oder die Bernsteinfledermaus. Als typischer Vertreter der Gegend galt lange der Feldhamster, inzwischen ist sein Vorkommen immer rückläufiger. Dafür breitet sich der Elbebiber, das Wappentier des Naturschutzes in Sachsen-Anhalt, immer mehr aus. Auch die Brutvögel haben ihre Heimat in den Wäldern und Tälern. Über 130 Arten sind hier verzeichnet, davon über 50, die auf der Roten Liste der bedrohten Tierarten stehen. Dazu zählen die Lachmöwe, der Eisvogel oder der Schilfrohrsänger. Einige Arten, wie der Bienenfresser oder das Schwarzkehlchen, brüten erst seit einigen Jahren wieder im Raum des Naturparkes „Unteres Saaletal". Das Naturschutzgebiet Forstwerder, ein Auenwaldrest auf einer der Saaleinseln in Halle, ist ein Ruheplatz für Gänsesäger, Graureiher oder Kormoran. In der Mitte der Insel brüten gleich vier Spechtarten. Sie sind auch im nahe gelegenen Landschaftsschutzgebiet Dölauer Heide zu finden. Auch der Feldsperling, Trauer- oder Grauschnäpper, profitieren vom guten Angebot an Baumhöhlen. Zu den im Naturpark weit verbreiteten Lurchen gehören der Teichmolch, die Erd- oder Wechselkröte und der Seefrosch. Die Vorkommen des Kammmolches beschränken sich auf den nördlichen Bereich von Bernburg. Dort hat auch die Knoblauchkröte ihr Revier. Zu den häufigsten Reptilienarten gehört die Zauneidechse. Wesentlich seltener wurden die Blindschleiche und die Ringelnatter nachgewiesen. Die Verbesserung der Wasserqualität in den Flüssen hat in den letzten Jahren wieder zu einer Zunahme der Fisch-Arten geführt. So sind neben Karpfen, Barsch und Plötze auch „anspruchsvollere" Arten wie Barbe und Zährte in die Flüsse zurückgekehrt. Auch Gründling, Bachneunauge, Moderlieschen und Karausche haben hier ihren Lebensraum. Von dieser Qualitätsverbesserung haben auch die Libellen profitiert. 37 Arten wurden bislang entdeckt, darunter auch die viele Jahre lang in dem Gebiet verschollene Gebänderte Prachtlibelle.

Zu den auffälligsten Erscheinungen im Naturpark gehören die Schmetterlinge. In der Halleschen Porphyrkuppenlandschaft sind unter anderem die Berghexe, der Kleine Heufalter, Schachbrettfalter, Großes Ochsenauge, Kleiner Perlmutterfalter, Schwalbenschwanz und Mauerfuchs beheimatet. In der Region Bernburg wurden 33 Tagfalterarten entdeckt, unter anderem Nierenfleck, Kleiner Feuerfalter, Silbergrüner Bläuling und Gemeiner Bläuling.

Schützenswerte Biotope

Bedingt durch die klimatischen Gegebenheiten kommen im Naturparkgebiet viele kontinentale Pflanzenarten vor. Die reiche Xerothermflora ist in dieser Form einmalig in Deutschland. Im 19. Jahrhundert wuchs im Raum Halle fast die Hälfte aller Blütenpflanzenarten Deutschlands. Heutzutage ist das Vorkommen natürlich geschrumpft, doch rund 800 Arten sind geblieben. Unmittelbar an der Saale bei Nienburg und südlich von Bernburg stocken noch größere Auenwälder, im Uferbereich weisen die Große Brennnessel oder das Klettenlabkraut auf die vom Wasser angeschwemmten

Großes Zweiblatt

Nährstoffe hin. Neben Sträuchern wie Pfaffenhütchen oder Weißdorn sind auch Kräuter wie das Gelbe Windröschen, Tausendgüldenkraut, Gelbe Raute, der Gefleckte Aronstab oder die Rote Lichtnelke zu finden. Eine Besonderheit des Naturparks sind seine Trocken- und Halbtrockenrasen an den steilen Felshängen im Saaletal und auf den Porphyrkuppen zwischen Halle und Wettin. Dort finden sich neben geschützten Tierarten auch seltene Pflanzen wie das stark gefährdete Kleine Knabenkraut, das Badener Rispengras, Sandthymian, die Sand-Silberscharte oder die Feinblättrige Schafgarbe, das Frühlings-Adonisröschen, der Dänische Tragant oder auch das Sand-Veilchen. Von großer Bedeutung im Naturpark sind die ehemaligen Streuobstwiesen an den Hängen des Saaletals und seiner Nebentäler. Sie bilden als eine Form der historischen Landnutzung Refugien für sonst selten gewordene Pflanzen- und Tierarten. Interessant ist auch ein Blick auf die Salzwiesen im NSG Salzatal zwischen Langenbogen und Köllme. Hier sind typische Salzpflanzen wie die Strand- oder Salzaster, das Strand-Milchkraut oder der Gemeine Salzschwaden beheimatet.

Händler und Tempelritter

So vielfältig die Natur im unteren Saaletal ist, so interessant ist auch seine Geschichte. Die Gunst des Klimas, der Böden und des Reliefs, die Saale als Kristallisationslinie und Verkehrsader sowie die Bodenschätze wie Kupfer und Salz führten dazu, dass das Naturparkgebiet schon frühzeitig von sesshaften Menschen genutzt wurde. Die Besiedlung reicht bis in die Altsteinzeit zurück, wie Funde von Feuersteinartefakten zeigen. Das Neolithikum brachte vor etwa 6500 Jahren die Linienbandkeramiker als erste Ackerbauern und Viehhalter ins Gebiet. Die Lebensumstände dieser Zeit sind beispielsweise aus Funden auf der Bischofswiese in der Dölauer Heide belegt. Auch Bronze- und Eisenzeit sahen mehrere verschiedene Kulturen in diesem Raum. Die Träger der eisenzeitlichen Jastorf-Kultur gelten als die Vorläufer der Elbgermanen. Zu diesen gehörten die Hermunduren, die in der frührömischen Kaiserzeit auch das Naturparkgebiet besiedelten. Im frühen Mittelalter bildete die Saale die Grenze zwischen den Sorben und dem ostfränkischen Reich, die von Burgen gesichert wurde. Schriftlich nachgewiesen ist das Leben der Menschen ab 875, als erstmals die Dynastie Wettin erwähnt wurde. Dietrich II. von Brehna/Wettin, ein Tempelritter, schenkte das Vorwerk Mücheln dem Ritterorden. Die Errichtung der Kapelle geschah im Jahr 1270, sie ist eines der letzten architektonischen Zeugnisse des Templerordens in

Schloss Plötzkau

Deutschland. Auch Plötzkau, Alsleben und Bernburg waren Sitze bedeutender alter Adelsgeschlechter, noch heute finden sich hier Burganlagen und Schlösser. Im bedeutenden Renaissanceschloss Bernburg befindet sich heute ein Museum.
Lang ist auch die Historie der Stadt Halle. Schon in vorgeschichtlicher Zeit wegen seiner Solequellen eine wichtige Siedlungsstätte germanischer und slawischer Stämme, wurden die unterschiedlichen Siedlungskerne 806 unter fränkischer Herrschaft mit einer Mauer geschützt. Im Mittelalter zählte Halle zu den bedeutenden Handelsplätzen des römisch-deutschen Kaiserreiches - um 1300 lebten in Halle rund 4000 Menschen. Als Universitätsstadt war sie seit 1694 ein Zentrum der Aufklärung, war Geburtsort großer Persönlichkeiten wie des Komponisten Georg Friedrich Händel. Seit der 2. Hälfte des 19. Jahrhunderts entwickelte sich Halle zu einem dynamischen Wirtschaftsstandort des Braunkohlenbergbaus, des Maschinenbaus und der chemische Industrie.

Im Süden hat der Naturpark Anteil an dem Weinbaugebiet an Saale und Unstrut. Schon im Jahr 1066 wurden in der Region die ersten Reben gepflanzt. Im Mittelalter fand der Weinanbau seine Blütezeit, im 19. Jahrhundert ging die Produktion, vor allem wegen der Reblaus, immer weiter zurück. In den letzten Jahren wurde der traditionelle Steillagenweinbau wieder belebt.

Mundloch des Schlüsselstollens bei Friedeburg

INFORMATIONEN

Ökostation Neugattersleben
Angebote sind ökologischer Gartenbau und gesunde Ernährung, kreatives Gestalten mit Naturmaterialien und natürlichen und alternativen Ressourcen.
Informationen
Ökostation Neugattersleben
Weinberg 4
06429 Neugattersleben
Tel. 034721 / 22549
oekostation-neuga@t-online.de
www.oekostation-neugattersleben.de

Klosterkirche in Nienburg

JUGENDCAMP ZAPPENDORF

In Rahmen von Projekten engagieren sich Kinder- und Jugendliche unter anderem im kreativen Bereich, in generationsübergreifender Gemeinwesenarbeit, politischer Bildungsarbeit, im Mädchenclub und im Naturschutz.
Informationen
Jugendcamp Zappendorf
Am Steinbruch 1
06179 Zappendorf/OT Köllme
Tel./Fax 034609 / 25466
camp_steinbruch@t-online.de
www.jugendcamp-zappendorf.de

ÖKOSCHULE IM SCHULUMWELT-ZENTRUM HALLE FRANZIGMARK

Es werden spezielle ökologische Themen zur Biologie, Chemie, Physik, Geographie, Technik und Sachkunde angeboten. Der Unterricht ist praxisorientiert und wird von zahlreichen experimentellen Versuchen begleitet.
Informationen
Ökoschule
Franzigmark 6
06193 Morl
Tel. 0345 / 5225137
Fax 0345 / 5225173
oekoschule@franzigmark.de
www.oekoschule.franzigmark.de

NATURHOF ZELLEWITZ

Angebote: Projekttage, Tagesbesuche, Volksfeste, Tagungen, Seminare, Schulungen zu altem Handwerk, gesunde Ernährung, Umwelt
Informationen
Naturhof Zellewitz
Zellewitz 32
06420 Könnern
Tel. 034691 / 21255
Fax 034691 / 21255
info@naturhof-zellewitz.de
www.naturhof-zellewitz.de

KARTEN UND LITERATUR

Offizielle Karte des Naturparks „Unteres Saaletal" e.V. vom Landesamt für Vermessung und Geoinformationen Sachsen-Anhalt, ISBN: 3-89761-113-9

Wanderheft 1 – Wanderrouten im Naturpark „Unteres Saaletal"
Wanderheft 2 – Wanderrouten im Naturpark „Unteres Saaletal"
Wanderheft 3 – Wettin und Umgebung
Wanderheft 4 – Landkreis Bernburg
Wanderheft 5 – Erlebnisweg „Natur - Bergbau – Kultur" Dölau – Nietleben
Wanderheft 6 – Erlebnisweg „Natur – Bergbau – Technik – Kultur" Halle – Brachwitz
Heft 5: Beiträge zur Natur, Landnutzung und Wirtschaft des Naturparkes
Heimatblätter Halle-Saalkreis: Jahrgänge 1996 - 2004
Bernburger Heimatblätter: Jahrgänge 1993 - 2004

Burg Wettin

INFORMATIONEN ZU UNTERKÜNFTEN UND TOUREN

Verband Naturpark „Unteres Saaletal"
Am Kindergarten 11
06193 Wettin-Löbejün
Tel. 034691 / 21166
Fax 034691 / 21165
info@unteres-saaletal.de
www.unteres-saaletal.de

Wettin-Information
Burgstraße 4
06198 Wettin
Tel. 034607 / 20320
wettin-information@t-online.de
www.wettin.de

Tourist Information
Stadt Halle
Marktplatz 13
06108 Halle (Saale)
Tel. 0345 / 1229984
touristinfo@stadtmarketing-halle.de
www.stadtmarketing-halle.de

Stadtinfo Bernburg
Lindenplatz 9
06406 Bernburg (Saale)
Tel. 03471 / 3469311
stadtinfo@bernburger-freizeit.de
www.bernburger-freizeit.de

ERLEBNISTOUREN-FUSS- UND RADWANDERN

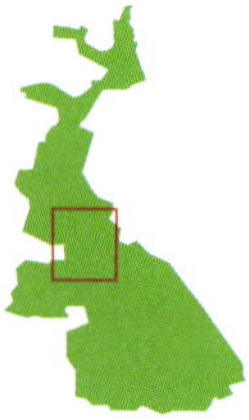

Lage der Tour

TOP-TOUR

1. Saaleradwanderweg

Start: Halle
Länge: 60 Kilometer
Dauer: Tagestour
Schwierigkeitsgrad: leicht
Tourenbeschreibung:
Der siebte Streckenabschnitt des Saaleradwanderweges, der von der Quelle der Saale bei Hof in Franken bis zur Mündung der Saale bei Barby in Sachsen-Anhalt führt, geht von Halle nach Bernburg. Der sich durch die Saaleauen schlängelnde Weg ist meist schattig, wenige Straßen werden benutzt. Schon bald erreichen die Radler Wettin, das seit Mitte des 12. Jahrhunderts Stammburg der Wettiner Markgrafen und späteren Fürsten war. In rund 1,5 Kilometer Entfernung östlich des Saale-Radwanderweges befindet sich die Stadt Könnern.

Der Saale-Radwanderweg durchquert mit Trebnitz einen Ortsteil der Stadt Könnern. Auch die Klein- und ehemalige Schifferstadt Alsleben weist einige Sehenswürdigkeiten auf. So erwarten den Besucher unter anderem ein barockes Schloss, die Pfarrkirche St. Cäcilia und die

Dorfkirche St. Gertraud. Auf die äußerste östliche Spitze eines Felsvorsprunges gebaut, beherrscht das Renaissanceschloss Plötzkau eindrucksvoll die Saaleaue und kündet seit über 400 Jahren von einer Zeit, als hier das Fürstenhaus Anhalt-Plötzkau souverän herrschte.

Am Ende des Plötzkauer Auwaldes wechselt der Saale-Radwanderweg die Flussseite. Eine moderne Fuß- u. Radwegbrücke führt zum Dorf Gröna hinüber. Hier wartet ein ausgebauter Radwanderweg. Wäldchen und Wiesen bestimmen die Auenlandschaft bis zum Ziel, die alte Residenzstadt Anhalt-Bernburg. Sehenswert ist auch die kürzlich sanierte Altstadt von Bernburg (erstmals 1205 urkundlich erwähnt). Mittelpunkt bildet hier die Breite Straße mit der frühgotischen Basilika von St. Nikolai und dem Augustiner-Eremitenkloster. Ein Abstecher zum Ortsteil Waldau führt zu einem Musterexemplar an der Straße der Romanik, zur Dorfkirche St. Stephanie. Diese stammt aus dem 12. Jahrhundert und fasziniert durch erhabene Stille und Weite des Raumes.

Sehenswürdigkeiten:

1. Könnern

Um 700 als sorbische Siedlung gegründet, blickt die Stadt Könnern auf eine wechselvolle Geschichte zurück. Sehenswert ist die Kirche St. Wenzel, die entgegen der Regel von West nach Ost gebaut wurde.

2. Renaissance-Schloss Anhalt-Bernburg

Das Schloss liegt über der Saale auf einem hohen Sandsteinfelsen. Es war das Wohnschloss der Fürsten und späteren Herzöge von Anhalt-Bernburg, das zu Recht als eines der schönsten und stolzesten an der Saale bezeichnet wird. Die Krone Anhalts ist erbaut auf den Mauern einer Stammburg des norddeutschen Adelsgeschlechts der Askanier (961).

Saaleradwanderweg

ERLEBNISTOUR WANDERN

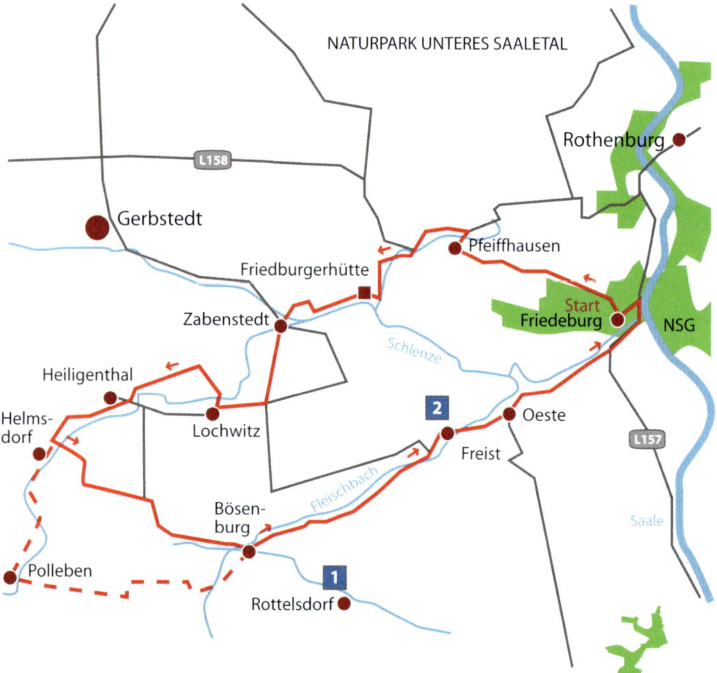

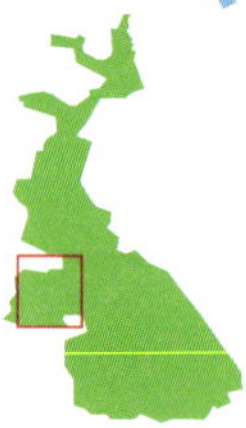

Lage der Tour

2. Rundwanderung durch das Schlenze- und Fleischbachtal

Start: Friedeburg
Länge: 24,5 Kilometer
Dauer: 5–6 Stunden
Schwierigkeitsgrad: mittelschwer
Wegeverlauf auf befestigten und unbefestigten Straßen:
Friedeburg - Pfeiffhausen - Friedeburgerhütte – Zabenstedt - Lochwitz - Heiligenthal - Helmsdorf - Bösenburg - Freist - Oeste - Friedeburg
Ein Abstecher von Helmsdorf nach Polleben (2,5 km) über das obere Schlenzetal ist möglich.

Sehenswürdigkeiten:

1. Heilig-Kreuz-Kirche in Freist

Die Kirche ist in ihrer Anlange eine Feldsteinkirche aus dem 13. Jahrhundert, die im 19. Jahrhundert erheblich umgestaltet wurde. Noch immer zeugen die vielen Sandsteingrabmale von der Bösenburger Steinmetzkunst des 18. Jahrhunderts. Auch das danebenliegende Pfarrhaus und das um 1520 erbeute Witwenhaus sind beeindruckend.

2. Museumshof in Rottelsdorf

Der Museumshof war einst Besitz des Großgrundbesitzers Max Reußner und seiner Familie. Das Gutshaus wurde 1840 erbaut. 1946 wurde die Familie im Zuge der Bodenreform enteignet. Nach der Wende konnte die Gemeinde den alten, teilweise stark reparaturbedürftigen Hof kaufen, um ihn für die Gemeinde zu erhalten. Entstanden ist daraus ein Agrarmuseum, in dem die Besucher ein Stück DDR-Geschichte erleben. So ist eine Zweirad-Ausstellung mit 35 Motorrädern zu sehen. Demonstriert wird auch die Entwicklung der Traktoren von 1945–1990.

ERLEBNISTOUR WANDERN

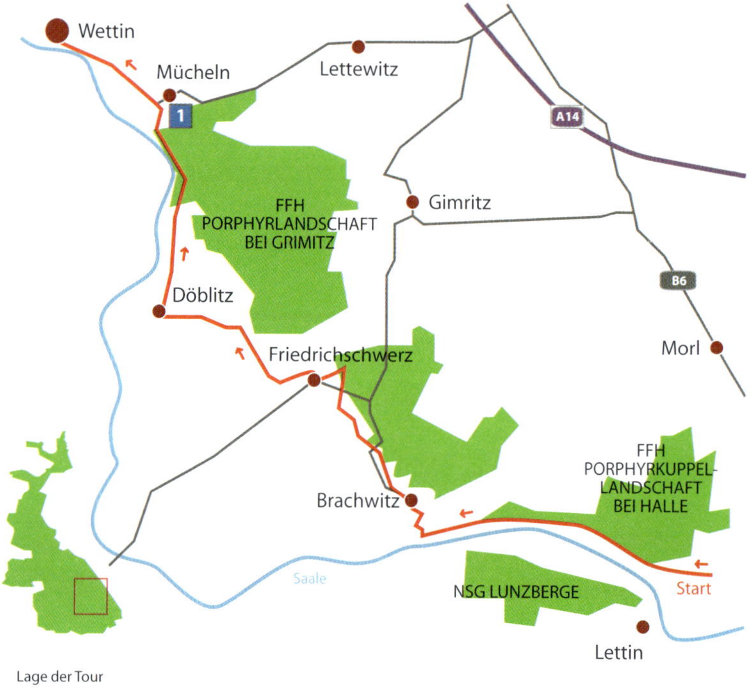

3. Naturparkwanderweg

Abschnitt Halle - Wettin
Start: Halle
Länge: 11,3 Kilometer
Dauer: 3 Stunden
Schwierigkeitsgrad: leicht

Tourenbeschreibung:
Der Abschnitt Halle - Wettin des Naturparkwanderweges führt entlang der Saale, erschließt Teile der Porphyrlandschaften um Brachwitz und Gimritz und verbindet mit der Kolonie Friedrichsschwerz, der Dorfkirche Döblitz und der Templerkapelle Mücheln einige der bauhistorischen Sehenswürdigkeiten des Gebietes.

Sehenswürdigkeiten:

1. Templerkapelle Mücheln

In der zweiten Hälfte des 13. Jahrhunderts errichtete der Templerorden diese gotische Kapelle. Sie ist heute eines der wenigen noch existierenden baulichen Zeugnisse der Templer in Deutschland. Der späteren, Jahrhunderte langen profanen Nutzung der Kapelle ist es zu verdanken, dass sie in ihrer ursprünglichen Architektur erhalten blieb. Erste Restaurationsarbeiten wurden 1946 ausgeführt.

Templerkapelle in Mücheln

ERLEBNISTOUR WANDERN

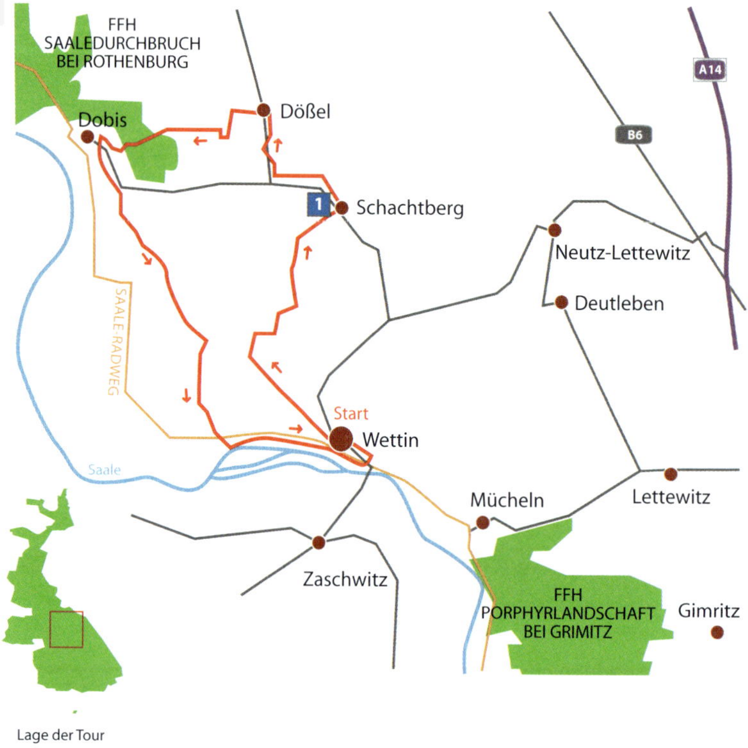

4. Wanderweg Bergbau - Geologie

Start: Wettin
Länge: 13,4 Kilometer
Dauer: 4 Stunden
Schwierigkeitsgrad: leicht
Tourenbeschreibung:
Die Wanderung führt durch das Gebiet des historischen Steinkohlebergbaus nordwestlich von Wettin. Schacht- und Lichtlochhalden, die ehemaligen Verwaltungsgebäude und die Bergarbeitersiedlung auf dem Schachtberg sowie das Mundloch des Schlüsselstollens bei Friedeburg machen die intensive bergbauliche Nutzung des Gebietes erlebbar.

Schachtberg, Halde des „König-Georg"-Schachtes bei Wettin

Sehenswürdigkeiten:

1. Schachtberg

Der sogenannte Schachtberg, die Halde des ehemaligen „König-Georg"-Schachtes, ist eine von zahlreichen kleineren Bergbauhalden, die auf den ehemaligen Steinkohleabbau um Wettin zurückgehen. Der „König-Georg"-Schacht erreichte eine Tiefe von 67 m. Auf der Halde sind schöne Fossilienabdrücke zu finden.

FREIZEIT UND ERHOLUNG

Heimatmuseum Burg Wettin
Im Museum werden die Ergebnisse langjähriger Forschungsarbeit des Heimat- und Geschichtsvereins Wettin gezeigt. Die Ausstellung, in der die Zeugnisse aus vergangenen Tagen zusammen getragen wurden, umfasst drei Themenbereiche: Die Geschichte des Hauses Wettin, Geschichte der Stadt und der Wettiner Häuser.

Informationen
Drei In einem Haus Information / Bibliothek / Museum
Burgstraße 4
06198 Wettin
Tel. 034607 / 203220
Fax 034607 / 21864
wettin-information@t-online.de
www.wettin.de

Öffnungszeiten
Mo, Di von 12–17 Uhr,
Do von 12–18 Uhr, Fr von 11–15 Uhr,
April–Oktober zusätzlich
von 13–17 Uhr

Tiergarten Bernburg
Der Bernburger Tiergarten wurde 1951 auf dem heutigen Areal eingeweiht, seine Geburtsstunde schlug aber schon 1909, als auf einem städtischen Waldgrundstück eine Fasanerie errichtet wurde. Gegenwärtig haben hier rund 120 Tierarten mit fast 500 Tieren ein Zuhause. Sehenswert ist das artengerechte Braunbärengehege.

Informationen
Tiergarten Bernburg
Krumbholzallee 3
06406 Bernburg (Saale)
Tel. 03471 / 352816
filz@tiergarten-bernburg.de
www.berneburger-freizeit.de

Öffnungszeiten
Jan bis Feb von 10–16 Uhr,
März von 9–17 Uhr,
April bis Okt von 9–18 Uhr,
Nov bis Dez von 10–16 Uhr

Erlebnisbad „Saaleperle"
Im Erlebnisbad kommen Badefreunde auf ihre Kosten. Das Wasser ist in allen Becken beheizt. Wer nicht schwimmen möchte, dann das Erlebnisbecken mit Wasserkanone, Wasserigel und Schwallduschen, eine 72 Meter lange Riesenrutsche, eine Breit-Rutsche, den Strömungskanal oder mehrere Whirlpools ausprobieren.

Informationen
Erlebnisbad „Saaleperle"
Am Stadtbad 65
06406 Bernburg
Tel. 03471 / 311526

Öffnungszeiten
Vorsaison (15. Mai–30. Juni)
Mo–Fr von 11–19 Uhr,
Sa, So von 10–19 Uhr,
Hauptsaison (1. Juli bis 31. August)
Mo - So von 9–20 Uhr,
Nachsaison (1. bis ca. 30. September)
Mo–Fr von 12–19Uhr, Sa, So 10–19 Uhr

Naturbad Angersdorfer Teiche
Angersdorfer Teiche 9
06124 Halle (Saale)
Tel. 0345 / 6902428

Planetarium Halle
Bereits zu DDR-Zeiten 1978 wurde das Planetarium in Halle eingeweiht. Die Zeiten nach der Wende 1992/93 waren schwere Jahre für das Planetarium. Nachdem aber nach langem Kampf Astronomie auch weiterhin als Unterrichtsfach an den Schulen von Sachsen-Anhalt gelehrt wird, erlebte das Planetarium Halle seine Renaissance. Im Seitenflügel des Gebäudes ist eine Sternwarte untergebracht. Hier kann man nach Voranmeldung oder zu bestimmten Veranstaltungen den Himmel live beobachten. Neben der Sternwartenkuppel befindet sich eine Dachterrasse, auf der zusätzliche Teleskope zur Beobachtung aufgestellt werden können.
Informationen
Raumflug-Planetarium „Sigmund Jähn"
Peißnitzinsel 4 a
06108 Halle
Tel. 0345 / 8060317
raumflugplanetarium@halle.de
www.planetarium-halle.info
Öffnungszeiten
Mo, Di von 9–16 Uhr,
Mi, Do von 9–12 Uhr,
So von 14–17 Uhr,
Fr geschlossen und nach vorheriger telefonischer Absprache

Renaissance-Wohnschloss mit Eulenspiegelturm in Bernburg
Museum, Romanisches Kellergewölbe, Galerie, Barocksaal, Mineraliensammlung, Eulenspiegelturm.
Informationen
Museum Schloss Bernburg
Schlossstrasse 24
06406 Bernburg (Saale),
Tel. 03471 / 625007
Fax 03471 / 623074
museumschlossbernburg@t-online.de
www.museumschlossbernburg.de

Schloss Plötzkau
Historisches Gemäuer mit einem einzigartigen Ausblick auf den Naturpark Unteres Saaletal. Informationen über die regionale Geschichte von Plötzkau, als ehemals kleinstes Fürstentum in Deutschland.
Informationen
Schloss Plötzkau e.V.
Schloßhof 2
06425 Plötzkau
Tel. 0174 / 6627469
mail@schlossverein-ploetzkau.de
www.schloss-ploetzkau.de

Waldauer Dorfkirche St. Stephani
Die Kirche wurde Ende des 12. Jahrhunderts erbaut und verfügt über eine halbrunde Apsis im Osten des Bauwerks und einen quadratischen Chor mit rechteckigem Schiff. Ein wuchtiger, eckiger Westturm schließt den Bau ab. Romanische Schlichtheit dominiert im Inneren. Sie ist Teil der Straße der Romanik. Führungen sind nach Voranmeldung möglich.
Informationen
Evangelisches Pfarramt
Breite Straße 81
06406 Bernburg
Tel. 03471 / 353613

LEIB & SEELE

Das nördlichste Weinanbaugebiet

Auf Grund seiner klimatischen Besonderheiten entwickelte sich im Bereich nördlich und nordöstlich des Süßen Sees Deutschlands nördlichstes Weinanbaugebiet.

Informationen

Wein- und Touristikinformation
Marion Krüger
Hauptstraße 38
06179 Höhnstedt
Tel. 034601 / 20242
Fax 034601 / 20243
kontakt@vino-info.com
www.vino-info.com

Saalehänge an der Fähre Rothenburg

Hallesches Brauhaus

Das Hallesche Brauhaus befindet sich auf geschichtsträchtigem Boden der Stadt Halle/Saale - in den Räumen und auf dem Grundstück des Kühlen Brunnen. Der Kühle Brunnen ist einer der bedeutendsten noch erhaltenen Profanbauten der Renaissance. Hier werden die drei Bierspezialitäten Hallsch – ein obergärig gebrautes Bier, das untergärige Schönitzer Pils und Albrechts Dunkel gebraut.

Informationen

Hallesche Spezialitätenbrauerei
Kühler Brunnen
Große Nikolaistraße 2
06108 Halle/Saale
Tel. 0345 / 212570
info@halleschesbrauhaus.de
www.brauhaushalle.de

Ziegenhof Pfeiffhausen

Der Ziegenhof in Pfeiffhausen, gelegen im Mansfelder Land, gehört zur Evangelischen Stadtmission Halle. Auf dem Hof sind seelisch und geistig behinderte Menschen im Rahmen ihrer Fähigkeiten beschäftigt. Besucher können aus einer Vielzahl verschiedener Produkte aus Ziegenmilch wie Weichkäse, Frischkäse und Schnittkäse sowie Ziegenbutter wählen. Diese Käse sind sowohl in ihrem ursprünglichen, natürlichen Aroma als auch geschmacklich mit verschiedenen Kräutern wie Bärlauch, Basilikum, Bochshornklee, Garten- und anderen Kräutern abgerundet erhältlich.

Informationen

Ziegenhof Pfeiffhausen
Friedeburger Straße 9
06347 Pfeiffhausen
Tel. 034783 / 90165
Fax 034783 / 90168
ziegenhof@stadtmission-halle.de
www.stadtmission-halle.de

Öffnungszeiten

Hofladen von Mo–Fr von 7–15 Uhr

Georgssenf

Die Senfmühle von Jörg Hündorf, gegründet 2004, befindet sich im Herzen der alten Salzstadt Halle. Idee des Senfmüllers war es, einen Senf höchster Qualität, nach alter handwerklicher Tradition, im Kaltmahlverfahren, herzustellen. Der „Georgssenf" ist inzwischen in verschiedenen Sorten erhältlich.

Informationen
Senfmühle Jörg Hündorf
Georgstraße 9
06108 Halle / Saale
Tel. 0345 / 1229614
Fax 0345 / 1229615
www.georgssenf.de
Verkauf in der Fleischerei im Haus

Biofleischerei Hündorf

Seit 62 Jahren verbinden viele Hallenser den Namen Hündorf mit Fleisch. Inzwischen wird die Fleischerei von Hubert Hündorf in dritter Generation geführt. Das Fleisch kommt aus der Region und ist ausschließlich von ökologischer und biologisch korrekter Herkunft. In den Regalen findet man außerdem den Georgssenf, den Bruder Jörg Hündorf hier selber herstellt.

Informationen
Biofleischerei Hündorf
Georgstraße 9
Nördliche Innenstadt
06108 Halle
Tel. 0345 / 2839142
www.huendorfs-biofleischerei.de
Öffnungszeiten
Di–Fr 10–18, Sa 10–12.30 Uhr

Köhlerhütte

Seit 1990 besteht die Köhlerhütte und verkauft alles rund um die Biene. Verschiedene Sorten Honig sind ebenso im Sortiment sowie Met in unterschiedlichen Reifegraden, Apfel-Honig-Essig und Bienenwachskerzen. Zudem will Inhaber Günter Köhler sein Wissen über die Bienenzucht weiter geben. Dazu gibt er für Gruppen nach vorheriger Anmeldung von Anfang Mai bis Ende August jeweils donnerstags und freitags Kurse durch.

Informationen
Köhlerhütte
Günter Köhler
Rotbuchenweg 20
06120 Halle
Tel. 0345 / 5512802
Fax 0345 / 5161697
info@koehler-huette.de
www.koehler-huette.de
Öffnungszeiten
Do, Fr 8–18 Uhr, Sa 8–12 Uhr

Schwalenbergs Hofladen

Angebot: Eier, Honig, Gemüse, Kräuter, Obst, Getreide, Getreideprodukte, Kartoffeln, Heu und Stroh, Sanddornerzeugnisse, Dinkelprodukte, Nudeln

Informationen

Dr. Bernd Schwalenberg
Warte 8
06429 Nienburg/Saale
Tel. 034721 / 22580

Öffnungszeiten

Mi und Fr: 9–12 Uhr und 15–17 Uhr,
Sa 9–12 Uhr
Frei-Haus-Lieferung möglich

Biosphäre – Der Naturkostladen

Angebot: Brot und Backwaren, Obst, Gemüse, Getränke, Weine, Käse und Molkereiprodukte, Kaffee, Tee, Müsli und Getreideprodukte, Nüsse und Trockenfrüchte, Naturkosmetik, Lebensmittel aus kontrolliert ökologischem Anbau, Gemüsekistenabo, Lieferservice

Informationen

Holger Böttger
Steinstraße 3d
06406 Bernburg
Tel. 03471 / 373487

Öffnungszeiten

Mo–Fr 9–18 Uhr, Sa 9–12 Uhr

Hofladen Bartel

Das Angebot umfasst Eier, hausgemachter Eierlikör, Frischmilch, Wein, Kartoffeln, Saisongemüse, Honig, Nudeln; Außerdem: Äpfel aus Bründel, Gerlebogker Wurstwaren.

Informationen

Hofladen Bartel
Rustanger 1
06408 Gröna
Tel. 03471 / 318887

Öffnungszeiten

Mo, Mi, Fr 16.30–18 Uhr

Hofladen Bründel

Angebot: Äpfel, Apfelsaft, eigenes Futter, Produkte aus der Region

Informationen

Agrargenossenschaft Plötzkau e. G
Hauptstraße 22a
06425 Plötzkau/OT Bründel
Tel. 034692 / 31636

Hofladen Bauernhof Pitschke

Angebot: div. Kartoffelsorten, Eier, Wurst vom Rind, Ziegenkäse, Nudeln, Weine und Liköre, Kartoffelmarmelade, Kartoffelschnäpse, Spargel, Erdbeeren zur Saison, Äpfel, Futtergetreide, Stroh und Heu.

Informationen

Hofladen Pitschke
Hauptstraße 17
06429 Gerbitz
Tel. 034721 / 22012

Bismarckturm Wettin

BISMARCK
A.D.
FÜRCHTEN GOTT SONST
NICHTS IN DER WELT

Lage in Sachsen

Erlebnistouren

Tour 1: Naturpark Zittauer Gebirge (TOP-TOUR)

Tour 2: Naturlehrpfad Mühlsteinbrüche

Tour 3: Umgebindehaus

Tour 4: Jonsdorfer Klettersteig

Naturpark Zittauer Gebirge

Der Naturpark Zittauer Gebirge mit einer Fläche von 13.337 ha ist ein landschaftliches Kleinod Sachsens am Dreiländereck Deutschland-Polen-Tschechien.

Partner des 2007 ausgewiesenen Naturparks sind 10 Städte und Gemeinden und der Landkreis Görlitz.

Von der geologischen Entstehung her bildet das Zittauer Gebirge mit dem auf tschechischer Seite angrenzenden Lausitzer Gebirge einen Landschaftsraum. Straßenverbindungen und eine Vielzahl touristischer Wege ermöglichen ein grenzenloses Vergnügen beim Erkunden der Natur und kulturhistorischer Sehenswürdigkeiten in der Euroregion Neisse.

Charakteristisch für den Naturpark ist die harmonische Einheit von Zittauer Gebirge, Olbersdorfer See (einer rekultivierten Tagebaufolgelandschaft), der historischen Stadt Zittau und idyllischen Dörfern mit der ortsbildprägenden Volksbauweise Oberlausitzer Umgebindehäuser aus dem 17. und 19. Jahrhundert. Diese Volksbauweise ist typisch für die Oberlausitz und in seiner Dichte einzigartig in Europa. Die kunstvoll schieferberhangenen Giebel, die Sandsteintürstöcke und die großzügig gestalteten Blumen-Vorgärten der Umgebindehäuser gehören zum typischen Landschaftsbild des Naturparks. Besonders sehenswert sind die Ortschaften Bertsdorf, Hainewalde, Großschönau, Waltersdorf, Oybin und der Luftkurort Jonsdorf.

Erholungsort Waltersdorf mit Lausche 793m

Traditionsreiche Sommerfrische

Klosterruine Oybin

Der landschaftliche Reiz des Zittauer Gebirges begeistert seit 200 Jahren als Sommerfrische.
In der Epoche der Romantik waren es Naturliebhaber, Maler und Poeten, die von der urwüchsigen Schönheit des Zittauer Gebirges fasziniert waren. In lyrischen Texten, Zeichnungen und Gemälden schwärmten sie von der wild-romantischen Landschaft. So bannte Caspar David Friedrich die Ruinen der Klosterkirche auf dem Berg Oybin auf Leinwand und machte sie damit weltberühmt. Bereits Mitte des 19. Jahrhunderts kamen die ersten Sommergäste ins Zittauer Gebirge. Mit dem Luftkurort Jonsdorf und dem Kurort Oybin, der Perle der Oberlausitz, sowie der 760-jährigen Barockstadt Zittau kann der Naturpark auf eine lange Tradition als beliebtes Urlaubsziel in allen 4 Jahreszeiten zurückblicken.

Lückendrof mit Aussichtsberg Hochwald 749 m

Kelchstein und Nonnenfelsen

Vielgestaltige Sandsteinberge, vulkanische Kuppen, bizarre Felsformationen, enge Felsengassen, tief eingeschnittene Täler, weite Wiesen und Wälder sowie die Flüsse Mandau und Neisse prägen die Landschaft des Naturparks Zittauer Gebirge. Besonders markant sind die geologischen Naturdenkmale wie die „Brütende Henne", „Kelchstein", Onkel und Tante oder „Mönchswand". Die einzigartig geformten Sandsteingebilde sind Zeugnisse einer frühen vulkanischen Tätigkeit. Verfestigungen während der Hitzeeinwirkungen und Einlagerungen von Mineralien haben den Sandstein in beeindruckende Felsformationen verwandelt. Die Verwitterung tat ihr übriges und verlieh den Felsen über die Jahrtausende ein bizarres Aussehen. So entstand eine außergewöhnliche und sehr beschauliche Landschaft mit dem Berg Oybin, dem Töpfermassiv, der Großen und Kleinen Felsengasse bei Oybin, den Nonnenfelsen, den Mühlsteinbrüchen und dem Naturschutzgebiet Jonsdorfer Felsenstadt.

Die schönsten Aussichtsberge des Naturparks, die Phonolithkuppen Hochwald (749 Meter über NN) und Lausche (793 Meter über NN) überragen weithin sichtbar die Landschaft.

Naturdenkmal Kelchstein bei Oybin

Reiche Ausstattung der Natur

Waldmeister

Der Naturpark Zittauer Gebirge bietet mit Felsen, Bergwiesen, Wäldern, naturnahen Bachläufen, Quellbereichen und Bachwiesen auf „kleinem Raum" unterschiedliche Existenzbedingungen. Die Sandsteinfelsen und Riffe in der Umgebung der Kurorte Oybin und Jonsdorf sowie um die Burgruine Karlsfried und den Aussichtsfelsen Fuchskanzel gehören zu den Waldgrenzstandorten. Die Böden sind trocken und es herrschen große Temperaturgegensätze: Dementsprechend fühlen sich neben der Waldkiefer, die Trockenheit verträgt, Stieleichen und Hängebirken wohl. Auch Heidelbeeren, Preiselbeeren und Heidekraut sind dort zu finden. Drahtschmiele, Moose und Flechten komplettieren die Artengemeinschaft. Da das Felsterrain forstwirtschaftlich nicht genutzt werden kann, ist es zudem in seinem naturnahen Zustand erhalten geblieben. Im Vergleich zu den Sandsteingebieten besitzt der Boden der vulkanisch geprägten Basalt- und Phonlithberge einen höheren Gehalt an Kalzium, Magnesium, Kalium und Phosphor. Dies zeigt sich auch deutlich in der vorkommenden Vegetation: Neben der dominierenden Buche wachsen Bestände des Bergahorns, der Esche und der Fichte. Im Frühjahr verwandeln weiße und gelbe Buschwindröschen, Leberblümchen, Lerchensporn und Waldmeister die Hänge in blühende Oasen. An einigen Standorten, wie etwa am Forstenberg, können Wanderer die Monviole bewundern, die weite zusammenhängende Blütenteppiche bildet. Und wer genau hinschaut kann auch noch die seltene Türkenbuntlilie entdecken. Die vulkanischen Phonolithkuppen im Gebirgsvorland - wie der „Große Stein" - gehören dagegen zu den nährstoffarmen Gebieten, in denen die Flora des Trockenrasens vorherrscht. Heidenelken, Silberdisteln und Feldenzian sind hier zu finden.

Silberdistel

Der anspruchsvolle Alpenstrudelwurm

Ein anderes Bild zeigt sich dagegen an den Bachläufen und Wiesen des Gebirgsvorlands. An den Ufern der im Zittauer Gebirge entspringenden Bäche wachsen feuchtigkeitsliebende Sträucher und Baumarten. Dazu gehören vorherrschend Schwarzerle, Esche, Bergahorn und Fichte. Aber auch Weidenarten, Ulmen, Hainbuchen und Traubenkirschen gedeihen prächtig. Die Gewässervegetation ist dagegen spärlich ausgebildet und beschränkt sich hauptsächlich auf Wassermoose. Im Frühjahr sind dafür die Niederungen der Bachläufe übersät mit zahlreichen bunten Blüten. Einige Flächennaturdenkmale beherbergen die Sumpfdotterblumen und den Blutweiderich. Auf Feuchtwiesen wächst Knabenkraut, eine einheimische Orchideenart. Wie sauber die Bäche im Naturpark Zittauer Gebirge sind, beweist ein kleiner Gewässerbewohner: der Alpenstrudelwurm – ein Relikt aus den Zeiten der letzten Inlandvereisung. Das wirbellose Tier wird zwar nur einen Zentimeter groß, stellt aber besonders hohe Ansprüche an seine Umgebung. Denn es braucht sauberes und kaltes Wasser.

Sumpfdotterblume

Brutplatz für Uhus und Käuzchen

In offenen Steinbrüchen und auf Felslandschaften können Wanderer mit etwas Glück eine Bergeidechse, Blindschleiche oder Glattnatter vorbeihuschen sehen. Selbst die inzwischen selten gewordene Kreuzotter und die Ringelnatter sind im Naturpark zu Hause. Auch größere Tierarten scheinen sich im Naturpark äußerst wohl zu fühlen. Denn trotz der geringen Ausdehnung des Zittauer Gebirges, lassen sich viele Tiere beobachten. Der Grund für die Vielfalt liegt auch in dem zusammenhängenden Lebensraum mit dem angrenzenden Lausitzer Gebirge in Tschechien. Außer Rehen, Hasen, Wildschweinen, Dachsen und Füchsen gehören auch Rothirsche und gelegentlich ein Luchs zu den Waldbewohnern. Im Gebiet um den Lauschekamm halten sich zudem Mufflons und Gemsen auf. Dank verschiedener Schutzprogramme erholen sich langsam Bestände seltener Vogelarten im Naturpark. So brütet der Uhu, die größte deutsche Eulenart, wieder im Zittauer Gebirge. Auch die kleinsten heimischen Eulen wie der Sperlings- und der Rauhfußkauz sind hier anzutreffen. In den Laubmischwäldern und einzelnen Buchforsten leben Pirole, Buchfinken, Waldlaubsänger, Kleiber, die Mönchsgrasmücke, Blau- und Kohlmeisen, Singdrosseln und Amseln.

Mufflon

Naturnahe Lebensräume

Im Naturparks Zittauer Gebirge bestehen die Naturschutzgebiete „Lausche“ (10 ha) und „Jonsdorfer Felsenstadt“ (64 ha), sowie die Landschaftsschutzgebiete „Zittauer Gebirge (5.940 ha) und „Mandautal (2.137 ha). 83 Flächennaturdenkmale und Naturdenkmalen bezeugen den außergewöhnlichen Reichtum der Naturausstattung. Dazu zählen zahlreiche Felsgebilde des Sandsteins, der „Rote Steinbruch“ am Sonneberg, das Polierschiefervorkommen mit fossilen Einschlüssen am Richterberg, Orchideenwiesen, uralte Bäume und Baumgruppen.

Eines der zahlreichen Naturdenkmale im Naturpark: die Napoloens-Linde vor der Stadt Zittau

INFORMATIONEN

Naturpark Zittauer Gebirge
c/o Landkreis Löbau-Zittau
Neustadt 47
02763 Zittau
Tel. 03583 / 79672727
Fax 03583 / 79672504
naturpark@kreis-gr.de
www.naturpark-zittauer-gebirge.de

TOURIST- UND NATURPARK-INFORMATIONEN:

Tourist-und Naturpark-Information
Großschönau/Erholungsort Waltersdorf
Naturparkhaus
Hauptstraße 28
02799 Großschönau/OT Waltersdorf
Tel. 035841 / 2146
info@erholungsort-waltersdorf.de

Tourist-Information Zittau
Markt 1
02763 Zittau
Tel. 03583/ 75 22 00
tourist-info@zittau.de

Tourist-Information Kurort Jonsdorf
Auf der Heide 11
02796 Kurort Jonsdorf
Tel. 035844 / 70616
tourist@jonsdorf.de

Tourist-Information Oybin
Haus des Gastes
Hauptstraße 15
02797 Oybin
Tel. 035844 / 73311
info@oybin.com

Tourist-Information Seifhennersdorf
Karasekmuseum
Nordstraße 21a
02782 Seifhennersdorf
Tel. 03586 / 451567
tourismus@seifhennersdorf.de

LEHRPFADE

Forstlehrpfad Alte Leipaer Straße
Wissenswertes über die Waldentwicklung im Zittauer Gebirge. Im Detail informiert der Lehrpfad über den 500-jährigen Zittauer Stadtwald mit Forsteinrichtungen, Baumarten, Tieren und der räumlichen Ordnung im Wald.
Informationen
Tourist-Information Oybin.

Umgebindehauslehrpfad Waltersdorf
Die Umgebindehäuser sind ortsbildprägend für die Dörfer im Naturpark Zittauer Gebirge. Der Lehrpfad im Erholungsort Waltersdorf berichtet anschaulich zur Geschichte, Konstruktion und Nutzung sowie über Besonderheiten der Volksbauweise in der Oberlausitz.
Informationen
Tourist-und Naturpark-Informationen
Großschönau/Erholungsort Waltersdorf

Denkmalpfad der Stadt Zittau
750 Jahre Stadtgeschichte können Besucher auf der seit 1914 bestehenden Tour zu 52 der wertvollsten Kulturdenkmäler entdecken. Der Pfad führt u.a. zum Speicherbau des Marstalls von 1511, der Fleischerbastei am Grünen Ring, zu barocken Brunnen und einem der ältesten deutschen Stadtbäder mit neuem Antlitz.
Informationen
Tourist-Information Zittau.

Bergbaulehrpfad Olbersdorf
Über Jahrhunderte hat der Abbau von Braunkohle das Zittauer Becken geprägt. Die Tour widmet sich der Geschichte des Bergbaus: beginnend mit der Förderung unter Tage ab dem Jahr 1840, der Gründung der ersten Tagebaue ab 1910 und der Schließung der Olbersdorfer Grube 1991. Der Lehrpfad verbindet die ehemaligen Abbaugebiete von Olbersdorf, Hartau und Hradek n.N. (CZ)
Informationen
Tourst-Information Zittau.

GEFÜHRTE TOUREN

Jonsdorfer Mühlsteinbrüche
Führung von Mitgliedern des Jonsdorfer Gebirgevereins 1880 e.V. auf den Pfaden der Steinbrucharbeiter von 1578 bis 1915.
Stationen: Schaubergwerk „Schwarzes Loch" mit Informationen zur traditionellen Herstellung der Mühlsteine, Steinbruchschmiede, Alpenpfad, Naturdenkmal Orgel, fabelhafte Felsgebilde wie Mausefalle und Bernhardiner, Aussicht Carolafelsen.
Die Tour dauert etwa 3 Stunden und ist kostenpflichtig.
Informationen
Tourist-Information Kurort Jonsdorf.

Weitere Erlebnispfade
- Barfußweg im Schülerbusch Mittelherwigsdorf
- Bauerngarten im Kurort Jonsdorf

INFORMATIONEN ZU UNTERKÜNFTEN UND ANGEBOTEN

Touristische Gebietsgemeinschaft Naturpark Zittauer Gebirge/Oberlausitz e.V.
Markt 1
02763 Zittau
Tel. 03583 / 75 21 39
Fax 03583 / 75 21 61
info@zittauer-gebirge-tour.de
www.zittauer-gebirge-tour.de

AUSSICHTEN

Großer Stein (471 m ü. NN)
Flächennaturdenkmal bei Leutersdorf, Ortsteil Spitzkunnersdorf. Aussicht auf die südöstliche Oberlausitz und den Jeschkenkamm in Nordböhmen. Ein typischer Phonolithfelsen, der charakteristisch für die Vorgebirgslandschaft im Naturpark ist. Wanderer können hier die botanisch wertvolle Silberdistel finden.

Carolafelsen (569 m ü. NN)
Aussichtsfelsen in den Mühlsteinbrüchen im Kurort Jonsdorf. Wanderer können die Aussicht auf den höchsten Teil des Zittauer Gebirges von der Lausche bis zu den Nonnenfelsen genießen.

Fuchskanzel (531 m u. NN)
Aussichtspunkt im östlichen Teil des Zittauer Gebirges zwischen Hartau und Lückendorf. Eine Panoramatafel erleichtert den kundigen Blick auf das Weißbachtal, zum Jeschkenkamm und auf die Landschaft am Dreiländereck.
Scharfenstein (570 m ü. NN)
Von der 40 Meter hohen, markanten Felsnadel auf dem Kamm zwischen Großer und Kleiner Felsengasse bei Oybin gibt es eine hervorragende Fernsicht.

Mönchskanzel (575 m ü. NN)
Kanzelförmiger Durchbruch von der Großen Felsengasse mit Aussicht auf das Oybiner Tal.

Böhmische Aussicht (568 ü. NN)
An der östlichen Seite des Töpfermassivs gelegen mit einen schönen Blick auf den Olbersdorfer See bis hin zum tschechischen Isergebirge.

KARTEN UND LITERATUR

Rölke, Peter, Dr. (Hrsg.), Wander- und Naturführer Zittauer Gebirge, Beschreibungen der Fauna, Flora Kultur und Geschichte des Zittauer Gebirges inklusive Kartenskizzen und 16 Wanderempfehlungen, Berg- & Naturverlag Rölke, Dresden 2006, ISBN 3-934514-17-0

Schmeißer, Jürgen, Thiele, Manfred (Hrsg.), Wanderführer Zittauer Gebirge, 28 Wanderungen, 5 Radwanderungen und Reitwege inklusive Beschreibung des Jonsdorfer Klettersteigs, Eigenverlag des Herausgebers, Oybin 2001, ISBN 3-933787-51-3

Bültemeier, Andreas, Wanderungen Lausitzer Gebirge und Böhmisches Niederland, 31 Wandervorschläge im angrenzenden Nordböhmen, Oberlausitzer Verlag, Spitzkunnersdorf 2002, ISBN 3-933827-29-9

Fröde, Tino, Zittau entdecken – ein Begleiter durch die Stadt, Oberlausitzer Verlag, Spitzkunnersdorf 2007, ISBN 3-933827-50-7

Nürnberger, Frank, Hauser, Bernd, Oybin – Juwel des Zittauer Gebirges, Bildband und Begleiter durch die Burg und Klosteranlage Oybin, Oberlausitzer Verlag, Spitzkunnersdorf 2007, ISBN 3-933827-33-7

Naturpark Zittauer Gebirge (Hrsg.), Naturpark Zittauer Gebirge – Lehrpfade, 2010

Wanderkarte Zittauer Gebirge, Blatt 51, Maßstab 1:25.000, Landvermessungsamt Sachsen, Dresden 2006, ISBN 3-86170-012-3

Wander- und Radwanderkarte Naturpark Zittauer Gebirge, Maßstab 1:33.000, Sachsen Kartographie GmbH, Dresden 2010, ISBN 978-3-86843-040-0

ERLEBNISTOUREN – WANDERN

Der Naturpark Zittauer Gebirge bietet eine Vielfalt von Angeboten für ein aktives Natur erleben und das Erkunden der 1000-jährige Kulturlandschaft. Die Tourist- und Naturpark-Informationen empfehlen eine Vielzahl individueller Wanderungen und Radtouren durch den Naturpark Zittauer Gebirge und in das benachbarte Lausitzer Gebirge in Tschechien.
Im Naturpark stehen Naturfreunden und Erholungssuchenden 425 Kilometer Wanderwege, 130 Kilometer Radrouten, 85 Kilometer Reitwege und 53 Kilometer Skiwege zur Verfügung. 2008 wurden behindertengerechte Wege neu ausgewiesen.
In jeder Gemeinde engagieren sich ehrenamtliche Wegewarte für eine jederzeit ausgezeichnete Markierung und Beschilderung der Wege.

ERLEBNISTOUREN – WANDERN

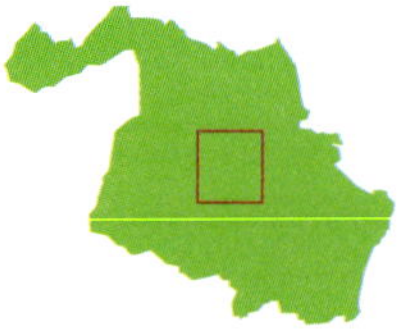

Lage der Tour

TOP-TOUR

1. Naturpark Zittauer Gebirge

Strecke: Rundwanderweg in 6 Etappen:

1) **In Karaseks Revier 22 km**
2) **Oberlausitzer Umgebindehäuser 17 km**
3) **Unterwegs zum Lauschegeist 15 km**
4) **Erloschene Vulkane und Aussichten 15 km**
5) **Im Reich des Oybin 10 km**
6) **Stadt Zittau am Dreiländereck 22 km**

Länge: 101 km

Markierung: durchgehend gut auf blauem, gelbem und rotem Strich

Dauer: eine Wanderwoche mit und ohne Gepäck oder Tagestouren

Übernachtung in Oberlausitzer Wanderhotels

Einkehrmöglichkeiten in urigen Bergbauden und historischen Gasthöfen.

Informationen: Tourist-und Naturpark-Information Erholungsort Waltersdorf

Schwierigkeitsgrad: einfach,

nur im Anstieg auf die Lausche mittelschwer,

Höhenlage 239 bis 793 Meter ü. NN

Tourenbeschreibung

Alles liegt schön beisammen und man ist immer mittendrin. Das ist das Besondere am Naturpark „Zittauer Gebirge" mit den prägenden Landschaftsschutzgebieten „Zittauer Gebirge" und „Mandautal". Der „Europaweg" im Naturpark „Zittauer Gebirge" führt als Ringweg über 101 Kilometer in sechs Etappen entlang dem blauen Band der Mandau, vorüber am Olbersdorfer See, einer Tagebaufolgelandschaft, zu den Kuppen von Koitsche und Großem Stein, hin zu den Aussichtsbergen und traditionellen Erholungsorten im kleinsten Mittelgebirge Deutschlands. Unterwegs begegnen dem Wanderer eine Vielzahl von Sehenswürdigkeiten und lauschige Winkel zum Verweilen. Hervorzuheben sind die Kanitz-Kyaw'sche Gruft in Hainewalde, das Karasekmuseum in Seifhennersdorf, das Deutsche Damast- und Frottiermuseum Großschönau, das Naturparkhaus im historischen „Niederkretscham" Waltersdorf, der Naturlehrpfad durch die Jonsdorfer Mühlsteinbrüche, die 120-jährige dampfende Zittauer Schmalspurbahn, die romantische Burg- und Klosteranlage Berg Oybin und das Dreiländereck D – CZ - PL an der Neiße. Die 750-jährige Barockstadt Zittau beeindruckt mit einem einmaligen städtebaulichen Ensemble, dem „Großen Zittauer Fastentuch von 1472" und dem Gerhart-Hauptmann-Theater. Ware Denkmalsorte mit märchenhaft anmutenden Umgebindehäusern, die ausgezeichnete Fotomotive bieten, sind in Bertsdorf, Mittelherwigsdorf, Spitzkunnersdorf, Großschönau, im Erholungsort Waltersdorf und im Luftkurort Jonsdorf zu entdecken. Historische Gasthöfe laden mit herzhafter Oberlausitzer Küche und süffigem Schwarzbier zu gemütlicher Einkehr ein. Besonderheit: Der Europa-Wanderweg im Naturpark kann mit Touren in das benachbarte tschechische Lausitzer Gebirge großartig ergänzt werden.

Sehenswürdigkeiten

1. Koitsche
2. Kanitz-Kyawschen Gruft
3. Karasekhöhle/Weißer Stein
4. Läuterau
5. Halden des ehemaligen Polierschieferbergwerks
6. Umgebindehäuser in Großschönau
7. Deutsche Damast- und Frottiermuseum
8. Dreiecker
9. Lauscheborn
10. Lausche
11. Nonnenfelsen im Kurort Jonsdorf
12. Hochwald
13. Scharfenstein
14. Bergkirche Oybin
15. Burg und Kloster Berg Oybin
17. Teufelsmühle
18. Dreiländereck
19. Olberdorfer See

Auf dem Oberlausitzer Bergweg

ERLEBNISTOUREN – WANDERN

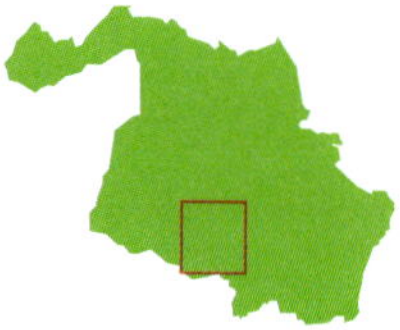

Lage der Tour

2. Naturlehrpfad Mühlsteinbrüche

Strecke: Bhf. Kurort Jonsdorf – Bärloch – Weißer Bruch – Schaubergwerk Schwarzes Loch – Orgel – Alpenpfad – Hotel Gondelfahrt/Parkplatz
Länge: 4 Kilometer
Dauer: ca. 3 Stunden
Tourenbeschreibung:
Der Durchbruch von Phonolith- und Basaltlava hat an vielen Stellen im Gebiet für das Vorkommen eines besonders harten Sandsteins gesorgt. Über mehr als drei Jahrhunderte wurde dieser in Steinbrüchen abgebaut und zu Mühlsteinen verarbeitet. Die 40 Zentner und mehr wiegenden Steine wurden an Mühlen in die ganze Welt geliefert – nach St. Petersburg, Stockholm, Wien und Chile. Der Naturlehrpfad führt zu ehemaligen Steinbrüchen und an die Fantasie weckenden Felsgebilden wie „Teekanne“ und „Mausefalle“ vorüber.

Sehenswürdigkeiten & Felsgebilde

1. Drei Tische

2. Bärloch

Ältester Steinbruch, ging 1580 in Betrieb

3. Habicht/Kaffeekanne

4. Mausefalle

5. Carolafelsen

Aussichtsfelsen im Zentrum der Steinbrüche auf 570 Meter über NN mit Ausblick auf Naturschutzgebiet "Jonsdorfer Felsenstadt" und den Nonnenfelsen.

6. Weißer-Bruch

Jüngster Steinbruch. bis 1915 in Betrieb

7. Steinbruch-Schmiede

8. Schwarzes Loch

Größter und tiefster Bruch, Schaubergwerk mit Tunnel zum Abtransport der Steine und funktionstüchtiger Technik eingerichtet.

9. Naturdenkmal Kleine und große Orgel

10. Rübezahl

11. Albertfelsen

12. Teekanne

13. Hennigsäule

Naturschutzgebiet Jonsdorfer Felsenstadt und Mühlsteinbrüche

ERLEBNISTOUREN – RADWANDERN

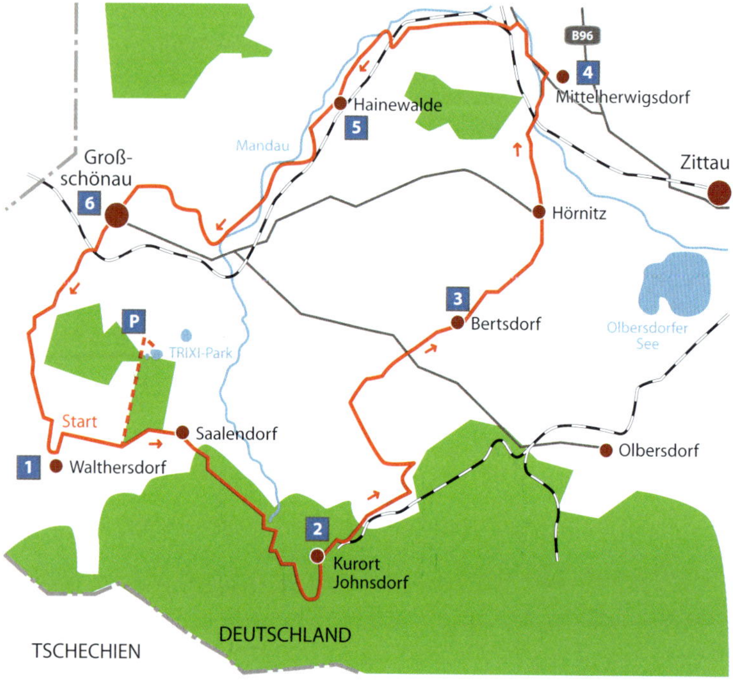

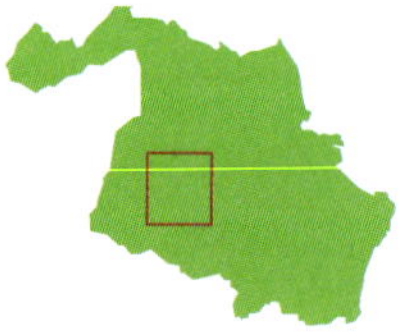

Lage der Tour

3. Umgebindehaus

Strecke: Erholungsort Waltersdorf/Naturparkhaus – Saalendorf – Kurort Jonsdorf –Bertsdorf – Hörnitz – Mittelherwigsdorf – Hainewalde – Großschönau – Erholungsort Waltersdorf

Länge: 34 Kilometer

Tourenbeschreibung:

Die Umgebindehäuser sind Zeugnisse traditioneller Bauweise in der Oberlausitz aus dem 17.–19. Jahrhundert. Der Radweg führt durch das Gebirgsvorland und entlang dem Fluss Mandau in Orte mit ortsbildprägenden und sehenswerten Ensembles denkmalgeschützter Häusern.

Sehenswürdigkeiten

1. Waltersdorf
239 Umgebindehäuser mit kunstvoll gestalteten Türstöcken aus Lausche-Sandstein, Schieferverkleidungen und blumenreiche Vorgärten, Naturparkhaus, Volkskunde- und Mühlenmuseum

2. Luftkurort Jonsdorf
211 Umgebindehäuser, Zittauer Schmalspurbahn, Gebirgesbad, Schmetterlingshaus, Theatersommer auf der Waldbühne, Eissporthalle und Kurpark

3. Bertsdorf-Hörnitz
215 Umgebindehäuser, Schönstes Dorf Sachsens 2003 und Goldmedaille im europäischen Blumenwettbewerb „Entente Florale" 2005, Schloss Hörnitz

4. Mittelherwigsdorf
110 Umgebindehäuser, Landwirtschaftlich geprägter Ort

5. Hainewalde
121 Umgebindehäuser, idyllische Ortslage am Blauen Band der Mandau, Wasserschloss, Neues Schloss, Kanitz-Kyaw'sche Gruft – Wahrzeichen barocker Grabmalkunst in der Oberlausitz

6. Großschönau
405 Umgebindehäuser. Deutsches Damast- und Frottiermuseum, Empiredenkmal mit den sterblichen Überresten des Künstlers J. E. Zeissig, genannt Schenau (1737-1806, Professor an der Kunstakademie Dresden)

Umgebindehaus-Radweg

ERLEBNISTOUREN – BERGSTEIGEN

4. Jonsdorfer Klettersteig

Tourenbeschreibung:

Mit 118 Klettergipfeln gehört das Zittauer Gebirge neben der Sächsischen Schweiz zu den bedeutendsten Bergsportgebieten in Sachsen. Kletterer können im Naturpark Gipfel mit den Schwierigkeitsgraden I bis XI erklimmen. Der Jonsdorfer Klettersteig wird als mittelschwer bis teilweise schwer eingestuft. Eine solide Seilsicherung, Trittsicherheit und Klettersteigerfahrung sind unbedingt erforderlich. Kletterer sollten auch Kondition mitbringen. Die Tour ist stellenweise anstrengend (5 Klimmzüge). Das Sicherungsseil befindet sich stellenweise in zwei Metern Höhe. Außerdem gibt es eine überhängende Stelle. Die Tour führt über eingelassene Eisenstifte, eine Hängebrücke, Leitern und Passagen zu den Sandsteinformationen der Nonnenfelsen. Sie dauert etwa 30 Minuten. Dabei werden 85 Höhenmeter überwunden. Der Jonsdorfer Klettersteig ist vom Frühjahr bis zum November zugänglich. Bei kurzfristigen Sperrungen ist die Eisenleiter am Einstieg hochgeklappt. Den Einstieg erreichen Kletterer nach ca. 400 Metern Fußweg vom Hotel „Gondelfahrt" aus in südwestlicher Richtung.

Informationen/Vermittlung

Kletterführer

Tourist- und Naturpark-Information

Kurort Jonsdorf, Tel. 035844 / 70616

Historische Ortskerne

Stadt Zittau

Die 760-jährige Barockstadt beeindruckt mit einem einmaligen städttebaulichen Ensemble.

Seit 1914 verbindet ein Denkmalspfad 52 Sehenswürdigkeiten wie der Parkanlage des „Grünen Ringes mit Fleischerbastai und Blumenuhr, dem Marktplatz mit prachtvollen Patrizierhäuser unddem Rathaus im Stile eines „Palazzo Grande", dem Speicherbau des Marstalls von 1511, der Johanniskirche mit Aussichtsturm, barocken Sandsteinbrunnen und dem Großen Zittauer Fastentuch 1472 in der Kirche zum Heiligen Kreuz.

Informationen
www.zittau.de

Erholungsort Waltersdorf, Ortsteil der Gemeinde Großschönau

Typisches Waldhufendorf, ortsbildprägende von 239 denkmalgeschützten Umgebindehäusern; Empfehlung für eine entdeckungsreichen Spaziergang auf dem Denkmalspfad

Informationen
www.grossschoenau.de

Bertsdorf, Ortsteil der Gemeinde Bertsdorf-Hörnitz

Volkbauweise, sehenswerte Ensembles von 175 denkmalgeschützten Umgebindehäuser. „Schönstes Dorf Sachsens 2003" und Goldmedaille im Europäischen Blumenwettbewerb „Entente Florale 2005", Empfehlung für einen Ortsbummel auf dem Natur- und Kulturlehrpfad.

Informationen
www.bertsdorf-hoernitz.de

Luftkurort Jonsdorf

Sommerfrische, sehenswertes Ortsbild mit 211 denkmalgeschützten Umgebindehäusern, Kurpark, Waldbühne, historische Weberstube, Naturdenkmal Nonnenfelsen

Informationen
www.jonsdorf.de

Zittau – Markt am Rathaus

FREIZEIT & ERHOLUNG

Freilichtmuseum Burg & Kloster Berg Oybin

Der kulturhistorische Mittelpunkt des Naturparks Zittauer Gebirge sind die Ruinen dieser böhmischen Königsburg und des Cölestinerklosters. Die Klosterkirche wurde von Meistern der Prager Dombauhütte errichtet und 1384 geweiht. Reformation und Gegenreformation setzten dem Klosterleben im 16. Jahrhundert ein Ende. Der Verfall begann: Blitzeinschlag, Brand und Felssturz ließen eine eindrucksvolle Ruinenlandschaft auf dem Berg Oybin (514 Meter) entstehen. Im 19. Jahrhundert verewigten Maler der Romantik wie Caspar David Friedrich die Ruinen-Kulisse in ihren Gemälden. Das einzigartige Ambiente können Besucher bei Führungen, Konzerten, historischen Mönchszügen oder Theateraufführungen erleben. Das Ensemble der Kulturstätte Berg Oybin wird durch den Bergfriedhof aus dem 16. Jahrhundert, die Camera obscura, einen Bergringweg mit schönsten Aussichten und den Berggasthof bereichert.

Informationen

Freilichtmuseum Burg und Kloster Oybin
Hauptstraße 16
02797 Kurort Oybin
Tel. 035844 / 733-0
info@burgundkloster-oybin.de
www.burgundkloster-oybin.de

Bergkirche Oybin

Die Dorfkirche von Oybin gehört zu den schönsten und interessantesten Bauten des Barock in der Oberlausitz. Der Bau der Kirche startete im Jahr 1709 und wenige Jahre später wurde das ursprüngliche Bethaus in der heutigen Gestalt errichtet. Neben dem Altartisch von 1712 stammen noch zahlreiche Ausstattungsgegenstände der Kirche aus der Gründungszeit. Die romantische Lage der Hochzeits - Kirche direkt am Aufstieg zum Berg Oybin ist ein beeindruckender Blickfang und schönstes Fotomotiv.

Informationen

Evangelisch-Lutherisches Pfarramt
Zur Bürgerallee 3b
02797 Oybin
Tel. 035844 / 70774
info@bergkirche-oybin.de
www.bergkirche-oybin.de

Berg Oybin mit Burg und Kloster

Zisterzienserinnenabtei Klosterstift St. Marienthal Ostritz

Die Abtei ist das älteste Frauenkloster des Zisterzienserordens in Deutschland. Sie wurde 1234 durch Kunigundis von Böhmen gegründet. Nach einem Brand im Jahr 1683 wurde die Klosteranlage im Stile des böhmischen Barock neu aufgebaut und ist bis heute in ihrer ursprünglichen Form erhalten geblieben. Zu dem beeindruckenden Ensemble im Neissetal gehören die Klosterkirche, die Michaeliskapelle, der Dreifaltigkeitsbrunnen, der Weinberg, die Einrichtungen des Internationalen Begegnungszentrums und die Klosterschenke.

Informationen

Gästeempfang Kloster St. Marienthal
St. Marienthal 10
02899 Ostritz-St. Marienthal
Tel. 035823 / 770
information-marienthal@t-online
www.kloster-marienthal.de

Museum Kirche zum Heiligen Kreuz Zittau

Die älteste Zittauer Kirche beherbergt einen wahren Schatz: das Große Zittauer Fastentuch von 1472. Die 8,20 Meter hohe und 6,80 Meter breite Textilkunst zeigt 90 Szenen aus dem Alten und Neuen Testament. Diese großartige Bilderbibel ist einzigartig in Deutschland.

Der romantische Kirchhof mit kunstvollen Grüften und Grabmalen bereichert die Besichtigung.

Informationen

Städtische Museen Zittau
Museum Kirche zum Heiligen Kreuz
Großes Zittauer Fastentuch 1472
Frauenstraße 23, 02763 Zittau
Tel. 03583 / 5008920
info@zittauer-fastentuecher.de
www.zittauer-fastentuecher.de

Deutsches Damast- und Frottiermuseum Großschönau

Das Museum zeigt wertvolle Damaste aus dem 18. und 19. Jahrhundert mit verschiedenen Bildmotiven. Die Tradition der Herstellung kunstvoller Damaste währte in Großschönau von 1666 bis in die zweite Hälfte des 19. Jahrhunderts. In der Schauwerkstatt können Besucher anschaulich erleben, wie früher Damast, Frottiergewebe, Jacquard und Leinwand auf den Webstühlen hergestellt wurden.

Informationen

Deutsches Damast- und Frottiermuseum Großschönau
Schenaustr. 3, 02779 Großschönau
Tel./Fax 035841 / 3 54 69
info@ddfm.de, www.ddfm.de

Zittau - Fleischerbastei mit Blumenuhr

Karasekmuseum Seifhennersdorf

Das Seifhennersdorfer Heimatmuseum vermittelt ein lebendiges Bild vom Wohnen und Leben der Leineweber in der Oberlausitz. Dazu gehört auch die Geschichte des Räuberhauptmanns Karasek, der tatsächlich von 1764 bis 1809 lebte, sowie Berichte vom Schmugglerunwesen in der böhmischen Enklave Niederleutersdorf (1635 –1849). Geologisch Interessierte erfahren Interessantes über den ehemaligen Polierschieferabbau und können fossile Funde bewundern.

Informationen

Karasekmuseum Seifhennersdorf
Nordstraße 21a
02782 Seifhennersdorf
Tel. 03586 / 451567
tourismus@seifhennersdorf.de
www.karaseks-revier.de

Schmetterlingshaus Kurort Jonsdorf

Das Schmetterlings- und Reptilienhaus eröffnete im Januar 2004. Dabei entstand nach dem Motto Erholen, erleben und erlernen“ in Jonsdorf eine faszinierende zoologische Besonderheit. Zu sehen gibt es über 400 Schmetterlinge verschiedenster Arten, seltene Reptilien, Schlangen und Spinnen, sowie ein drei Meter langes Seewasser-Aquarium.

Informationen

Schmetterlingshaus Jonsdorf
Zittauer Straße 24
02796 Kurort Jonsdorf
Tel. 035844 / 76420
mail@schmettelingshaus.info
www.schmetterlingshaus.info

Waldbühne Kurort Jonsdorf

Theatersommer des Gerhart-Hauptmann-Theaters Zittau mit Abenteuerstücken und Konzerten.

Informationen

Jonsdorfer Kur- und Tourismus GmbH
Zittauer Str. 20
02796 Kurort Jonsdorf
Tel. 035844 / 72277
info@jonsdorf.de
www.jonsdorf.de

Deutsches Damast- und Frottiermuseum Großschönau

Zittauer Schmalspurbahn

Seit 1890 ist der schönste Weg ins Zittauer Gebirge eine gemütliche Fahrt mit der dampfenden und bimmelnden Zittauer Schmalspurbahn. Auf der 16 km langen Strecke von Zittau aus in den Kurort Jonsdorf und nach Oybin können die Gäste die beschauliche Landschaft der Naturparks genießen. Einzigartig und ein tolles Fotomotiv ist die Doppelausfahrt zweier Dampflokomotiven am Bahnhof Bertsdorf in Olbersdorf. Der Museumszug mit originalen Reisezugwagen aus den Jahren 1914 bis 1922 ist täglich nach Fahrplan unterwegs.

Informationen

Sächsisch-Oberlausitzer Eisenbahngesellschaft mbH
Bahnhofstraße 41
02763 Zittau
Tel. 03583 / 540540
info@soeg-zittau.de
www.soeg-zittau.de

Trixi-Park Großschönau

Sachsens größter Naturferienpark auf 15 Hektar mit Waldstrandbad, Freizeitbad, Wellness-Oase, Campingplatz, Ferienhäuser und Restaurant.

Informationen

Trixi-Park GmbH
Jonsdorfer Str. 40, 02779 Großschönau
Tel. 035841 / 6310
info@trixi-park.de
www.trixi-park.de

Freizeitoase Olbersdorfer See

Der See mit einer Fläche von 40 ha und einer Tiefe bis 40 m entstand aus einem ehemaligen Braunkohlentagebau. Freizeitangebote: Badestrand, Beach Volleyball, Spielplatz, Surfschule, Tauchen, Angeln, Radausleige und Events.

Informationen

SeeCamping
Zur Landesgartenschau 2
02785 Olbersdorf
info@seecamping-zittau.com
www.olbersdorfer-see.com

Zittauer Schmalspurbahn

Berggasthöfe & Aussichtstürme

Breiteberg (510 m ü. NN)
Berggasthof und Dr.-Kurt-Heinke-Turm, 13 m, erbaut 1936. Einzigartiges Panorama des Naturparks Zittauer Gebirge sowie Aussicht zum Isergebirge und Jeschkenkamm (CZ).
Informationen
02763 Bertsdorf-Hörnitz/OT Bertsdorf
02779 Hainewalde
Tel. 035841 / 35666
www.breiteberg.de

Koitsche (375 m ü. NN)
Berggasthof und Pension
Panorama-Terrasse mit Blick auf Zittau, den Olbersdorfer See zum Isergebirge und Jeschkenkamm (CZ).
Informationen
02763 Bertsdorf-Hörnitz/OT Hörnitz
Tel. 03583 / 50380
www.koitsche.de

Hochwaldbaude (749 m ü. NN)
Bergbaude auf dem südlichen Gipfel des Aussichtsberges mit hervorragender Aussicht auf die faszinierende Bergwelt Nordböhmens (CZ).
Informationen
Hochwaldweg 6
02797 Oybin
Tel. 035844 / 70232

Hochwaldturmbaude (744 m ü. NN)
Bergbaude mit Hochwaldturm, erbaut 1892, auf dem nördlichen Gipfel des Berges, schöne Aussicht über den Naturpark Zittauer Gebirge und die südöstliche Oberlausitz
Informationen
Hochwaldweg
02797 Oybin
Tel. 035844 / 70222

Berggasthof Oybin (515 m ü. NN)
Berggasthof im Areal von Burg- und Kloster Oybin
Informationen
Hauptstraße 16
02797 Oybin
Tel. 035844 / 70271

Töpferbaude (582 m ü. NN)
Bergbaude neben dem einzigartigen Felsentor auf dem Plateau des Töpfermassivs mit hervorragender Aussicht auf das nördliche Gebirgsvorland des Naturparks mit Olbersdorfer See, Stadt Zittau und das Dreiländereck (D-CZ-PL) Fabelhafte Felsgebilde wie die „Brütende Henne".
Informationen
Töpferbaude 17
02797 Oybin
Tel. 035844 / 72331
www.toepferbaude.de

Nonnenfelsen (537 m ü. NN)
Berggasthof auf dem steil emporragenden bizarren Nonnenfelsen, Aussicht über den Luftkurort und das Naturschutzgebiet Jonsdorfer Felsenstadt
Informationen
Lauscheweg 11
02797 Kurort Jonsdorf
Tel. 035844 / 76777
info@berggasthof-nonnenfelsen.de
www.berggasthof-nonnenfelsen.de

Aussichtsturm der Johanniskirche Zittau
Turmhöhe 60 m, 266 Stufen, Weihe der Kirche 1837. Der Türmer begrüßt Sie und informiert zur Stadtgeschichte und den fernen Aussichten.
Informationen
02763 Zittau
Tel. 03583 / 510933

Töpferbaude bei Oybin

LEIB & SEELE

Anbieter regionaltypischer Erzeugnisse

Obstbrennerei Tietze
Angebot: Obstbrände, Liköre, Konfitüren
Aueweg 13
02763 Bertsdorf-Hörnitz
Tel. 03583 / 693400
info@obstbrennerei-tietze.de
www.obstbrennerei-tietze.de

NaturIdeen
Angebot: Kräutertees, Duftkissen, Essig
Gudrun Schulz
W.-Fröhlich-Weg 22
02763 Bertsdorf-Hörnitz
Tel./Fax 03583 / 692969

Ziegenkäserei am Breiteberg
Angebot: Ziegenprodukte
Mocha & Berg GbR
Hauptstraße 47
02763 Bertsdrof-Hörnitz
Tel. 03583 / 5865707

Kornkammer Naturkost
Angebot: Naturkost und Naturkosmetik
Talstraße 17
02779 Hainewalde
Tel. 035841 / 72780

Hofladen Bauernhof Sell
Angebot: Rindfleischspezialitäten und Frischkäse
OT Saalendorf, Nr. 5
02779 Großschönau
Tel. 035841 / 36357
camping@sell-hof.de
www.sell-hof.de

Bauernhof Linke
Angebot: Fleisch- und Wurstspezialitäten vom Charolais-Rind
Niederoderwitzer Straße 4
02794 Leutersdorf/OT Spitzkunnersdorf
Tel. 035842 / 26681
www.familienbetrieb-linke.de.vu

Kräutererlebnis
Andrea Urban
Feldhäuserweg 8
02782 Seifhennersdorf
aurban@abacho.de

ÜBERNACHTUNGSVERZEICHNIS

NATURPARK ZITTAUER GEBIRGE

JUGENDHERBERGEN

Jugendherberge Jonsdorf

In einem der kleinsten Mittelgebirge Europas, im südöstlichen Zipfel Sachsens, findet man den wohl schönsten Teil der Oberlausitz - den Naturpark Zittauer Gebirge. Hier öffnet sich eine Schatztruhe lebendiger Volkskultur und einer Gebirgslandschaft voller Romantik und Schönheit. Die Jugendherberge ist herrlich naturnah gelegen und befindet sich als einzige weltweit in einem der ältesten und unter Denkmalschutz stehenden Umgebindehäuser. Ein weitläufiges Außengelände mit Volleyballplatz und Lagerfeuerstelle erfreut vor allem auch Familien.

Informationen

Gudrun und Hanskarl Tischer
Hainstraße 14
02796 Luftkurort Jonsdorf
Tel. 035844 / 72130
Fax 035844 / 72131
jonsdorf@jugendherberge.de
www.jonsdorf.jugendherberge.de

Ausstattung

71 Betten vorwiegend in Vier- bis Fünfbettzimmern, Speiseraum, Seminarraum, 2 Clubräume, großes Außengelände u.a. mit Spiel- und Liegewiese.

Preis

Ü/F ab 16 €
HP ab 20,75 €
VP ab 25,50 €

Öffnungszeiten

Voranmeldung empfohlen - teilweise Schließzeiten. (Weihnachten)

Jugendherberge Waltersdorf

Die neue Mitte Europas, das Dreiländereck Polen - Tschechien - Deutschland wartet nur darauf, entdeckt zu werden. Hier im Naturpark Zittauer Gebirge, dem südöstlichsten Zipfel Sachsens finden Besucher Natur pur, Fahrrad- oder Wanderwege und malerische Umgebindehäuser, die sowohl einzigartig als auch typisch für die Region sind. Bei den regelmäßig stattfindenden internationalen Jugendbegegnungen kommen natürlich auch Spaß und Action nicht zu kurz.

Informationen

Karin Szalai
Jägerwäldchen 2
02763 Waltersdorf / Bertsdorf-Hörnitz
Tel. 035841 / 35099
Fax 035841 / 37773
waltersdorf@jugendherberge.de
www.waltersdorf.jugendherberge.de

Ausstattung

166 Betten in Ein- bis Sechsbettzimmern, davon sechs Zimmer barrierefrei und zwei familienappartments mit Du/WC, 3 Speiseräume, Billard, Sauna, großes Außengelände

Preise

Ü/F ab 15 €
HP ab 19,75 €
VP ab 24,50 €

Öffnungszeiten

Voranmeldung empfohlen - teilweise Schließzeiten. (Weihnachten)

URLAUB AUF DEM BAUERNHOF

Ferienwohnung Müller
Gemütliche, modern eingerichtete Ferienwohnung in ruhiger Lage. Die Ferienwohnung ist zentral gelegen. Bäder, See, Kleinspurbahn, Reiterhof, Streichelzoo am Haus und das schöne Zittauer Gebirge laden zum Erkunden ein.
Informationen
Uta & Karl-Ludwig Müller
Hauptstr. 82, 02763 Bertsdorf-Hörnitz
Tel. 03583 / 511233
Fax 03583 / 586181
k.mueller@oberlausitz.de
www.bertsdorf-hoernitz.de/ferienwohnung-mueller/
Ausstattung
1 Ferienwohnung für 6 Personen
Preis
20–65 €
Öffnungszeiten
Vermietung ganzjährig

Littehof
Familienfreundlicher Vierseit-Hof mit Schafen, Pferden, Ziegen, Kaninchen und Katzen in ruhiger Stadtrandlage.
Informationen
Karin Wolf
Altlöbauer Viebig 2, 02708 Löbau
Tel. 03585 / 481493
Fax 03585 / 400078
www.littehof.de
Ausstattung
1 EZ, 2 Ferienwohnungen für 2/4 Personen
Preis
EZ 23 €, FeWo ab 30 €
Öffnungszeiten
Vermietung ganzjährig

NATURPARK DÜBENER HEIDE

JUGENDHERBERGEN

Jugendherberge Dahlen
Die Stadt Dahlen liegt am Südrand der „Dahlener Heide“, welche umgeben ist von den Landschaftsschutzgebieten „Wermsdorfer Wald“ und „Dübener Heide“. Hier bietet sich vor allem zur Blütezeit der Heidepflanzen ein farbintensives Erlebnis. Darüber hinaus ist die Kreativ-Jugendherberge mit ihrem großen Außengelände der perfekte Ort zum Austoben, Spielen, Basteln und günstiger Ausgangsort für Erkundungen in der freien Natur. Im Heide-Holz-Haus tagt es sich zudem ganz stimmungsvoll.
Informationen
Silvia Scholz
Belgernsche Straße 25
04774 Dahlen
Tel. 034361 / 55002
Fax 034361 / 55003
dahlen@jugendherberge.de
www.dahlen.jugendherberge.de
Ausstattung
80 Betten in Ein- bis Zehnbettzimmern, 45 Zusatzbetten von Mai bis September, 2 Speiseräume, Club- und Kreativraum, Holzkompetenzzentrum.
Preise
Ü/F ab 15 €
HP ab 19,75 €
VP ab 24,50 €
Öffnungszeiten
Voranmeldung empfohlen - teilweise Schließzeiten. (Weihnachten)

Jugendherberge Radis
Radis liegt am Rande der Dübener Heide. Ausgedehnte Wälder und Wiesen laden mit gut ausgebauten und gekennzeichneten Wanderwegen und Lehrpfaden zum Ausflug ein. Surfer und Segler nutzen gern die Wassersportangebote des Bergwitzsees. Die Jugendherberge befindet sich in einem kleinen Schloss direkt im Ort.
Informationen
Radiser Bahnhofstr. 18
06901 Kemberg/ OT Radis
Tel. 034953 / 39288
Fax 034953 / 21429
JH-Radis@djh-sachsen-anhalt.de
www.jugendherberge-radis.de
Ausstattung
140 Betten in Vier- bis Sechsbettzimmern mit Dusche/WC, davon 4 behindertengerechte Zimmer für 10 Rollstuhlfahrer, Speisesaal, Tagungssaal, 5 Freizeit- bzw. Seminarräume, Tischtennis, Volleyball, Basketball, Fußball, Billard.
Preise
Ü/F ab 14 €
Ü/HP ab 18,50 €
Ü/VP ab 23 € zzgl. Bettwäsche
Öffnungszeiten
Geschlossen
24. bis 26.12.

URLAUB AUF DEM BAUERNHOF

Pension Kräuter-Landhaus
Für ein paar Stunden bzw. Tage dem Alltag entfliehen, entspannt relaxen oder aktiv erholen, sich einfach wohlfühlen inmitten des Naturparks Dübener Heide und die heilsamen Kräfte der Natur auf sich wirken lassen.
Informationen
Martina Barth
Ogkeln 15 a
06905 Bad Schmiedeberg
Tel. 034925 / 71712
Fax 034925 / 729003
m.barth@kraeuter-landhaus.de
www.kraeuter-landhaus.de
Ausstattung
1 Ferienhaus für 2–8 Personen
Preis
ab 34 €
Öffnungszeiten
Vermietung ganzjährig

Pension Am Storchennest
Pensionsbetrieb (Rinder, Schweine, Federvieh), BAB Dessau, Ri. Torgau B 2, Bahnstation Pretzsch 3 km, Bus im Ort 300 m, Gäste werden a. W. vom Bahnhof/ Bus abgeholt.
Informationen
Ingrid Hohlfeld
Priesitz 34
06905 Bad Schmiedeberg
Tel. 034926 / 57693
Fax 034926 / 57693
am-storchennest@t-online.de
Ausstattung
1 EZ, 4 DZ, 1 MZ, 1 Ferienwohnung für 5 Personen
Preis
Ü/F 20–23 €, FeWo 46 €
Öffnungszeiten
Vermietung ganzjährig

NATURPARK FLÄMING

JUGENDHERBERGEN

Jugendherberge Wittenberg
Wittenberg erlangte als Ausgangspunkt der Reformation Weltberühmtheit. Dokumentationen über die jahrhundertealte Geschichte sind heute im Lutherhaus untergebracht. Nicht weit entfernt laden die Cranach-Höfe, das Melanchthonhaus und die Hundertwasserschule zu Besichtigungen ein. Der Wörlitzer Park und die Dübener Heide sind lohnende Ziele in der Umgebung. Die neueröffnete Jugendherberge ist im Schlosskomplex untergebracht.
Informationen
Florian Mädicke, Mara Häder
Schlossstr. 14/15
06886 Lutherstadt Wittenberg
Tel. 03491 / 505205
Fax 03491 / 505206
JH-Wittenberg@djh-sachsen-anhalt.de
www.jugendherberge-wittenberg.de
Ausstattung
153 Betten in Zwei- bis Sechsbettzimmern mit Dusche/WC, behindertengerechte Zimmer mit 12 Betten, Aufenthalts- und Seminarräume bis 180 Personen, Speiseraum, Cafeteria, TV-Räume, Lutherkeller, Tischtennis
Preise
Ü/F ab 18 €
Ü/HP ab 22,50 €
Ü/VP ab 27 €, zzgl. Bettwäsche
Öffnungszeiten
Geschlossen 24. bis 26.12.

NATURPARK SAALE-UNSTRUT-TRIASLAND

JUGENDHERBERGEN

Jugendherberge Naumburg
In der mitteldeutschen Burgen- und Weinregion, dem Saale-Unstrut-Tal, liegt die schöne Stadt Naumburg. Gäste aus nah und fern kommen, um den stolzen Dom mit den berühmten Stifterfiguren Uta und Ekkehard sowie die prächtigen Patrizierhäuser der Altstadt zu sehen oder beim jährlich stattfindenden Wein- und Kirschfest mitzufeiern. Gut zu erreichen für Rad- oder Wasserwanderer sind die nahe gelegene Rudelsburg und Burg Saaleck. Die Jugendherberge liegt oberhalb der Stadt, nur wenige Minuten vom Stadtzentrum entfernt.
Informationen
Ingrid Trottnow
Am Tennisplatz 9
06618 Naumburg
Tel. 03445 / 703422
Fax 03445 / 779560
JH-Naumburg@djh-sachsen-anhalt.de
www.jugendherberge-naumburg.de
Ausstattung
204 Betten in Zwei- bis Vierbettzimmern mit Dusche/WC, 4 Aufenthaltsräume, Speiseraum, Cafeteria, Sportraum, Fußball-, Volleyball-, Basketballplatz, Tischtennis.
Preise
Ü/F ab 16 €
Ü/HP ab 20,50 €
Ü/VP ab 25 €, zzgl. Bettwäsche
Öffnungszeiten
Geschlossen: 24. bis 26.12.

Jugendherberge Nebra

Das Städtchen Nebra liegt im landschaftlich reizvollen und geschichtsträchtigen Unstruttal an der „Straße der Romanik". Die Tradition des über tausendjährigen Weinanbaus und zahlreiche historische Bauwerke wie Kirchen, Burgen und Schlösser prägen die Region. Der Mittelberg in der Nähe von Nebra ist der Fundort der bronzezeitlichen „Himmelsscheibe". Am Rande der Stadt, am Standort einer ehemaligen frühmittelalterlichen Burg, liegt die Jugendherberge. In unmittelbarer Nähe befindet sich ein terrassenförmig angelegtes Erlebnisfreibad.

Informationen

Lindner Thomas
Altenburgstr. 29
06642 Nebra
Tel. 034461 / 25454
Fax 034461 / 25456
JH-Nebra@djh-sachsen-anhalt.de
www.jugendherberge-nebra.de

Ausstattung

140 Betten in Vier- bis Sechsbettzimmern mit Dusche/WC, davon 4 behindertengerechte Zimmer für 10 Rollstuhlfahrer, Speisesaal, Tagungssaal, 5 Freizeit- bzw. Seminarräume, Tischtennis, Volleyball, Basketball, Fußball, Billard.

Preise

Ü/F ab 16 €
Ü/HP ab 20,50 €
Ü/VP ab 25 €, zzgl. Bettwäsche

Öffnungszeiten

Geschlossen: 24. bis 26.12.

NATURPARK UNTERES SAALETAL

JUGENDHERBERGEN

Jugendherberge Bernburg

Am Ufer der Saale, im Herzen Sachsen-Anhalts, liegt die historisch gewachsene Stadt Bernburg. Weit bekannt ist das auf hohem Felsen thronende Renaissanceschloss, das heute ein Museum beherbergt. Die Jugendherberge befindet sich im Naherholungsgebiet Krumbholz.

Informationen

Martina/Peter Storch
Krumbholzallee 2, 06406 Bernburg
Tel. 03471 / 352027
Fax 03471 / 352027
jh-bernburg@online.de
www.jugendherberge-bernburg.de

Ausstattung

65 Betten, Vier Familienzimmer, rollstuhlfahrergerechtes Zimmer, zwei Tagungsräumeräume mit Tafel und Projektionsfläche

Preise

Ü/F ab 16 €
Ü/HP ab 20,50 €
Ü/VP ab 25 €, zzgl. Bettwäsche

Öffnungszeiten

Geschlossen: 24. bis 26.12.

Jugendherberge Halle

Halle, die ehrwürdige Salz- und Hansestadt an der Saale, bietet ihren Besuchern Architektur aus einer 1.200-jährigen Geschichte. Als Geburtsort Händels genießt sie international den Ruf einer Musiker- und Festspielstadt. Die Jugendherberge befindet sich im Stadtzentrum, nahe des Opernhauses.

Informationen
Edda Häder
August-Bebel-Str. 45a
06108 Halle
Tel. 0345 / 2024716
Fax 0345 / 2025172
JH-Halle@djh-sachsen-anhalt.de
www.jugendherberge-halle.de
Ausstattung
70 Betten, 2 Tagesräume,
3 Familienzimmer, Tischtennis,
Billard, Kicker, Internetterminal.
Preise
Ü/F ab 16.50 €
Ü/HP ab 21 €
Ü/VP ab 25,50 € , zzgl. Bettwäsche
Öffnungszeiten
Geschlossen: 24. bis 26.12.

NATURPARK HARZ

VIABONO

Flair Hotel Im Ilsetal
Herzlich Willkommen in einem der schönsten Täler des Harzes, am Ortsrand des über 1000-jährigen Fachwerkstädtchens Ilsenburg. Das neu errichtete Hotel liegt im Bestand alter Buchen, unmittelbar am Wanderweg zum Brocken in absolut ruhiger Lage. Genießen Sie bei uns die wildromantische und sagenumwobene Landschaft direkt am Nationalpark Harz, die schon Dichter wie Goethe und Heine bei ihren Wanderungen durchs Ilsetal inspiriert und verträumt beschrieben haben.
Informationen
Ilsetal 16, 38871 Ilsenburg
Tel. 039452 / 9560 , Fax 039452 / 95666
www.kurparkhotel-ilsetal.de

JUGENDHERBERGEN

Jugendherberge Falkenstein/Harz
Falkenstein liegt am nordöstlichen Harzrand, in unmittelbarer Nachbarschaft zur ältesten Stadt Sachsen-Anhalts, Aschersleben, und der Weltkulturerbe-Stadt Quedlinburg. Die Jugendherberge befindet sich im Tal der Selke, 3 km vom Ort entfernt. In ihrer Nähe liegt die gut erhaltene, mittelalterliche Burg Falkenstein.
Informationen
Thomas Neubauer
Falkensteiner Weg 2 b
06463 Falkenstein/Harz
- OT Meisdorf
Tel. 034743 / 8257, Fax 034743 / 92540
JH-Falkenstein-harz@
djh-sachsen-anhalt.de
www.jugendherberge-falkenstein.de
Ausstattung
101 Betten, 2 Tagesräume, 3 Familienzimmer, rollstuhlfahrergerechtes Zimmer.
Preise
Ü/F ab 14 €, Ü/HP ab 18,50 €
Ü/VP ab 23 €, zzgl. Bettwäsche
Öffnungszeiten
Geschlossen: 24. bis 26.12.

Jugendherberge „Carl Wentzel"
Im südöstlichen Teil des Harzes liegt der Ort Gorenzen. Mitten im Mischwald, rund 2 km vom Ortskern entfernt, befindet sich in herrlicher Lage die Jugendherberge. Das großzügig angelegte Außengelände bietet beste Voraussetzungen für sportliche Betätigungen. Die schöne Umgebung entlang des Wippertals lässt sich am besten bei einer Fahrt mit der Wipperliese (kleine Eisenbahn) entdecken.

Informationen
Fritz Ziegenhorn
Hagen 2–4
06343 Mansfeld OT Gorenzen
Tel. 034782 / 20384
Fax 034782 / 21357
JH-Gorenzen@djh-sachsen-anhalt.de
www.jugendherberge-gorenzen.de
Ausstattung
125 Betten in Ein- bis Siebenbettzimmern, davon vier behindertengerecht, separates Jägerhaus, drei Aufenthaltsräume mit Fernseher, zwei Seminarräume, Großfußballfeld, Volleyball- und Basketballplatz, automatische Kegelbahnanlage, Curlingbahn, Tischtennis (innen/außen), Klettergerüst, drei Grillhütten, Lagerfeuerplatz.
Preise
Ü/F ab 15,50 €, Ü/HP ab 20 €
Ü/VP ab 24,50 €, zzgl. Bettwäsche
Öffnungszeiten
Geschlossen: 24. bis 26.12.

Jugendherberge Quedlinburg
Quedlinburg liegt an der Bode am Nordrand des Harzes. Mit ihren rund 1.200 Fachwerkhäusern aus mehreren Jahrhunderten wurde die Stadt als größtes Flächendenkmal Deutschlands von der UNESCO zum Weltkulturerbe erklärt. Die Jugendherberge befindet sich direkt im historischen Stadtzentrum, wenige Meter vom Rathaus entfernt.
Informationen
Mike Schiffner
Neuendorf 28, 06484 Quedlinburg
Tel. 03946 / 811703
Fax 03946 / 811705
JH-Quedlinburg@djh-sachsen-anhalt.de
www.jugendherberge-quedlinburg.de
Ausstattung
58 Betten in Vierbettzimmern und 1 Zehnbettzimmer mit Dusche/WC (8 Aufbettungen möglich), Seminarraum, Saal (bis 100 Personen), Cafeteria.
Preise
Ü/F ab 16,50 €
Ü/HP ab 21 €
Ü/VP ab 25,50 €, zzgl. Bettwäsche
Öffnungszeiten
Geschlossen: 24. bis 26.12.

Jugendherberge Schierke
Der Kurort Schierke, im Nationalpark Harz gelegen, bietet durch ein gut ausgeschildertes Wegenetz beste Wandermöglichkeiten. Wintersportangebote wie Schlittschuhlaufen im Eisstadion, Rodeln, Skiabfahrt und ein gut gespurtes Loipennetz stehen Harzbesuchern in der kalten Jahreszeit zur Verfügung. Die Jugendherberge befindet sich am Ortsausgang am Fuße des Brockens.
Informationen
Gerlinde Frömmelt
Brockenstr. 48
38879 Schierke
Tel. 039455 / 51066
Fax 039455 / 51067
JH-Schierke@djh-sachsen-anhalt.de
www.jugendherberge-schierke.de
Ausstattung
282 Betten in Zwei-, Vier- und Achtbettzimmern, teilweise mit eigener Dusche/WC, davon sechs rollstuhlfahrergerechte Zimmer, sechs Aufenthaltsräume, Cafeteria, hauseigene Sporthalle (11x22 m) und Bowlingbahn, Spiel und Freizeitraum mit Tischtennis und Billard, Klavier, Disco, Grillplatz, Verleih von Rodelschlitten.

Preise
Ü/F ab 18 €
Ü/HP ab 22,50 €
Ü/VP ab 27 €, zzgl. Bettwäsche
Öffnungszeiten
Geschlossen: 24. bis 26.12.

Jugendherberge Thale
Die Harzstadt Thale nutzen viele Besucher als Ausgangspunkt für Wanderungen durch das Bodetal oder erlebnisreiche Ausflüge zur Rappbodetalsperre. Mit der Kabinenbahn kann man zum Hexentanzplatz gleiten, mit dem Sessellift über die schroffen Wände und wilden Wasser der Bode schweben oder mit dem Harzbob den Berg hinab sausen. Die Jugendherberge liegt an einem Felshang des Tales.
Informationen
Kerstin und Ronald Krause
Bodetal-Waldkater
06502 Thale
Tel. 03947 / 2881
Fax 03947 / 91653
JH-Thale@djh-sachsen-anhalt.de
www.jugendherberge-thale.de
Ausstattung
201 Betten, familienfreundliches Haus, alle Zimmer mit Waschbecken, teilweise mit Dusche/WC, 3 Aufenthaltsräume, einen Fernsehraum, Tagungsraum, Hauskino, Kinderspielzimmer, Speisesaal, Speiseraum, Cafeteria, Tischtennis, Billard, Kicker, Gesellschaftsspiele
Preise
Ü/F ab 18€
Ü/HP ab 22,50 €
Ü/VP ab 27 €, zzgl. Bettwäsche
Öffnungszeiten
Geschlossen: 24. bis 26.12.

URLAUB AUF DEM BAUERNHOF

Gut Drebsdorf
Das Gut Drebsdorf ist eine familiengeführte Reit- und Ferienanlage im wunderschönen Südharz. Ob Erholung von Alltag, sportliche Betätigung mit fachlich qualifizierter Betreuung oder einfach nur Spaß und Freude in einer netten Atmosphäre - hier finden Sie genau das Richtige.
Informationen
A. Schatz & Partner GbR
Gutshof Dorfstr. 35
06536 Südharz, OT Drebsdorf
Tel. 034656 / 5600
Fax 034656 / 56017
schatz@schatznet.de
www.gut-drebsdorf.de
Ausstattung
5 Ferienwohnungen
Preis
auf Anfrage
Öffnungszeiten
Vermietung ganzjährig

Herrmann's Baude
Ruhige Lage direkt am Wald, das Wandergebiet beginnt bereits vor der Haustür.
Informationen
Manfred Herrmann
An der Bode 12, 38875 Tanne
Tel. 039457 / 3271, Fax 039457 / 40533
herrmanns-baude@harz.de
www.herrmanns-baude.harz.de
Ausstattung
2 Ferienwohnungen für 2–4 Personen
Preis
36–50 €
Öffnungszeiten
Vermietung ganzjährig

NATURPARK ERZGEBIRGE – VOGTLAND

JUGENDHERBERGEN

Jugendherberge Altenberg-Zinnwald „Jägerhütte"

Lieben Sie Wandern über blühende Bergwiesen im Frühling oder Streifzüge durch bunt gefärbte Herbstwälder? Haben Sie Lust auf eine Fackelwanderung durch das verschneite Zinnwald oder möchten Sie lieber die klare Bergluft im Sommer genießen? Zinnwald dürfte vielen als hervorragender Wintersportort und sächsische Rodelhauptstadt bekannt sein. Die Jugendherberge, die ursprünglich als Erzwäsche gebaut wurde, liegt etwa einen Kilometer nordöstlich des Ortes mitten im Wald.

Informationen

René Dreihardt
Bergmannsweg 8
01773 Altenberg OT Zinnwald - Zinnwald
Tel. 035056 / 32361
Fax 035056 / 32317
zinnwald@jugendherberge.de
www.zinnwald.jugendherberge.de

Ausstattung

70 Betten in Ein- bis Siebenbettzimmern, Speiseraum, Kaminzimmer, Fernsehraum, großes Außengelände mit verschiedenen Ballspielplätzen, Tischtennis, Grillplatz

Preise

Ü/F ab 16 €
HP ab 20,75 €
VP ab 25,50 €

Öffnungszeiten

Voranmeldung empfohlen - teilweise Schließzeiten. (Weihnachten)

Jugendherberge Altenberg

Das Örtchen Altenberg liegt im Ost-Erzgebirge auf 760 Meter Höhe. Der Ort mit seinem Wahrzeichen, der Pinge, hat eine alte Bergbautradition. die Jugendherberge befindet sich etwa 200 Meter vom Ortsrand entfernt in waldreicher Umgebung. Als Sport- und Freizeitherberge punktet sie vor allem mit ihrer ländlichen, familiären Atmosphäre und ihrer Lage am bekannten Olympiastützpunkt. Unweit des Hauses sind Freibad, Schwimmhalle, Sommerrodelbahn, internationale Bobbahn und im Winter Skilift sowie gespurte Loipen.

Informationen

Sabine und Wolfgang Weinberg
Dresdner Straße 76
01773 Altenberg
Tel. 035056 / 32318
Fax 035056 / 32707
jugendherbergealtenberg@t-online.de
www.altenberg.jugendherberge.de

Ausstattung

108 Betten in Zwei- bis Sechsbettzimmern, davon 8 Familienzimmer, Speise- und Seminarraum, 2 Clubräume, Freiterrasse, Sauna.

Preise

Ü/F ab 16,05 €
HP ab 20,80 €
VP ab 25,55 €

Öffnungszeiten

Voranmeldung empfohlen - teilweise Schließzeiten. (Weihnachten)

Jugendherberge Ehrenfriedersdorf

Etwa 45 Gehminuten vom Ort entfernt, direkt am Fuße der Greifensteine, liegt die familiär geführte Jugendherberge Ehrenfriedersdorf. Kletterfelsen, Naturbühne und Kletterwald befinden sich sprichwörtlich hinter dem Haus. Der Greifenbachstauweiher und das Greifenbachtal mit faszinierenden Zeugnissen der Bergbaugeschichte sind über ausgeschilderte Wanderwege gut erreichbar. Bei relativer Schneesicherheit (700 m.ü.N.N.) und 65 Kilometern gespurter Loipen gibt es ideale Möglichkeiten für Skiwanderungen.

Informationen

Dirk Seidel
Greifensteinstr. 46
09427 Ehrenfriedersdorf
Tel. 037346 / 1253
Fax 037346 / 69727
JH-Ehrenfriedersdorf@web.de
www.ehrenfriedersdorf.
jugendherberge.de

Ausstattung

39 Betten in Mehrbettzimmern, 4 Zusatzbetten von Mai bis September, Speiseraum, 2 Seminarräume, Kinderspielzimmer, Bauernstube, Meiler.

Preise

Ü/F ab 13,50 €
HP ab 18,25 €
VP ab 23 €

Öffnungszeiten

Voranmeldung empfohlen - teilweise Schließzeiten. (Weihnachten)

Jugendherberge Frauenstein

Das familiär geführte Haus besticht vor allem durch sein künstlerisch gestaltetes Außengelände mit vielen Spielangeboten, wie einer Wasser- und Sandspiellandschaft, Grillhütte, Seilbahn oder Kegelbahn. Außerdem werden in der ersten Kultur-Jugendherberge Deutschlands Kunst und Kultur ganz groß geschrieben. So bietet die urige „"Zukunftswerkstatt"" Platz für Workshops oder Kreativarbeiten und das jährlich stattfindende Jugendkunstsymposium zieht sogar Nachwuchskünstler aus dem Ausland an.

Informationen

Elke Dienel
Walkmühlenstraße 13
09623 Frauenstein
Tel. 037326 / 1307
Fax 037326 / 84400
frauenstein@jugendherberge.de
www.frauenstein.jugendherberge.de

Ausstattung

85 Betten in Ein- bis Sechsbettzimmern, 9 Zusatzbetten von April bis Oktober, Speiseraum, Seminarraum, Clubraum, 2 Kreativräume, Freiterrasse.

Preise

Ü/F ab 17,50 €
HP ab 22,25 €
VP ab 27 €

Öffnungszeiten

Voranmeldung empfohlen - teilweise Schließzeiten. (Weihnachten)

Jugendherberge Geyer
Im mittleren Erzgebirge, umgeben von einem großen Waldgebiet mit gut ausgeschilderten Wanderwegen, liegt die Jugendherberge idyllisch am Stadtrand der Berg- und Bingestadt Geyer. Wohlfühlen und gute Laune sind in dieser Herberge mit dem Zertifikat „GUT DRAUF" besiegelt. In der Praxis haißt das: 1,4 Kilometer langer, beleuchteter Inlineskater-Rundkurs, Snoezelen- (Chill-Out) Raum, Sauna, Barfuß-Sinnenpfad, Kräuterspirale, Meditationsecke, Wellnesspraxis.

Informationen
Katrin Eilenberger
Anton-Günther-Weg 3
09468 Geyer
Tel. 037346 / 1364
Fax 037346 / 1770
geyer@jugendherberge.de
www.geyer.jugendherberge.de

Ausstattung
91 Betten in Zwei- bis Sechsbettzimmern, Speiseraum, 2 Clubräume, Sauna, Entspannungsraum.

Preise
Ü/F ab 14,50 €
HP ab 19,25 €
VP ab 24 €

Öffnungszeiten
Voranmeldung empfohlen - teilweise Schließzeiten. (Weihnachten)

Jugendherberge Johanngeorgenstadt
Inmitten des West-Erzgebirges zwischen dem Auersberg und dem Plattenberg liegt die Jugendherberge Johanngeorgenstadt. Die Bergstadt selbst gehört zu den beliebtesten Erholungsorten Sachsens und ist die Wiege traditionsreicher Wintersportarten. Hier öffnet sich dem Gast die ganze Welt der Berge.
Die Angebote reichen von Bergwerkskraxeln, über Schneeschuhtrekking bis hin zur Bezwingung der anspruchsvollen Kletterwand.

Informationen
Sigrun und Alexander Müller
Hospitalstraße 5
08349 Johanngeorgenstadt
Tel. 03773 / 882194
Fax 03773 / 889150
johanngeorgenstadt@jugendherberge.de
www.johanngeorgenstadt.jugendherberge.de

Ausstattung
60 Betten in Zwei- bis Achtbettzimmern, Speiseraum, Clubraum, Außengelände mit Ballspielplätzen, Kinderspielplatz, Insektenhotel

Preise
Ü/F ab 16 €
HP ab 20,75 €
VP ab 25,50 €

Öffnungszeiten
Voranmeldung empfohlen - teilweise Schließzeiten. (Weihnachten)

Jugendherberge Grumbach
300 Kräuter, eine „internationale Insektenherberge", ein Wasserrad oder der hauseigene Naturlehrpfad, der sich rund um die idyllisch gelegene Jugendherberge nahe des Preßnitztales im Oberen Erzgebirge schlängelt, bieten Schulklassen, Gruppen und Familien optimale Möglichkeiten, die Natur selbst oder geführt zu erkunden. Die mit dem Zertifikat „Umwelt/Jugendherberge" ausgezeichnete Herberge ist als ehemalige Mühle, Jahrgang 1812, jedoch auch selbst ein sehenswertes Kleinod.

Informationen
Sabine Schuricht
Jöhstädter Straße 19
09477 Jöhstadt - Grumbach
Tel. 037343 / 2288
Fax 037343 / 88003
grumbach@jugendherberge.de
www.grumbach.jugendherberge.de
Ausstattung
62 Betten in Zwei- bis Sechsbettzimmern, Speiseraum, Kreativraum, Bauernstube, großes Außengelände mit Naturlehrpfad, Sportplatz, Tischtennis
Preise
Ü/F ab 14,75 €
HP ab 19,50 €
VP ab 24,25 €
Öffnungszeiten
Voranmeldung empfohlen - teilweise Schließzeiten. (März, November und Weihnachten)

Jugendherberge Hormersdorf
Das etwa zwei Hektar große Gelände mit Wald, Bachlauf und Sportanlagen lässt genug Raum, um sich so richtig auszutoben. Neben Sachsens größtem Angebot an Ballsportarten wartet die Jugendherberge, die im waldreichen West-Erzgebirge am Greifenbachstauweiher liegt, auch mit Mineralienausstellung und Steinschleiferei oder Schatzsuchen mit GPS-Geräten auf.
Informationen
André Eilenberger
Jugendherberge Hormersdorf 1
09468 Hormersdorf/JH
Tel. 037346 / 1396
Fax 037346 / 1645
hormersdorf@jugendherberge.de
www.hormersdorf.jugendherberge.de
Ausstattung
205 Betten in Zwei- bis Sechsbettzimmern, Speiseraum, 3 Clubräume, Hutzenstube, Kinderspielzimmer, Poolbillard- und Tischtennisraum, großes Außengelände.
Preise
Ü/F ab 16,40 €
HP ab 21,15 €
VP ab 25,90 €
Öffnungszeiten
Voranmeldung empfohlen - teilweise Schließzeiten. (November und Weihnachten)

Jugendherberge Klingenthal
Die Stadt Klingenthal im „Musikwinkel" bietet ihren Besuchern nicht nur feine Töne auf regional hergestellten Musikinstrumenten, sondern auch herrliche Wander-, Rad- und Skitouren durch den waldreichsten Naturpark Deutschlands, den Naturpark Erzgebirge/ Vogtland. Die Jugendherberge mit direktem Einstieg in die Kammloipe befindet sich auf dem Aschberg in 936 m Höhe, direkt an der Grenze zur Tschechischen Republik.
Informationen
Jana Ebers
Grenzweg 22
08248 Klingenthal - Aschberg
Tel. 037467 / 22094
Fax 037467 / 22099
klingenthal@jugendherberge.de
www.klingenthal.jugendherberge.de
Ausstattung
131 Betten in Zwei- bis Achtbettzimmern, davon einige Zimmer mit Du/WC, Speiseraum, Billard, Tischtennisraum, Tagungsraum für 100 Personen, großes Außengelände.

Preise
Ü/F ab 17,50 €
HP ab 22,25 €
VP ab 27 €
Öffnungszeiten
Voranmeldung empfohlen - teilweise Schließzeiten. (Weihnachten)

Jugendherberge Neuhausen „Jugendbaude“
Die Jugendherberge liegt nahe dem Kurort Seiffen mit Sommerrodelbahn, im waldreichen Naturpark Erzgebirge. Durch günstige Wander- und Wintersportbedingungen sowie die naturnahe Lage ist sie besonders für Umweltprojekte geeignet. Der Waldwanderweg „Pfefferkuchensteig“ führt direkt in den Ortskern von Neuhausen, unter anderem auch ins solar beheizte Erlebnisfreibad.
Informationen
Dorothea und Manfred Steuer
Bergstr. 12
09544 Neuhausen - Dittersbach
Tel. 037361 / 45634
Fax 037361 / 45626
jugendbaude@web.de
www.neuhausen.jugendherberge.de
Ausstattung
35 Betten in Zwei- bis Vierbettzimmern davon 3 Zimmer mit Dusche/WC, Speiseraum, Mehrzweckraum, Clubraum, Freiterrasse mit Grillplatz.
Preise
Ü/F ab 17 €
HP ab 21,75 €
VP ab 26,50 €

Jugendherberge Sayda
Eingebettet in einem romatischen Tal und umgegeben von ausgedehnten Wäldern liegt die moderne Jugendherberge zwischen den Orten Sayda, Seiffen und Olbernhau. Diese Region ist das Zentrum des weltberühmten erzgebirgischen Kunsthandwerks.
Informationen
Thomas Fink
Mortelgrund 8, 09619 Sayda
Tel. 037365 / 1277
Fax 037365 / 1337
sayda@jugendherberge.de
www.sayda.jugendherberge.de
Ausstattung
130 Betten in Ein- bis Fünfbettzimmern (alle mit Dusche/WC), Speiseraum, mehrzweckhalle, 5 Seminarräume, Zwergenparadies.
Preise
Ü/F ab 17,55 €
HP ab 22,30 €
VP ab 27,05 €
Öffnungszeiten
Voranmeldung empfohlen - teilweise Schließzeiten. (Weihnachten)

Jugendherberge Zinnwald „Klügelhütte“
Die Jugendherberge befindet sich in ca. 860 m Höhe, direkt an der Grenze zu Tschechien in ruhiger Lage im Osterzgebirge.
Informationen
Ralf Heuer
Hochmoorweg 12
01773 Altenberg - Zinnwald
Tel. 035056 / 35882, Fax 035056 / 32458
heuer.ralf@gmx.de
www.zinnwald-kluegelhuette.
jugendherberge.de

Ausstattung
35 Betten in Ein- bis Sechsbettzimmern, Speiseraum, 2 Mehrzweckräume, Spielzimmer, Bauernstube, Freiterrasse, großes Außengelände, Lagerfeuerplatz.
Preise
Ü/F ab 14,15 €
HP ab 18,90 €
VP ab 23,65 €
Öffnungszeiten
Voranmeldung empfohlen - teilweise Schließzeiten. (Weihnachten)

Jugendherberge Schöneck
Die Jugendherberge befindet sich am Stadtrand von Schöneck, der höchstgelegenen Stadt im Vogtland. Auch als Balkon des Vogtlandes bekannt, bietet die Region nicht nur Wintersportlern ausgezeichnete Bedingungen. Neben Wandermöglichkeiten durch die reizvolle Mittelgebirgslandschaft, locken auch Ausflugsziele wie Talsperre Pöhl, Drachenhöhle Syrau, Göltzschtalbrücke, die modernste Sprungschanze Europas, die Vogtland-Arena, Freizeitpark Plohn oder der Schneckenstein, ein einzigartiger Topasfelsen. In und um das Haus eröffnen sich dem Besucher zudem vielfältige Sportmöglichkeiten. So finden sich direkt auf dem Herbergsgelände Tennisplatz, Volleyballplatz, Tischtennisplatten sowie ein großer Sportgarten mit Liegewiese. Nur ein paar Schritte entfernt, liegt der IFA-Ferienpark mit Fahrrad- und Skiausleihe, Skischule, Erlebnisbad, Sauna, Wellness-Oase, Tennishalle, Kegel- und Bowlingbahnen und einem Multifunktionsspielfeld.

Informationen
Dieter Neumann
Am Stadtpark 52
08261 Schöneck
Tel. 037464 / 8106
Fax 037464 / 8107
schoeneck@jugendherberge.de
www.schoeneck.jugendherberge.de
Ausstattung
60 Betten in Zwei- bis Sechsbettzimmern, Speiseraum, Clubraum, großes Außengelände, IFA-Ferienpark in unmittelbarer Nähe.
Preise
Ü/F ab 16,55 €
HP ab 21,30 €
VP ab 26,05 €
Öffnungszeiten
Voranmeldung empfohlen - teilweise Schließzeiten. (Weihnachten)

Jugendherberge Neudorf „Am Fichtelberg"
Tipis oder Blockhütten bauen, Wild beobachten, selbst Feuer machen und darüber dann noch ein leckeres Süppchen kochen - dieses „Überlebenstraining" ist nur ein Teil aus dem Programm der Jugendherberge Neudorf. Die besondere Lage der Herberge, umgeben von Wald und rauschenden Gebirgsbächen direkt am Fuße des Fichtelberges, mit 1215 Metern dem höchsten Berg Sachsens, bietet hiezu den passenden Rahmen.
Informationen
Andreas Schuricht
Vierenstraße 26
09465 Sehmatal - Neudorf
Tel. 037342 / 8282, Fax 037342 / 8220
neudorf@jugendherberge.de
www.neudorf.jugendherberge.de

Ausstattung
132 Betten in Zwei- bis Achtbettzimmern, Speiseraum, Clubraum, Bauernstube, großes Außengelände mit Ballspielplätzen, Minigolfanlage, Tischtennis
Preise
Ü/F ab 16,50 €
HP ab 21,25 €
VP ab 26 €
Öffnungszeiten
Voranmeldung empfohlen - teilweise Schließzeiten. (November und Weihnachten)

BIOSPHÄRENRESERVAT OBERLAUSITZER HEIDE- UND TEICHLANDSCHAFT

JUGENDHERBERGEN

Jugendherberge Bautzen
Die Jugendherberge befindet sich in der 500 Jahre alten „"Gerberbastei"", einem Wehrturm sowie zwei modern ausgebauten Bürgerhäusern. Sie ist Teil der mittelalterlichen Stadtbefestigung und liegt im historischen Zentrum von Bautzen, der „Stadt der Türme". Nicht nur wegen der lebendigen sorbischen Kultur ist Bautzen eine Reise wert. Einst war die Stadt bedeutsamer als die Landeshauptstadt Dresden, was viele historische „"Zeitzeugen"" beweisen.
Informationen
Corinna Riedel
Am Zwinger 1
02625 Bautzen - Stadtzentrum
Tel. 03591 / 40347, Fax 03591 / 40348
bautzen@jugendherberge.de
www.bautzen.jugendherberge.de
Ausstattung
112 Betten in Ein- bis Sechsbettzimmern davon zwei Zimmer barrierefrei, 2 Speise- und 4 Seminarräume, Freiterrasse, Grillplatz.
Preise
Ü/F ab 17,50 €, HP ab 22,25 €
VP ab 27 €
Öffnungszeiten
Voranmeldung empfohlen - teilweise Schließzeiten. (Weihnachten)

Jugendherberge Neschwitz
Die Gemeinde Neschwitz mit ihren 17 Ortsteilen und fast 2700 Einwohnern findet man mitten in der schönen Oberlausitz, etwa 14 Kilometer von Bautzen entfernt. Ihre Nähe zum Biosphärenreservat „"Oberlausitzer Heide- und Teichlandschaft"" macht sie zum idealen Ausgangspunkt für Wanderungen. Eine der attraktiven Sehenswürdigkeiten der Gemeinde ist das Barockschloss und der dazu gehörige Park, Zeugnis geschichtlichen Reichtums, Pracht und einstiger regionaler Bedeutung von Neschwitz. Ein besonderes Freizeiterlebnis ist auch der nur acht Kilometer entfernte Saurierpark Kleinwelka mit Irrgarten.
Informationen
Viola und Toralf Brade
Kastanienallee 1, 02699 Neschwitz
Tel. 035933 / 30040, Fax 035933 / 30070
info@jugendherberge-neschwitz.de
www.neschwitz.jugendherberge.de
Ausstattung
79 Betten (davon 30 Saisonbetten) in Zwei- und Sechsbettzimmern, davon 3 Zimmer mit Du/WC, Speiseraum, 2 Funktionsräume, Freiterrasse und Grillplatz.

Preise
Ü/F ab 14,90 €
HP ab 19,65 €
VP ab 24,40 €
Öffnungszeiten
Voranmeldung empfohlen - teilweise Schließzeiten. (Weihnachten)

BIOSPHÄRENRESERVAT MITTELELBE

NATURFREUNDEHÄUSER

Naturfreundehaus Ferchels Hopfen-Hof
Das familiäre Mini-Ferienheim liegt zwischen den Flüssen Havel und Elbe nahe dem Schollener See, aus dem Heilschlamm (Pelose) gewonnen wird. Zwei Ferienwohnungen bieten insgesamt acht Betten, zusätzlich verfügt das Naturfreundehaus über 4 Plätze im Lager. Im zum Haus gehörenden Hopfenladen gibt es selbst gemachten Fruchtaufstrich, Hopfentrunk und Kürbisketchup aus eigenem Biolandbau. Idylische Badeseen mit guter Wasserqualität sind 15 km entfernt, der Havelbadestrand in Schollene nur 3 km.
Informationen
Ferchels 30, 14715 Schollene-Ferchels
Tel. 039389 / 96325
Fax 039389 / 96326
hopfenhof@ferchels.de
www.hopfen-hof.de
GPS: X12,18116622; Y52,66333601
Ausstattung
Vollbewirtschaftet, 8 Betten und 4 Plätze im Lager, 2 Räume.
Preise
UN ab 15 €

JUGENDHERBERGEN

Jugendherberge Dessau-Roßlau
Am Zusammenfluss von Elbe und Mulde findet man die Bauhaus-Stadt Dessau-Roßlau. Sie ist umgeben von herrlichen Parkanlagen mit vielen historischen Gebäuden. Die Jugendherberge und die Schlüsselherberge befinden sich an den Radwanderwegen R1 und R2 im grünen Stadtteil Ziebigk.
Informationen
Florian Mädicke, Thomas Engel
Ebertallee 151, 06846 Dessau-Roßlau
Tel. 0340 / 619803, Fax 0340 / 619804
JH-Dessau@djh-sachsen-anhalt.de
www.jugendherberge-dessau.de
Ausstattung
150 Betten in Zwei- bis Sechsbettzimmer mit Dusche/WC, behindertengerechte Wohn- und Aufenthaltsräume, 3 Tagungsräume mit modernster Seminartechnik, Speiseraum, Cafeteria, Aufenthaltsräume, Sport- und Spielraum, barrierefreier Kinderspielplatz; 40 Betten in Schlüsselherberge.
Preise
Ü/F ab 18 €, Ü/HP ab 22,50 €
Ü/VP ab 27 €, zzgl. Bettwäsche
Öffnungszeiten
Geschlossen: 24. bis 26.12.

Jugendherberge Gommern
Unweit der Landeshauptstadt Magdeburg gelegen, kann Gommern auf eine über 1000-jährige Geschichte zurückblicken. Eingebettet in das Landschaftsschutzgebiet „Mittlere Elbe" mit 20 Seen, den Gesteins-, Heide- und Kräutergärten, ist die Stadt ein Anziehungspunkt für Touristen.

Informationen
Manheimerstr. 12, 39245 Gommern
Tel. 039200 / 40080, Fax 039200 / 40082
JH-Gommern@djh-sachsen-anhalt.de
www.jugendherberge-gommern.de
Ausstattung
100 Betten, 8 Zimmer für Betreuer, 2 Speiseräume, 2 Seminarräume, Park mit Tischtennisplatten, Fußball, Volleyball, Basketball, Minigolf, Großfeldschach, Kinderspielplatz, Grillecke. Für Fahrradtouren steht ein kompletter Klassensatz an Rädern zur Verfügung.
Preise
Ü/F ab 16 €, Ü/HP ab 20,50 €
Ü/VP ab 25 €, zzgl. Bettwäsche
Öffnungszeiten
Geschlossen: 24.–26.12.

Jugendherberge Magdeburg
Magdeburg, Landeshaupt- und Domstadt an der Elbe, ist kultureller Mittelpunkt des Landes. Die im Stadtzentrum gelegene Jugendherberge befindet sich in unmittelbarer Nähe des Bahnhofs mit direkter Nahverkehrsanbindung. Theater, Museum, Dom und Kloster sowie der Alte Markt sind in wenigen Minuten erreichbar.
Informationen
Ralf Heydecke
Leiterstraße 10, 39104 Magdeburg
Tel. 0391 / 5321010, Fax 0391 / 5321020
JH-Magdeburg@djh-sachsen-anhalt.de
www.jugendherberge-in-magdeburg.de
Ausstattung
250 Betten in Zwei- bis Sechsbettzimmern mit Dusche/WC, davon 8 behindertengerechte Zimmer für 16 Rollstuhlfahrer, 6 Tagungs- und Seminarräume, Fernsehraum, Cafeteria, Tischtennisraum, Kinderspielzimmer.
Preise
Ü/F ab 20 €, Ü/HP ab 24,50 €
Ü/VP ab 29 €
Öffnungszeiten
Geschlossen: 24.–26.12.

NATIONALPARK HARZ

VIABONO

Jugendherberge Torfhaus
Die Jugendherberge Torfhaus liegt auf 800 Meter Höhe, eingebettet in die natürliche Kulisse des wildromantischen und waldreichen „Nationalpark Harz". An diesem idealen Standort zum Wandern, zur aktiven Freizeitgestaltung, zur Erholung in ruhiger, gesunder Atmosphäre und zum Wintersport sind Sie herzlich willkommen.
Informationen
Torfhaus Nr. 3, 38667 Torfhaus
Telefon 05320 / 242, Telefax 05320 / 254
www.djh-niedersachsen.de/jh/torfhaus/

Jugendherbergen s. Naturpark Harz

NATIONALPARK SÄCHSISCHE SCHWEIZ

VIABONO

Ökopension Villa Weissig
Herzlich Willkommen in der Villa Weissig - die erste Ökopension am Nationalpark Sächsische Schweiz im Elbsandsteingebirge. Lassen Sie sich entführen in die zauberhafte Sächsische Schweiz und in die einzigartige, von Familienhand geführte Villa Weissig.

Informationen
Weissig 26, 01796 Weissig bei Rathen
Tel. 035021 / 59363, Fax 035021 / 59364
info@villa-weissig.de, www.villa-weissig.de
Ausstattung
Ferienwohnungen und Gästezimmer

JUGENDHERBERGEN

Jugendherberge Bad Schandau
Die familien- und fahrradfreundliche Jugendherberge existiert bereits seit 1923 und liegt oberhalb der Stadt Bad Schandau inmitten der bizarren Felsenwelt des Nationalparks „Sächsische Schweiz". Der ehemalige Bauernhof wurde in den vergangenen Jahren saniert und ist heute idealer Ausgangspunkt für verschiedene Touren durch die reizvolle Region, z. B. auf Deutschlands beliebtestem Wanderweg - dem 112 Kilometer langen Malerweg.
Informationen
Brigitte und Josef Zuber
Dorfstraße 14
01814 Bad Schandau - Ostrau
Tel. 035022 / 42408, Fax 035022 / 42409
badschandau@jugendherberge.de
www.bad-schandau.jugendherberge.de
Ausstattung
101 Betten in vorwiegend Zwei- bis Vierbettzimmern, Speiseraum, Saal, Bauernstube, Tischtennisraum, 2 Fernsehräume, Grillplatz.
Preise
Ü/F ab 18 €, HP ab 22,75 €
VP ab 27,50 €
Öffnungszeiten
Voranmeldung empfohlen - teilweise Schließzeiten. (Januar, Februar und Weihnachten)

Jugendherberge Pirna-Copitz
Pirna erlangte vor allem durch den Veduten-Maler Bernardo Bellotto, genannt Canaletto, Bekanntheit, den die Umgebung zu großen Werken inspirierte. Der Grund: Einzigartige Schönheiten der Natur, das mittelalterliche Flair der über 775jährigen Pirnaer Altstadt und die barocke Schönheit von Dresden liegen hier eng beieinander. Die Jugendherberge befindet sich am Stadtrand im Ortsteil Copitz. Nur wenige Kilometer entfernt beginnt einer der faszinierendsten Wanderwege Deutschlands, der Malerweg. Gut zu erreichen ist auch der Elberadweg.
Informationen
Ursula Grosche
Zum Wesenitzbogen 9
01796 Pirna - Copitz
Tel. 03501 / 445601
Fax 03501 / 445602
pirna@jugendherberge.de
www.pirna.jugendherberge.de
Ausstattung
166 Betten in Ein- bis Vierbettzimmern, Speiseraum,
5 Seminarräume, Kinderspielzimmer, Bauernstube, Tischtennisraum, Grillplatz.
Preise
Ü/F ab 17,50 €
HP ab 22,25 €
VP ab 27 €
Öffnungszeiten
Voranmeldung empfohlen - teilweise Schließzeiten. (November bis Februar)

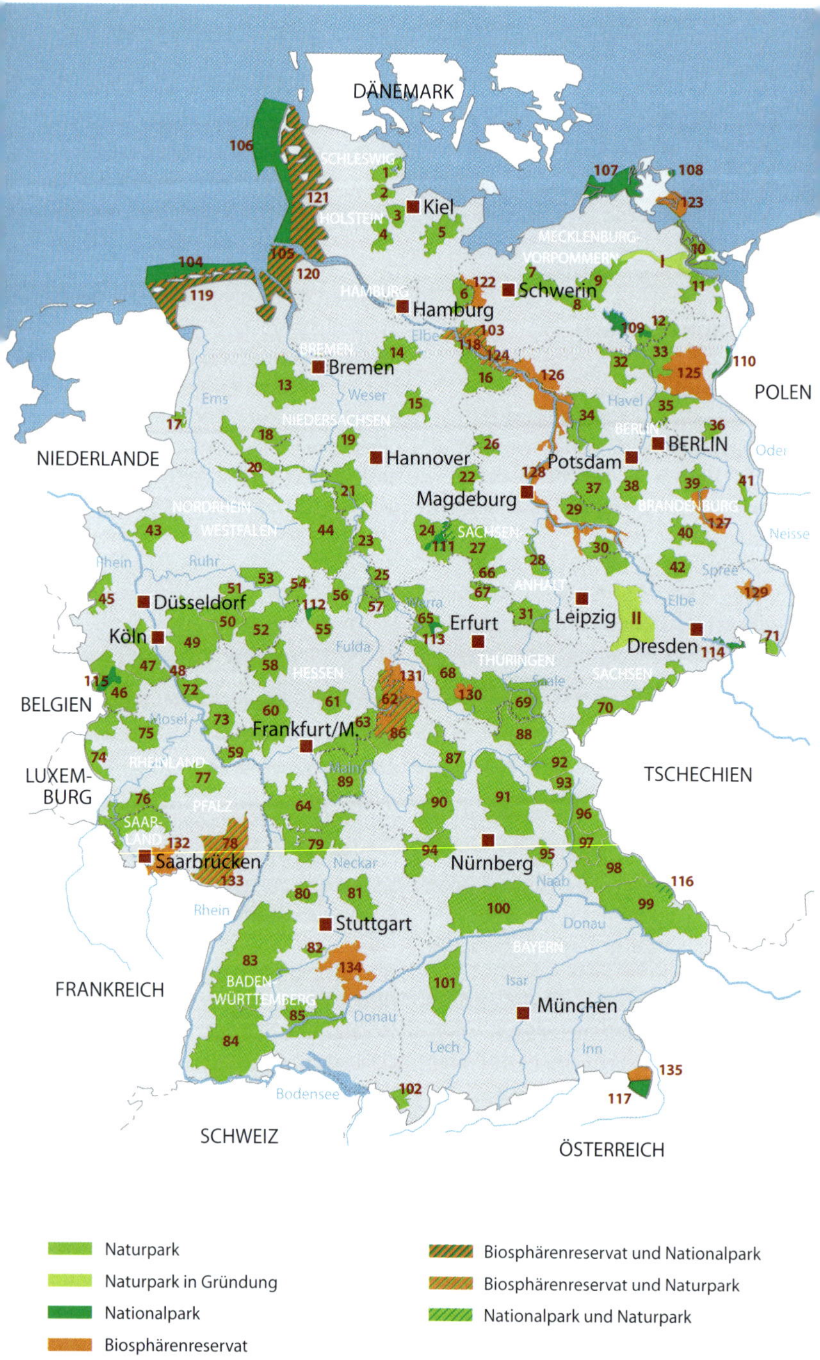
DÄNEMARK
SCHLESWIG-HOLSTEIN
Kiel
MECKLENBURG-VORPOMMERN
Schwerin
HAMBURG
Hamburg
BREMEN
Bremen
NIEDERSACHSEN
Hannover
BERLIN
Potsdam
Magdeburg
SACHSEN-ANHALT
BRANDENBURG
POLEN
NIEDERLANDE
NORDRHEIN-WESTFALEN
Düsseldorf
Köln
Erfurt
Leipzig
Dresden
THÜRINGEN
SACHSEN
HESSEN
Frankfurt/M.
BELGIEN
LUXEMBURG
RHEINLAND-PFALZ
SAARLAND
Saarbrücken
Nürnberg
TSCHECHIEN
Stuttgart
BADEN-WÜRTTEMBERG
BAYERN
München
FRANKREICH
SCHWEIZ
ÖSTERREICH
Elbe
Weser
Ems
Havel
Oder
Neisse
Spree
Rhein
Ruhr
Fulda
Werra
Saale
Mosel
Main
Neckar
Naab
Donau
Isar
Lech
Inn
Bodensee
Naturpark
Naturpark in Gründung
Nationalpark
Biosphärenreservat
Biosphärenreservat und Nationalpark
Biosphärenreservat und Naturpark
Nationalpark und Naturpark

NATURPARKE

1 Schlei
2 Hüttener Berge
3 Westensee
4 Aukrug
5 Holsteinische Schweiz
6 Lauenburgische Seen
7 Sternberger Seenland
8 Nossentiner / Schwinzer Heide
9 Mecklenburgische Schweiz und Kummerower See
10 Insel Usedom
11 Am Stettiner Haff
12 Feldberger Seenlandschaft
13 Wildeshauser Geest
14 Lüneburger Heide
15 Südheide
16 Elbhöhen-Wendland
17 Bourtanger Moor-Bargerveen
18 Dümmer
19 Steinhuder Meer
20 TERRA.vita
21 Weserbergland
22 Elm-Lappwald
23 Solling-Vogler im Weserbergland
24 Harz
25 Münden
26 Drömling
27 Harz / Sachsen-Anhalt
28 Unteres Saaletal
29 Fläming
30 Dübener Heide
31 Saale-Unstrut-Triasland
32 Stechlin-Ruppiner-Land
33 Uckermärkische Seen
34 Westhavelland
35 Barnim
36 Märkische Schweiz
37 Hoher Fläming
38 Nuthe-Nieplitz
39 Dahme-Heideseen
40 Niederlausitzer Landrücken
41 Schlaubetal
42 Niederlausitzer Heidelandschaft
43 Hohe Mark – Westmünsterland
44 Teutoburger Wald / Eggegebirge
45 Schwalm-Nette
46 Deutsch-Belgischer Naturpark Hohes Venn-Eifel
47 Rheinland
48 Siebengebirge
49 Bergisches Land
50 Ebbegebirge
51 Homert
52 Rothaargebirge
53 Arnsberger Wald
54 Diemelsee
55 Kellerwald-Edersee
56 Habichtswald
57 Meißner-Kaufunger Wald
58 Lahn-Dill-Bergland
59 Rhein-Taunus
60 Hochtaunus
61 Hoher Vogelsberg
62 Hessische Rhön
63 Hessischer Spessart
64 Bergstraße-Odenwald
65 Eichsfeld-Hainich-Werratal
66 Südharz
67 Kyffhäuser
68 Thüringer Wald
69 Thüringer Schiefergebirge / Obere Saale
70 Erzgebirge / Vogtland
71 Zittauer Gebirge
72 Rhein-Westerwald
73 Nassau
74 Südeifel
75 Vulkaneifel
76 Saar-Hunsrück
77 Soonwald-Nahe
78 Pfälzerwald
79 Neckartal-Odenwald
80 Stromberg-Heuchelberg
81 Schwäbisch-Fränkischer Wald
82 Schönbuch
83 Schwarzwald Mitte / Nord
84 Südschwarzwald
85 Obere Donau
86 Bayerische Rhön
87 Haßberge
88 Frankenwald
89 Bayerischer Spessart
90 Steigerwald
91 Fränkische Schweiz-Veldensteiner Forst
92 Fichtelgebirge
93 Steinwald
94 Frankenhöhe
95 Hirschwald
96 Nördlicher Oberpfälzer Wald
97 Oberpfälzer Wald
98 Oberer Bayerischer Wald
99 Bayerischer Wald
100 Altmühltal
101 Augsburg-Westliche Wälder
102 Nagelfluhkette
103 Naturpark Mecklenburgisches Elbetal *

NATURPARKE IN GRÜNDUNG

I Peenetal
II Muldenland

NATIONALPARKE

104 Niedersächsisches Wattenmeer
105 Hamburgisches Wattenmeer
106 Schleswig-Holsteinisches Wattenmeer
107 Vorpommersche Boddenlandschaft
108 Jasmund
109 Müritz
110 Unteres Odertal
111 Harz
112 Kellerwald-Edersee
113 Hainich
114 Sächsische Schweiz
115 Eifel
116 Bayerischer Wald
117 Berchtesgaden

BIOSPHÄRENRESERVATE

118 Niedersächsische Elbtalaue
119 Niedersächsisches Wattenmeer
120 Hamburgisches Wattenmeer
121 Schleswig-Holsteinisches Wattenmeer
122 Schaalsee
123 Südost-Rügen
124 Flusslandschaft Elbe-Mecklenburg Vorpommern*
125 Schorfheide-Chorin
126 Flusslandschaft Elbe Brandenburg
127 Spreewald
128 Mittelelbe
129 Oberlausitzer Heide- und Teichlandschaft
130 Vessertal
131 Rhön
132 Bliesgau
133 Pfälzerwald
134 Biosphärengebiet Schwäbische Alb
135 Berchtesgadener Land

** Das Gebiet ist Teil des länderübergreifenden Biosphärenreservates Flusslandschaft Elbe und zugleich Naturpark. In naher Zukunft soll es auch auf Landesebene zu einem eigenen Biosphärenreservat entwickelt werden.*

Danksagung

Unser Dank gilt folgenden Institutionen und Personen, die das Buch mit Informationen, Hinweisen, Bildern und Quellen unterstützt haben:

NATURPARK DRÖMLING
Sabine Wieter

NATURPARK DÜBENER HEIDE
Thomas Klepel, Nico Fliegner, Sabine Müller

NATURPARK ERZGEBIRGE-VOGTLAND
Andreas Kahl

NATURPARK FLÄMING
Elke-Andrea Ciciewski, Karin Rettig

NATURPARK HARZ
Carola Linke, Dr. Klaus George

NATIONALPARK HARZ
Dr. Friedhart Knolle

BIOSPHÄRENRESERVAT KARSTLANDSCHAFT SÜDHARZ
Christiane Funkel

BIOSPHÄRENRESERVAT MITTELELBE
Susanne Reinhardt

NATURPARK MULDENLAND I.G.
Lutz Simmler, Dr. Viola Heß

BIOSPHÄRENRESERVAT OBERLAUSITZER HEIDE- UND TEICHLANDSCHAFT
Oliver Harig

NATURPARK SAALE-UNSTRUT-TRIASLAND
Susanne Hübner, Helene Helm

NATIONALPARK SÄCHSISCHE SCHWEIZ
Hanspeter Mayr, Margitta Jendrzejewski

NATURPARK UNTERES SAALETAL
Katharina Wirth, Dietrich Müller

NATURPARK ZITTAUER GEBIRGE
Hans-Joachim Eitner

Fotos/Bildnachweis

TITELFOTO
Goodluz / Shutterstock.de

NATURPARK DRÖMLING
Naturparkverwaltung Drömling

NATURPARK DÜBENER HEIDE
Naturpark Dübener Heide

NATURPARK ERZGEBIRGE-VOGTLAND
Zweckverband Naturpark Erzgebirge/Vogtland, Fotoarchiv VDN: Helmut Schmidt, Roberto Matthes, Jan Gläßer, golin, cindy

NATURPARK FLÄMING
Naturpark Fläming e. V.

NATURPARK HARZ
Monique Bunzel, Klaus George, Uwe Köhler, Christiane Linke, Förderverein Deutsches Gipsmuseum und Karstwanderweg e. V.

NATIONALPARK HARZ
Nationalpark Harz

BIOSPHÄRENRESERVAT KARSTLANDSCHAFT SÜDHARZ
Archiv Biosphärenreservat Karstlandschaft Südharz, Andreas Buchwald, Ronald Henschel, Armin Hoch, Holger Krüssmann, Bernd Ohlendorf, Andreas Otto

BIOSPHÄRENRESERVAT MITTELELBE
Archiv Biosphärenreservatsverwaltung Mittelelbe, Eicke Granitzki, Mirko Pannach

NATURPARK MULDENLAND I.G.
Naturpark Muldenland i.G.

BIOSPHÄRENRESERVAT OBERLAUSITZER HEIDE- UND TECIHLANDSCHAFT
Ralf M. Schreyer, Dirk Weis, Bodo Hering, Thomas Stephan, Astrid Mrosko

NATURPARK SAALE-UNSTRUT-TRIASLAND
Naturpark Saale-Unstrut-Trialsland, VDN, Matthias Henninger, Dr. Epperlein, Verbandsgemeinde Droyßiger-Zeitzer-Forst, Herr Storch, Danilo Böhme

NATIONALPARK SÄCHSISCHE SCHWEIZ
NLP Verwaltung Sächsische Schweiz Jörg Weber und Archiv

NATURPARK UNTERES SAALETAL
Naturpark Unteres Saaletal, Dr. Wolfgang Damisch

NATURPARK ZITTAUER GEBIRGE
Rene Pech, Dietmar Berthold, Klaus Stich, Andy Paul, Christoph Böhme, Michael Stange